U0935360

珍藏本
纪念版

汉译世界学术名著丛书

精神现象学

上卷

〔德〕黑格尔 著

贺麟 王玖兴 译

2017年·北京

G. W. F. Hegel
PHÄNOMENOLOGIE
DES GEISTES
本书据汉堡费利克斯·迈纳出版社 1952 年版译出

汉译世界学术名著丛书
（120 年纪念版·珍藏本）
出 版 说 明

2017 年 2 月 11 日，商务印书馆迎来 120 岁的生日。120 年前，商务印书馆前贤怀揣文化救国的理想，抱持“昌明教育，开启民智”的使命，立足本土，放眼寰宇，以出版为津梁，沟通中西，为中国、为世界提供最富智慧的思想文化成果。无论世事白云苍狗，潮流左右激荡，甚至战火硝烟弥漫，始终践行学术报国之志，无改初心。

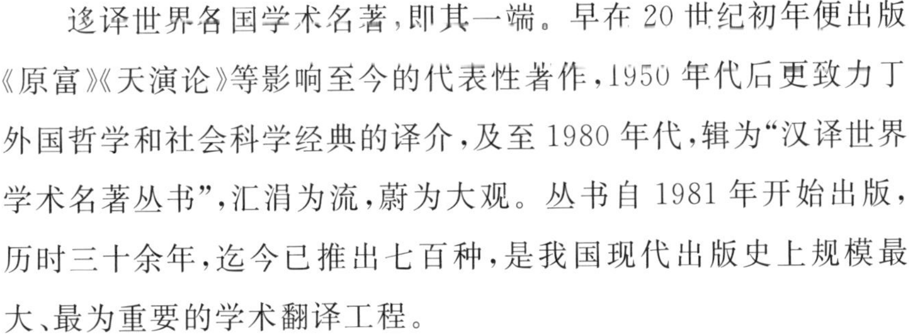

迻译世界各国学术名著，即其一端。早在 20 世纪初年便出版《原富》《天演论》等影响至今的代表性著作，1950 年代后更致力于外国哲学和社会科学经典的译介，及至 1980 年代，辑为“汉译世界学术名著丛书”，汇涓为流，蔚为大观。丛书自 1981 年开始出版，历时三十余年，迄今已推出七百种，是我国现代出版史上规模最大、最为重要的学术翻译工程。

丛书所选之书，立场观点不囿于一派，学科领域不限于一门，皆为文明开启以来，各时代、各国家、各民族的思想与文化精粹，代表着人类已经到达过的精神境界。丛书系统译介世界学术经典，引领时代思想，为本土原创学术的发展提供丰富的文化滋养，为推动中国现代学术和现代化进程做出了突出的贡献。

为纪念商务印书馆成立120周年，我们整体推出“汉译世界学术名著丛书”120年纪念版的珍藏本，寄望既利于文化积累，又便于研读查考，同时向长期支持丛书出版的译者、编者和读者致以敬意。

两甲子后的今天，商务印书馆又站在了一个新的历史时间节点上。我们不仅要铭记先辈的身影和足迹，更须让我们的步伐充满新的时代精神。这是商务人代代相传的事业，更是与国家和民族的命运始终紧密相连的事业。我们责无旁贷，必须做好我们这代人的传承与创造，让我们的努力和成果不仅凝聚成民族文化的记忆，还能成为后来人可以接续的事业。唯此，才能不负前贤，无愧来者。

商务印书馆编辑部

2017年10月

译者导言：关于黑格尔的《精神现象学》

（一）《精神现象学》一书的写作经过和作者当时的政治态度

《精神现象学》一书是黑格尔于 1805 年冬天开始动笔写，于 1806 年 10 月 13 日耶拿大战前夕最后完稿的。这书的序文是 1807 年 1 月写成的。全书除最末论绝对知识部分是根据他几年前的旧稿[①]补充整理而成之外，基本上可以说是在一年时间内一气呵成的。也就由于这种情况，这书前几部分写得较从容，分析也较细致，及写到末后部分时，因拿破仑进攻普鲁士的战争迫在眉睫，又因与出版家订有合同，必须在 10 月中旬交完全部稿件，不然，印数就将由 1,000 册减到 750 册，稿费也将随之减少。所以本书后一部分是在这样紧张忙迫的情况下写出的，因而分析较少，纲要式的话较多，有时特别晦涩费解。

这书虽是匆匆在一年内写成，不过也还是经过相当长时间的酝酿。黑格尔早在 1802 年就计划要写出一部系统的著作，在当时给友人的信中还约言打算在 1805 年秋天出版。事实上他酝酿很久，迟至 1805 年他升任耶拿大学副教授时才开始写。他原来预计

① 这部分的旧稿原稿，被荷夫麦斯特收进他所编的《黑格尔的现实哲学片断》中，见该书第 1 卷第 259—268 页。

要写一部叫做《一个思辨哲学的体系》，这个体系共包含四个部门，即(1)精神现象学，(2)逻辑学，(3)自然哲学，(4)精神哲学。他预定以"精神现象学为这个体系的第一部"，而以"逻辑学和两门具体的哲学科学：自然哲学和精神哲学为第二部"(《大逻辑》第1版序)。所以在1807年初版的《精神现象学》封面上印有"科学的体系，第一部，精神现象学"等字样。由于他的《逻辑学》(即《大逻辑》)后来写成时，部头很大，独立成书，而1817年在海德堡任教期间他才刊行他的《哲学全书》，包含逻辑学(即《小逻辑》)、自然哲学、精神哲学三大部门，这才完成了他当时计划要完成的体系。

由于按照黑格尔原来的计划，《精神现象学》是整个体系的第一部，这就提供我们了解《精神现象学》与《逻辑学》和其他部分的关系，以及它在黑格尔整个体系中的地位一个线索。由此我们可以看出来黑格尔的《精神现象学》具有海谋所说的三重意义，即"作为整个体系的导言、作为整个体系的第一部，并且作为一个自身的全体"①。

黑格尔《精神现象学》出版时，年37岁。在黑格尔生前没有出过第二版。当他于1831年正开始修订这书，仅订正了三十多页时，他就因感染霍乱病去世，到1832年才出第二版。《精神现象学》虽未经过他的修订，但他在任纽伦堡中学校长时于1808—1811年为高中学生所讲的《哲学纲要》(原编者称为《哲学入门》)中，有短短的十多页，叫做"精神现象学纲要"。此外在1817年出

① 海谋：《黑格尔和他的时代》，1857年柏林版，第253—254页。这是最早从资产阶级观点对黑格尔哲学给予全面批评介绍的有名著作。海谋对黑格尔主要持反对态度，也常有中肯可取的说法。

版的《哲学全书》，第三环节："精神哲学"中(即第413—439节)，黑格尔又对"精神现象学"作为主观精神的一个环节，加以简短的概述。这两处所谓"精神现象学"都只概括地重述了意识、自我意识和理性三个阶段的一些主要环节，省略了详细的分析，也省略了一些意识形态的阐述。根本没有把精神或客观精神各个环节以及宗教和哲学列入精神现象学之内。但内容简明扼要，线索清楚，可以作为研究和了解此书的参考。但是我们反对有些讲黑格尔哲学的人因此就把1807年出版的这一巨册作为整个体系的第一部的《精神现象学》附在《精神哲学》内作为其中的一个环节来讲，同时我们也反对认为《精神现象学》与《精神哲学》没有差别的看法。

黑格尔的《精神现象学》是当时时代精神的反映，同时也通过哲学的方式表达了他自己在那个时期内的政治态度和阶级立场。黑格尔这时很关心政治局势，经常阅读当时政治中心巴黎和伦敦的报纸。在这本书中他分析法国革命的"绝对自由和恐怖"是由前一阶段注重抽象理智、抽象的自由平等和个人权利的启蒙运动必然发展而来，而绝对自由和恐怖又必然会过渡到它的反面，无自由、武力镇压和个人专制。因此他对于主观任性的自由和各式各样的个人主义，都在分析批判意识形态发展过程中指出其应该受到扬弃的历史发展过程，而强调伦理的国家和全体。但由于他这时还不是"官方哲学家"，当时德国也还没有一个真正统一的政府，他没有表示突出拥护普鲁士君主和贵族的保守思想。所以他采取比较接近资产阶级民主的态度。他不像费希特那样从道德伦理出发，对当时的社会和人物的自私自利，采取诅咒和痛骂的态度，(大家记得，费希特称他的时代为"罪恶完成的时代"，并痛斥当时的德国反动统治阶级说:“年龄愈长的人,自私愈甚;地位愈高的人,道德愈卑。”)而只是冷静地分析个人主义在意识形态上的来源,及其必然的后果,和逐渐克服的过程。他对当时拿破仑征服德国的态度,可以从他于耶拿战争的当天(1806 年 10 月 13 日),写给他的好友尼塔麦信中,看得很清楚。他说:“我看见拿破仑,这个世界精神,在巡视全城。当我看见这样一个伟大人物时,真令我发生一种奇异的感觉。他骑在马背上,他在这里,集中在这一点上他要达到全世界、统治全世界。”[①]他幽默地和具有深意地称拿破仑为“马背上的世界精神”,这话包含有认为拿破仑这样的叱咤风云征服世界的英雄人物,也只不过是“世界精神的代理人”,他们的活动不只是完成他们的特殊意图,而是完成世界精神的目的。“当他们的目的达到以后,他们便凋谢零落,就像脱却果实的空壳一样。”[②]另一方面也含有讽刺拿破仑的武力征服的意思,认为他只不过是“马背上的世界精神”。他暗示还有从别的方面体现世界精神的英雄人物。

此外黑格尔当时对政治局势的态度和对德国前途的乐观展望,特别表现在 1807 年 1 月他给一个学生叫蔡尔曼的信里。他写道:“只有知识是唯一救星。唯有知识能够使我们对于事变之来,不致如禽兽一般,木然吃惊,亦不致仅用权术机智以敷衍应付目前的一时。唯有知识才可以使我们不至于把国家灾难的起源认作某某个人智虑疏虞的偶然之事,把国家的命运认作仅系于一城一堡之被外兵占领与否,且可以使我们不致徒兴强权之胜利与正义之

① 黑格尔:《通信集》,1952 年,荷夫麦斯特本第 1 卷,第 119 页。

② 黑格尔著:《历史哲学》,1956 年三联书店版,第 70 页。

失败的浩叹。法国人经过革命的洗礼,曾经从许多典章制度里解放出来,……这种死板的制度压迫法国人及其他民族的精神,有如枷锁。尤其值得注意的,就是法国的个人,在革命震动期间,曾经破除畏死之心,洗掉礼俗的生活,因为生死的念头当时代大变革的时候,对于个人已没有什么意义。所以法国人所表现出来以反对其他民族的伟大力量,都是由于为这种革命所鼓舞。因此法国人就胜过了那还在朦胧中没有发挥出来的日耳曼精神。但是如果这些日耳曼人一旦被迫而抛掉他们的惰性,就会激励起来奋发有为。因而在他们接触和战胜外界事物的过程中,仍能保持其内心生活,也许他们可以超过他们的老师。”①

黑格尔这一大段话可以说是集中表明了他在著《精神现象学》这一段期间内的政治态度。第一他把“知识”当作“唯一救星”,这是与“精神现象学”以寻求“绝对知识”为意识发展的最后目的的思想相符合的。对于国家的灾难的来临,既不惊惶,也不悲叹;既不归咎个人,也反对用权术机智去敷衍应付。而主要依靠对于他从客观唯心主义出发所发现的历史发展的必然性和对世界精神,具体讲来,即日耳曼民族精神的认识与激发。对法国革命的解放意义,他不是从资产阶级革命的角度,而只是从发扬民族精神、洗掉礼俗生活的角度,有了一定程度的认识。但对日耳曼人革命解放的途径,却并无具体指示,只是抽象地说:“如果这些日耳曼人一旦被迫而抛掉他们的惰性,就会激励起来奋发有为。……可以超过他们的老师。”这充分反映当时德国资产阶级的软弱性和虚骄性。

① 黑格尔:《通信集》,1952年,荷夫麦斯特本,第1卷,第137—138页。

虽然主观上对法国革命有所向往,但在实践上既不敢触动君主和贵族的阶级利益,也害怕人民群众的真正从“朦胧”中觉醒起来,因此他对日耳曼前途也只能表示一些唯心主义的乐观,只是相信渺茫的日耳曼精神,而没有现实的和实践的基础。

在此以前,在1802年黑格尔所写的《论德国的宪法》①一文中,他强调,真正的[资产阶级]国家,须有“共同的国家权力”,而国家的权力和国家的健康与团结力量的试金石不在太平安静的时候而在对外战争的时候。他指出,当旧的日耳曼人太自由散漫,“个人隶属于全体只是在风俗、宗教、看不见的精神和一些主要的利益方面。在其余的地方,他不容许他自己受全体的限制”。他认为“一个国家要求一个共同的中心,一个君主和代议机构,把关于对外关系、战争和财政的权力集中起来。这样的中心又必须具有必要的权力以指导这些事务,以执行它的决定,以维系各个部门使从属于它”。而他指出,事实上“日耳曼的政治机构只不外是各个部门从全体中取走的权利和利益的总和罢了”。因此黑格尔断言,“按照国家的概念和国家权力范围的科学考察来加以规定的话,就可以看见,德国不能够真正地被称为一个国家”。

黑格尔认为,在过去,习俗、教育、语言、特别是宗教曾经是人民团结的主要纽带,而现在却被认作偶然的、不必要的方面,它们的纷歧不能妨碍把人民群众组织成一个国家。因为“那些歧异的因素在近代国家中可以依靠政治组织的技术设法把它们保持在一起”。

---

① 以下各引文都引自:《黑格尔哲学选集》,1953年纽约近代丛书本,第527—539页。

他看见德国各邦的散漫,经不起对外战争的考验。甚至明确指出“德国不能真正地被称为一个国家”。他也认识到单靠旧时封建社会那种风俗习惯、宗教、教育、语言文字的统一,作为一个近代〔资本主义时代〕的国家是不够的,国家的统一主要要靠政治、军事、财政权力的集中领导、执行的统一。因此他站在资产阶级立场鼓吹部分从属于全体,国家要有一个权力中心。他要求“这个权力的中心必须受到各族人民的尊重而取得稳定,必须在一个不变动的君主身上得到保证”。

在写《精神现象学》前后,黑格尔的政治见解和态度主要就是这样。这些政治见解和态度主要可以归结为三点:(1)对拿破仑表示一定程度的尊重,称他为“马背上的世界精神”。(2)对法国革命的“绝对自由和恐怖”,他当作客观精神所表现的一种意识形态予以辩证分析,指出其必然过渡的过程,并且对法国革命唤醒民族意识和个人从旧制度旧礼俗中解放出来有所认识。(3)对德国,承认当时“德国不能够真正被称为一个国家”,主张德国不能单依靠风俗习惯、宗教、教育、语言的统一,要求在政治、军事、财政方面建立一个有领导、有权力的统一的君主政府。这些政治见解和态度仍然反映了当时德国资产阶级的软弱性,当然不是革命的,但和他晚年作为官方哲学家,应用他的一套逻辑去论证君主立宪,把普鲁士国家看作“地上神物”的保守态度,是有相当区别的。

(二)《现象学》的来源和意义

《精神现象学》不仅是黑格尔本人全部著作最有独创性的著作,而且是在整个西方哲学历史上最富于新颖独创的著作之一。

但是它不是从天而降，它也有其来源和继承、发展过程。

最早代表德国启蒙思想、受过培根影响的一位哲学家朗贝尔特(J. H. Lambert，1728—1777)在1764年出版的著作《新工具》一书的第四部分，他叫做《现象学或关于假象的学说》。“现象学”的目的据他说在于“系统化假象的种类[注意培根在《新工具》一书中将假象或偶像分为四种]借以避免错误，认识真理。”朗贝尔特认为假象还不是错误，假象中混杂着真理和错误，因此假象也不纯全是主观的。朗贝尔特虽首先提出“现象学”这个名词，但他的现象学只是“假象学”，还不是显现真理、显现本质的现象学。

其次德国文学家和文学批评家赫尔德(Herder，1744—1803)在他的《批评的丛林》第四卷(1767)一书中曾说过：“真正讲来，既然可见的美不外是现象，那么也就应该有一个关于美的现象的充实的伟大的科学：一个美的现象学，这门科学有待于第二个朗贝尔特来完成。”以后在1778年赫尔德又曾说过：“视觉是最艺术的和最哲学的官能。这个官能是可以通过最细致的练习、推论、比较而得到改进和校正的。……因此只有在这意义下我们才会有一个正确的美和真的现象学。”这些话对于黑格尔的“精神现象学”都是有所启示的。

此外康德所著《自然科学的形而上学基础》(1785)一书，共分四章，即(1)运动学，(2)动力学，(3)机械力学，(4)现象学。不过这里所谓“现象学”是指把物质的运动作为现象或经验的对象来研究而言，与黑格尔的“精神现象学”没有什么关系。最重要的是当康德在1770年9月2日与朗贝尔特通信时，他初次提到“在形而上学之先，看来必须有一个特殊的、虽说仅仅是消极的科学‘现象学一般'（phenomenologis generalis），以规定感性原则的有效性和限度。庶可以使得感性原则和关于纯粹理性对象的判断不致混淆起来。"[①]他并且指出，这门科学只是一种初步的"入门的训练（Propädeutische Disziplin）"。稍后，在1772年2月21日与马库斯·黑尔兹的信中，康德更具体地说道："现在我计划写一本书，这书的题目可以叫做：'感性与理性的界限'。我想这里面包含有两部分，一是理论的部分，一是实践的部分。前一部分包含有两编，1.现象学一般。2.形而上学：它的性质和方法。第二部分也分为两编：1.情感和感性欲望的普遍原则。2.伦理的最初根据。"[②]很显然康德这里提到打算写的书，已经包含有他在很久以后才写成的《纯粹理性批判》（1781）和《实践理性批判》（1788）的雏形。《纯粹理性批判》中某些消极的、预备性的、划分感性和理性的界限的部分，当时康德打算划在"现象学一般"之内来处理。这就使得康德的"现象学"与黑格尔的"精神现象学"直接联系起来了。两者都涉及认识论，两者都有准备和导言的性质。但康德认为现象学的主要任务是划分感性与理性的界限，规定感性原则的有效性和限度，是从不可知论出发，是要限制经验知识的范围，把它限制在现象界，不许它过问本质或物自体。而黑格尔的精神现象学则是从现象与本质的统一性出发，目的在于通过现象认识本质，最后达到绝对知识。这就使得黑格尔的现象学根本不同于康德的现象学。而且康德到他后来《纯粹理性批判》一书定稿时，根本放弃了"现象学一般"这

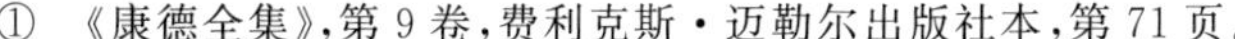

① 《康德全集》，第9卷，费利克斯·迈勒尔出版社本，第71页。

② 《康德全集》，同上，第100页。

一术语。关于他所说的现象学材料只散见于《纯粹理性批判》中“先验直观学”和“先验辩证论”部分之内。

最后,还须论述一下费希特关于“现象学”的思想。在1804年的《知识学》中,费希特指出,知识学作为真理的学说和理性的学说,还须补充一种“现象学、现象学说或假象学说”作为第二部分。费希特的意思是说,知识学论证意识、自我是一切事实的本源,而现象学则应该从意识或自我里派生出事实或推演出现象世界来。这个意思,费希特在1812年的“伦理学说”里尤其明白叫做“自我的现象学说”(Erscheinungslehre des Ich)。他问道:“当自我真正地、实际地在那里时,自我必须如何表现其自身?对这问题的答复是:有一个自我的现象学说。……你表现为这样,那么你就是这样;你没有表现为那样,那么你事实上就不是那样。”[①]他又说:“真正的自我必须是一个客观化的、表现在定在中的概念,像圣经所说的,道变成肉身。”[②]费希特指出现象学的任务是:“揭示出真我下降到形体世界的现象的完备形象,亦即提示真我的完备的现象学说。”[③]由这些材料看来,黑格尔所谓“精神现象学”的意思已很接近费希特所谓“自我的现象学说”。而且认为本质与现象、自我与自我的表现或现象是统一的,黑格尔与费希特也基本上相同。其次,现象学在费希特那里是由自我派生现象,或由“道”之变成“肉身”,“现象学”是“知识学”的补充,现象学是由本质到现象的研究,研究本质、自我之如何体现在现象界;这一点黑格尔也吸收过来,

① 《费希特选集》,莱比锡,1912年,哲学丛书本,第6卷第35页。

② 同上书,第36页。

③ 同上书,第40页。

认为精神现象学是研究精神的自我显现的过程。不过黑格尔比较强调现象学是从现象去寻求本质,由普通意识达到绝对意识的过程和阶梯,现象学是导入逻辑学或本体论的导言或阶梯。而且,费希特只是看到了现象学的重要性,提示其性质和任务,而并没有像黑格尔那样把“精神现象学”发挥论证出来,形成一个大的体系。

“现象学”的意义在黑格尔看来,就是由现象去寻求本质。当人们观察事物时,总是由外以求知其内,由表现在外的现象以求把握其内在本质;这就是现象学的研究。黑格尔于规定现象学的性质时,强调意识在其自我发展或提高的过程中,意识使其自身的现象和它的本质相同一。他说:“作为意识的精神其目的就是要使得它的这个现象和它的本质同一。”①又说:“意识在趋向于它的真实存在的过程中”[按即由意识的现象趋向于它的本质的意思],它将“摆脱”它的异化或外化的形式,它“将要达到一个地点……在这地点上,现象即是本质”②。这就是说,意识经过矛盾发展过程,达到它的现象和本质的同一。而人们研究、描述、分析意识由现象达到与本质的同一的过程,亦即由现象到本质的过程的学问就是精神现象学。

用中国哲学的术语来说,这就是“由用求体”的方法。“用”指现象,“体”指本质。中国哲学著作中有所谓“格物穷理”,“物”是现象,“理”是本质,“格物穷理”就有由现象穷究本质的现象学的素朴

① 《哲学全书》第416节,论“精神现象学”。

② 本书,第70页。

意义。同样,"实事求是"也是这个道理,"实事"就是客观存在的事物,即现象,"是"就是客观事物内部联系及规律性,即本质,实事求是就是从客观存在的事物的现象出发,进而达到事物的本质。只是中国哲学家谈体用关系很少认识到由现象经过矛盾发展达到本质的辩证过程。

现象学另一个说法就是从事物在时间内的表现去认识本质。黑格尔说:"精神必然表现在时间内,而且只要精神还没有掌握住它的纯粹概念[即本质],它就表现在时间内。"①很明显黑格尔所了解的精神现象学就是研究表现在时间内的精神现象的科学,亦即研究精神在时间内力图掌握自己的本质,但尚未达到对自己的概念理解的过程的科学。这也就规定了精神现象学具有研究精神或意识在时间中的发展史的性质。

为了进一步了解黑格尔所谓现象学,还必须把"现象学"(phenomenology)与"现象主义"(phenomenalism)区别开。现象主义是一种主观唯心主义,它把本质与现象割裂开,它只研究现象,不研究现象所表现的本质,或者根本否认本质、物自体、实体的存在,或者只承认现象可知,不承认本质可知。休谟、康德、马赫主义者都是现象主义的代表,也是不可知论的代表。这种以主观唯心主义、不可知论、形而上学为特征的现象主义与黑格尔建立在客观唯心主义上的由现象认识本质的现象学是有显著区别的。

此外指出黑格尔的精神现象学与现代以胡塞尔(E. Husserl, 1859—1938)为创始人的资产阶级主观唯心主义流派"现象学"的

① 《精神现象学》,荷夫麦斯特本,第 558 页。

区别有其现实的意义。首先,胡塞尔的现象学①是主观唯心主义的,他自称他的现象学为“先验的、现象学的唯心主义”,他认为“现实世界诚然存在,不过就本质来说,它的存在是相对于先验的主体性,只有作为先验主体性的意谓和意向的产物它才具有意义”。他的现象学是马赫派的纯经验说和新康德主义的概念的效准说的杂拌。而黑格尔的精神现象学则是属于批判发展康德而来的客观唯心主义,区别于“回到康德”的形而上学方法和不可知论的新康德主义。

其次,胡塞尔的现象学是先验的,而黑格尔的精神现象学则是从经验、从自然意识出发的,故他常自称为“意识的经验学”。而胡塞尔的现象学则自称为先验的“本质的科学”以与经验的“事实的科学”相对立。胡塞尔攻击“心理主义”,提倡脱离经验、心理事实的“直观本质”或“洞见本质”的所谓现象学方法,而黑格尔则把心理学的和历史的考察与逻辑的发展联系起来。胡塞尔现象学方法有两个方面,一为“本质的还原”,在对象方面排除特殊事实,还原到本质或本质联系,这就是有普遍性的、不在时空内、不依靠特殊事物的本质或共相。这些本质或共相是理想的客观的东西,有效准,但据说不同于柏拉图的理念,没有实在性。一为“先验的还原”。即用淘汰或排除的方法,使个别意识的主体,去掉一切旧的成见、权威、信念等,还原到所谓“纯意识”、先验意识,或先验自我。

① 本节关于胡塞尔现象学的讨论主要根据墨塞尔(A. Messer)著《德国现代哲学》,1931年,莱比锡版,第89—94页;华伯尔(M. Farber)著《现象学》一文,见儒尼斯(Runes)主编:《活着的哲学学派》,1956年版,第300—324页;及费尔姆(Ferm)编:《哲学体系史》,1950年,纽约版,第353—364页。凡有引证号的话都是从这些文章中引来。

用这种先验的纯意识去直观或洞见那独立、永恒、普遍的本质,就是胡塞尔所谓"直观本质"。("直观"这里是动词,意同于"洞见",亦可译作"直觉"。)

第三,胡塞尔的现象学突出的是形而上学的,是反辩证法的、反对对于事物作历史考察的,与黑格尔对精神现象的辩证的历史的考察,虽说是从唯心主义出发的考察,正相对立。它是脱离时间、空间、现象事实而直观本质的形而上学方法与承认现象与本质的统一,通过现象去把握本质的黑格尔的精神现象学也是正相反对的。胡塞尔现象学派的人宣称:"现象学对历史的发展、对任何意义的知识的起源,不感兴趣。"又称直观本质对于"现实的时间的次序不感兴趣",对于"现实的经验不感兴趣"。他们认为重要的是研究先验的本质和本质结构。作为反辩证法的形而上学方法,现象学派的人认为现象学与几何学是类似的科学,他们宣称"几何学和现象学都是研究纯粹本质的科学,不是研究现实存在的科学"。具体举例来说,例如:"一切物体都是有广延的"、"全体较部分为大"、"知觉必定是对于某物的知觉"、"判断是没有颜色的"等等所谓"先验的"、"自明的"命题,就是胡塞尔式的现象学用直观本质的方法所得来的命题。

胡塞尔所谓现象学其实不是现象学,应该说是"先验的本质学",或者说"直观本质之学"。他所谓"现象"不是在时空中的自然现象,或意识现象,因为他反对心理主义和以"自然态度"来观察事物,他所谓"现象"是加引号的"现象",是把自然和心理事实或现象加以抽象化,使脱离时空作为先验意识所直观的对象。黑格尔的精神现象学是要考察世界精神或绝对精神在时间中的显现阶段或形态,而胡塞尔的现象学是要使事物脱离时空,而先验地直观其本质。

所以一般讲胡塞尔现象学的人和讲黑格尔精神现象学的人很少把两者加以对比或联系起来看。不过胡塞尔的现象学派是帝国主义时期有相当大且有广泛影响的反动学派,其内容也相当复杂。特别是现代资产阶级哲学中的另一个流派——存在主义也受过现象学派很大的影响。有许多存在主义者和新黑格尔主义者都企图把存在主义与黑格尔主义结合起来以反对马克思主义。混淆黑格尔的精神现象学与胡塞尔的现象学,亦即混淆从客观唯心主义出发的、贯穿着辩证法的精神现象学和从主观唯心主义出发的、以先验的、形而上学方法为特征的现象学的企图,已逐渐出现。例如西德的新黑格尔主义哲学家希林(Th. Haering),他在第三届黑格尔会议中所宣读的《精神现象学产生史》一文中,即认为黑格尔的"精神现象学只是某种预备性的东西。它的本质只包含一种接近于胡塞尔意义的对于精神的直观本质"。(转引自卢卡奇《青年黑格尔》,第515页)我们希望上面这一番关于胡塞尔现象学与黑格尔精神现象学的差别的考察,有助于驳斥希林这种混淆两种根本不相同的现象学的荒谬企图。

(三) 现象学作为逻辑学的导言

前面已经提到,黑格尔最初把"精神现象学"当作他所谓"科学体系"的第一部分,并且提到现象学对形而上学或逻辑学来说有其准备性或导言性的特点,这是黑格尔与康德对现象学的一个共同了解。因为以研究现象为对象的现象学和以研究本体、本质、实在为对象的逻辑学或形而上学对比起来,当然前者只应是引导到后者的导言或准备。在《精神现象学》初出版时,黑格尔于1807年5月1日给谢林的信中,首先提到这书"作为第一部分,真正讲来只是导言"。不过,在黑格尔看来,他的"精神现象学"作为准备性或导言性的科学本身也就是一门科学,本身还可以成为完整的体系。黑格尔曾明白说过:"这条到达科学的道路本身已经就是科学"①,这正如学习游泳的过程已经就是游泳。黑格尔反对像康德那样,把现象学仅仅作为准备或导言,而不能作为逐渐达到本质、真理或绝对知识的阶梯。就"精神现象学"是"达到科学的道路"而言,它具有导言的性质,就"精神现象学""本身已经就是科学"而言,它自己就是具有逻辑性、科学性的体系,而且是这个"科学体系"的第一部。这是黑格尔从现象与本质的统一出发,本质即表现在现象之中,通过现象的认识即可把握本质。所以现象学既是逻辑学的导言,它自身也是一个科学体系和科学体系的一部分。

黑格尔论证认识是一个发展的过程。一方面由最低级的知识即普通感性知识达到绝对知识或真正的哲学知识时,这"最初的知识必须经历一段艰苦而漫长的道路"②;另一方面认识的"个体却又有权要求科学至少给他提供达到这种立足点所用的梯子"③。这里所说的"立足点"就是指科学的立足点、绝对知识而言。"精神现象学"之所以具有导言或入门的性质,就因为它的任务是提供一把"梯子"以引导那最初知识、普通常识或一般求知的人通过艰苦

① 本书,第69页。
② 本书,第19页。
③ 本书,第18页。

而漫长的道路,逐渐达到科学的立足点、达到绝对知识。现象学只是指出由低级知识达到绝对知识的矛盾发展过程,并且把“绝对知识”作为精神的一个现象、一种形态加以描述,而“逻辑学”则把“绝对知识”当作系统研究的唯一对象。在这意义下,故可以说精神现象学是逻辑学的导言。

“精神现象学”可以当作逻辑的导言来看,黑格尔在《小逻辑》中尤其有明白提示。他说:“在我的《精神现象学》一书里,我是采取这样的进程,我从最初、最简单的精神现象,直接意识开首,进而从直接意识的矛盾进展逐步发展以达到哲学的观点,完全从意识矛盾进展的历程以指示哲学观点的必然性。(也就因为这个缘故,当那书出版的时候,我把它认作科学体系的第一部分。)……因为哲学的观点本身即是最丰富最具体的观点,乃是经过许多历程而达到的结果。所以哲学知识须以意识的许多具体的形态,如道德、伦理、艺术、宗教等为前提。”①很清楚,这里所说的“哲学观点”、“哲学知识”就是精神现象学中最后最高阶段那种“绝对知识”。而哲学观点或绝对知识是从直接意识的辩证发展逐渐地必然地达到的,而且“须以意识的许多具体的形态,如道德、伦理、艺术、宗教等为前提”。这就表明精神现象学何以是他所建立的“科学体系”(实即“哲学体系”亦即《哲学全书》的体系)的第一部分,因而可以把精神现象学作为逻辑学以及整个《哲学全书》的体系的导言。不过这样的导言在哲学史上讲是很别致的、独特的罢了,因为它本身就是一个体系,就是哲学体系的一个重要环节。

① 《小逻辑》,中文版,第103—104页。

(四) 精神现象学作为意识发展史

在精神现象学中,黑格尔运用辩证的方法和发展的观点来研究分析人的意识、精神发展的历史过程,由最低阶段以至于最高阶段分析其矛盾发展的过程。精神现象学可以被认作"意识发展史"这一特点,恩格斯说得最为简单、明白、扼要。恩格斯说:"精神现象学也可叫做同精神胚胎学和精神古生物学类似的学问,是对个人意识在其发展阶段上的阐述,这些阶段可以看作人的意识在历史上所经历过的诸阶段的缩影。"①

说到这里必须区别开黑格尔对"意识"和"精神"这两个名词的狭义和广义的用法。狭义的意识只是精神现象学的最初阶段,它只是指"关于对象的意识"②而言;就意识"关于它自己的意识"③而言,则是自我意识。所以狭义的意识不仅和精神不同,而且和自我意识也有区别。但广义的意识则包括一切意识的活动,如自我意识、理性、精神、绝对精神都可说是意识的各个环节。当黑格尔说"意识发展史"、说"意识的诸形态",或者说精神现象学是"关于意识的经验的科学"时,都是指的广义的意识。至于狭义的"精神"则只是精神现象学中的第四个大阶段所论述的精神,这主要是指社会意识、时代精神、民族意识等群体性的意识而言。简言之,狭义的"精神"一般是指"客观精神"。而广义的精神,则包括意识、自我意识、社会意识、绝对精神等环节在内。广义的"精神"与广义的

① 《马克思、恩格斯选集》,第 4 卷,第 215 页。

②③ 本书,第 67 页。

"意识"在许多地方是可以互用的。

诚如恩格斯所说"伟大的历史感"是"黑格尔思想方法……的基础"。(见马克思:《政治经济学批判》,人民出版社版,第179页)黑格尔用历史方法研究意识的发展,把精神现象学当作"意识发展史"来研究,海谋在他的《黑格尔和他的时代》一书中,曾最早提到。海谋指出:"犹如生理学提供由种子发展成果实、由卵子发展成有生命的存在的发展史,同样,精神现象学则企图提供由自然的意识,即类似胚胎的意识提高到高度有教养的、高度成熟的意识一个这样的发展史(Entwickelungsgeschichte)。"①在这一点的认识上,海谋和恩格斯的看法很接近。不过海谋由于不懂得精神现象学的历史的东西与逻辑的东西统一的意义,他曾提出了一个错误的然而很著名的批评,他指责黑格尔意识发展史的研究把历史与心理学混淆不清了。他说:"精神现象学是被历史混淆和搅乱了的心理学和被心理学扰乱了的历史。"(同上书,第243页)殊不知,一切心理现象、意识现象都同是意识的经验、经历和历史,都是本质的表现,都在寻求与自己的本质相统一。重要的是意识的经历和历史是有规律的、与逻辑的东西统一的。

黑格尔本人在《精神现象学》的序言和导论中都曾说:"精神现象学所描述的就是一般科学或知识的形成过程。"②又说:"意识在这条道路上所经过的它那一系列的形态,可以说是意识自身向科学发展的一篇详细的形成史。"③这就更明确说出精神现象学所论

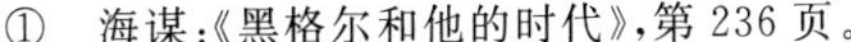

① 海谋:《黑格尔和他的时代》,第236页。

② 本书,第19页。

③ 本书,第62页。

述的是意识获得科学或知识向科学发展的发展史或形成史。黑格尔又把精神现象学概括为"关于意识的经验的科学"[①]。他在这里以及本书中许多地方所谓"经验"都是指"经历"或发展过程而言。换言之"关于意识的经验的科学"也可了解为"关于意识的形成史或发展史的科学"。

黑格尔所以能够发挥出"意识发展史"这门学问也还是在前人提倡号召的基础上提高发展而来的。最早,德国浪漫文艺理论家希勒格尔(Fr. Schlegel,1772—1829)曾提出"对人的精神的真正的发生发展的研究实际上应该是哲学的最高任务"[②]的号召。

席勒在他的《人的审美教育通信集》的第24封信里,把人及人类的发展分为"三个不同的环节或阶段"。他提出这些阶段"既是个人也是整个人类按照一定次序所必须经过的阶段。……由于偶然的原因或由于外部事物的影响或由于人的自由任性,经过这些阶段的期间,有时可以拖长,有时可以缩短,但没有人可以完全躐等越过,而且经历的次序既非自然、也非人的意志可以使之颠倒。"这三个阶段是:"人在他的自然状态中单纯忍受自然力量的压迫;在审美状态中他把自己从自然力量中解放出来;在道德状态中他支配自然力量"[③]。据格罗克纳考据,[④]黑格尔在1795年曾读过席勒这本书,在1805年冬着手写《精神现象学》的同时,又曾重读这本书一遍。席勒这种认个人以及人类都按阶段次序必然发展的看法,显然

---

① 本书,第70页。

② 转引自荷夫麦斯特本:《精神现象学》,出版者导言,第XVII页。

③ 席勒:《审美通信集》,第24信,见全集本第5卷第450页。

④ 格罗克纳著:《黑格尔,第二卷:黑格尔哲学的发展与命运》,第406页。

对黑格尔的“精神现象学”作为人的“意识的发展史”是有所启发的。

费希特1804—1805年冬在柏林所做的《当前时代的基本特点》讲演中,把人的“世间生活”或“人类逐渐教养的过程”分为五个时代,也可以说是“理性发展史”的五个时代:“1.理性无条件地受本能支配的时代:人类天真的状态。2.理性的本能变成外在的强制的权威的时代:即确立礼教和典章制度的时代,所要求的是强制、盲目信仰和无条件的服从。这是走向罪恶的时代。3.解放的时代:直接从统治的权威,间接从理性的本能和一般的任何形态的理性权威解放出来。这是对于一切真理绝对漠不关心,完全无拘束、没有任何指导的时代;这是罪恶完成的时代。4.理性科学的时代。在这时代里人们认识到真理是最高的东西,对真理有了最高的爱好。这是走向善的状态。5.理性艺术的时代:在这时代里人们以确定无误的步伐正确地实现理性。这是善的完成和圣洁的状态”①。费希特企图描画出人类的教养和理性发展的阶段,其提出的任务与黑格尔的精神现象学有相同之处。他的粗疏简略的“理性发展史”也恰好为黑格尔较系统的“意识发展史”开辟道路。

谢林在他的《先验唯心主义体系》里也说过:“全部哲学应看成自我意识前进着的历史,……为了确切和充分制定这个历史,主要在于对历史的个别时期及每一时期中的个别环节,不仅要加以明确划分,而且又要表明它们彼此的次序,庶可见得任何有必然性的环节是不可以被躐等越过的,而这样就提供全体以一个内在的联系。”②

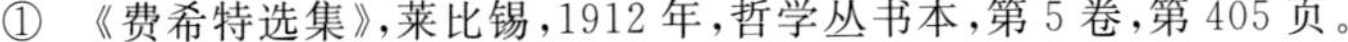

① 《费希特选集》,莱比锡,1912年,哲学丛书本,第5卷,第405页。

② 《谢林选集》,莱比锡,1907年,第2卷。

费希特和谢林都同黑格尔一样曾经揣想到要在唯心主义的基础上提出一个类似“精神现象学”的东西,或者叫做“理性发展的各个时代”,或者叫做“自我意识的前进历史”,或者叫做“意识发展史”。但是,费希特、谢林所以不能完成像“精神现象学”这样的体系,主要因为他们缺乏黑格尔的“历史感”和系统的辩证方法。所以尽管在黑格尔以前或同时,提出要研究意识发展史的任务的人很多,但都没有系统地发挥出来,而黑格尔的“精神现象学”体系的出现,又一次证实了他自己的有名的一段话:“那在时间上最晚出的哲学系统,乃是前此一切系统的总结,……将必是最丰富、最渊博、最具体的哲学系统。”①

我们知道,早在黑格尔以前,近代自然科学家就开始运用历史方法进行研究。黑格尔把精神现象学提出来作为“意识发展史”的研究,也正是就当时德国思想界、哲学界的代表人物所提出的号召和任务给予比较系统的完成。从这一角度来看,黑格尔“精神现象学”的出现,运用了辩证法,发挥了历史观点,初步地发挥出逻辑的东西与历史的东西统一的理论,完成了当时哲学界提出的任务,是有其进步的意义和重大的功绩的。而且尽管从唯心主义出发的“意识发展史”与从历史唯物主义出发的“社会发展史”根本相反对,但我们还是可以说,在马克思主义以前,“意识发展史”的研究,对于“社会发展史”的研究也有一定的启发作用。还必须指出,直到现在,对于人的意识加以发生、发展的研究也仍然是必要的。不过像黑格尔那样,脱离社会根源、物质基础,从意识决定存在的唯

① 《小逻辑》,商务印书馆本,第 66 页。

心主义前提出发来研究"意识发展史"，把人的意识发展看成"作为实体的普遍精神"的"自我意识"、"自己发展"和"自身反映"①，而不是自然的、社会的客观现实发展的反映，这是不可能达到真正有成果的科学的知识的。只有在历史唯物主义指导下和社会发展史研究的基础上来作意识发展史的研究才会有正确的方向。黑格尔精神现象学所提供的只是从意识到意识的发展，具体说来，从意识到自我意识，从自我意识到理性，从理性到精神，从精神到绝对精神的发展史，或者像他自己所说，只是普遍精神自己认识自己的自我发展史。精神现象学中所包含的历史发展方法和辩证方法是其合理内核，而它的唯心主义基础是我们所要坚决反对的。

（五）精神现象学作为意识形态学

德文"Ideologie"一字一般译作"意识形态"，也常有译作"思想体系"或"观念体系"的。这个字不见于黑格尔的著作中。但是精神现象学中所最常见的一个术语，就是"意识形态"（die Gestalten② des Bewusstseins，形态一字常以复数出现，直译应作"意识诸形态"）这一名词。每一个精神的现象就是一个意识形态，因此"意识形态"可说是"精神现象"的同义语。从意识发展阶段来说，意识发展过程中的每一个阶段都可说是一个意识形态。因此精神现象学也就是意识形态学，它以意识发展的各个形态、各个阶段为研究的具体对象。用辩证方法从发展观点来研究意识形态，这样就把

① 参看本书第21页。

② 有时也用 Gestaltungen 一字，意思完全相同。

意识形态学与意识发展史结合起来了。脱离了辩证法和发展史当然也可以用现象罗列的方式，根据心理的事实来研究意识形态，但这就不成其为“现象学”。这样黑格尔的精神现象学既不是孤立地、现象罗列地研究诸意识形态，也不是单纯从时间上去研究人的意识或心理生活的历史，而找不出它发展过程的阶段性和独特典型的形态。在这个意义下，“意识形态学”所研究的意识现象既是独特的、个别的，又是典型的、有代表性的、体现了许多个人意识的共性。因此每一意识形态(gestalt)也就是一个典型的、代表一个类型(typus)的意识形态。或者像恩格斯所指出的那样，意识形态“可视作人的意识在历史上所经过的诸阶段的缩影”。“缩影”二字生动地表明了每个意识形态的典型性。这种对于精神现象、意识形态和发展阶段的辩证的历史发展的研究，也就是历史与逻辑(辩证法)相结合、相一致的研究，使得精神现象学不同于单纯研究意识形态和意识现象的心理学，也不同于一般的心灵生活的历史研究。但是精神现象学必须取材于心理学和历史、特别是哲学史的资料。(据传记材料，我们知道黑格尔在撰写《精神现象学》那一年内，同时第一次在耶拿大学讲授哲学史的课程。)所以书中谈到意识发展的形态和阶段包含有不少心理学材料，也利用了不少哲学史和历史的材料，由于贯穿着辩证的、历史的方法，就自成精神现象学的体系。因此我们不能同意海谋的批评，说黑格尔把心理学和历史搅乱了。

黑格尔自己在许多地方明确谈到意识形态是精神现象学研究的对象。我们可以引证来说明问题。在“序言”里黑格尔写道：“精神自身既然是在意识因素里发展着，它既然把它的环节展开在意识因素里,那么精神的这些环节,就都具有意识的上述两方面的对立[指认识的主体与对象的对立],它们就都显现为意识形态。叙述这条发展道路的科学就是关于意识的经验的科学。"①这就是说,精神现象学就是"关于意识的经验的科学",而意识经验学的任务就是叙述精神的各个环节或者意识形态的发展和开展的道路。而且这表明精神发展或展开其自身的每一环节。每一个阶段就是一个意识形态。所以黑格尔说:"[精神发展过程的]全体的各个环节就是意识的各个形态。"②在"导论"里黑格尔又指出:"意识在这条道路上所经历的它那一系列的形态,可以说是意识自身向科学发展的一篇详细的形成史。"③从这句话看来,精神现象学作为"意识形态学"和作为"意识发展史或形成史"就结合起来了。

黑格尔还说道:"这个意识形态系统,作为精神生命依次排列的整体[即上面所提到的精神发展各个环节的全体],就是我们在本书中要考察的那个系统。"④

现在我们有了充分的材料可以肯定地说,黑格尔的精神现象学所研究考察的是意识形态、意识形态的系统,也就是精神发展的诸阶段或诸环节。现在问题是黑格尔在精神现象学里所研究考察过的有多少种意识形态或者有多少个精神发展的阶段呢?它们辩证发展的次序怎样呢?我们可以说:第一,有一些地方黑格尔自己也弄得不很清楚;第二,研究精神现象学的人,意见也很不一致。

---

① 本书,第 26 页。

② 本书,第 70 页。

③ 本书,第 62 页。

④ 本书,第 222 页。

我们拟采取如下的分法:

第一,精神现象学可分为五个大阶段:(一)意识,(二)自我意识,(三)理性,(以上三者属于主观精神的三个环节)(四)精神(即客观精神),(五)绝对精神(绝对精神在本书中只有宗教和绝对知识两个环节,但按照《精神哲学》则绝对精神有艺术、宗教、哲学三个环节)。这个分法的好处,第一在于基本上符合精神现象学原来的分法,第二,把"精神现象学"的五阶段与"精神哲学"中的三阶段的分法,大体上结合起来了①。困难只在于同黑格尔自己所制订的精神现象学目录表小有出入。因为目录表上既未出现主观精神、客观精神、绝对精神三大阶段,而且又把宗教和绝对知识与理性、精神平列起来*。但是从黑格尔阐述精神现象发展的线索,并结合他较晚的"精神哲学"来看,我们这个分法,同这书的具体内容和逻辑发展的线索是符合的。

在谈到"宗教"这一阶段或意识形态时,黑格尔概括前面各意识形态的发展阶段时说:"在前此所讨论过的诸[意识]形态里,这些形态大致区别为意识、自我意识、理性和精神,无疑宗教也曾经

① 请参看 M. Ф. 奥符襄尼科夫著《黑格尔哲学》,1959,莫斯科版,第 52 页,及 1959 年俄文本《精神现象学》Ю. Н. 达维多夫序第 XXX 页。

* 必须指出黑格尔的目录表,有许多麻烦和费解的地方。他用(A.)、(B.)、(C.)标明意识、自我意识、理性三阶段。同时又用(AA.)来标明理性本身,用(BB.)、(CC.)、(DD.)分别标明作为精神的理性、作为宗教的理性、作为绝对知识的理性。这样也有一定道理,即把理性当作精神现象学的中心,把后三者,都当作从属于理性的环节,但却不能表达在这里潜伏着的、在"精神哲学"中明白提出的客观精神与绝对精神的阶段性和差别性。拉松及荷夫麦斯特多少看出了这种困难,他们在所校订的版本中,除沿用黑格尔所用的拉丁字母标章节外,又用拉丁数目字 I. II. III… VIII 等标成八章。(本册译本的目录表也还是照样译过来。)把两种不同的标章节的方式兼采并用,在我们看来,也还是有困难。因此,我们这里划分阶段不纯以目录表为准。

出现过作为绝对本质一般的意识。”[①]从这段话里,可以明确看出黑格尔认为在“宗教”这一意识形态出现以前,精神发展的阶段主要是(一)意识、(二)自我意识、(三)理性、(四)精神(即客观精神)四大阶段。以后,他一方面把宗教和绝对知识当作精神发展的最后两个阶段或形态,另一方面,他又把宗教和绝对知识当作体现或实现绝对精神的两个环节。他说,宗教是绝对本质一般的意识,又说:在宗教里“表象的内容是绝对精神”[②]。这意思是说,宗教是通过表象(表象包括想象、神话、象征、形象思维等)去把握绝对精神,绝对精神只是通过表象体现在宗教里,而绝对知识、哲学则是通过纯概念去把握绝对精神,或者说,绝对精神是通过概念体现在绝对知识或哲学里。所以黑格尔写道:“精神[这里应了解为绝对精神]的最末一个形态……就是绝对知识。绝对知识是在精神形态中自己认识自己的精神。”[③]因此我们有充分材料足以表明黑格尔认为,精神发展的最后一个阶段是绝对精神,而宗教和绝对知识是体现绝对精神的两个环节或形态。在这里,逻辑或哲学所研究的中心内容或对象绝对知识也仍然是精神现象学所描述的意识形态之一。

明确了精神现象学主要分为五个大阶段后,至于每个阶段中又分作若干环节和意识形态,黑格尔自己也有分辨得不够清楚的地方,而且有的详细、有的简略、有的重、有的轻,也很不平衡。而且他于描写这一意识形态到另一意识形态的过渡也多矫揉造作的地方。解释黑格尔的人也从来没有一致的看法。布洛赫(Ernest

① 荷夫麦斯特本:《精神现象学》,第 473 页。
② 同上书,第 549 页。
③ 同上书,第 556 页。

Bloch)在他的《主体—客体》[1]一书中,勉强机械地把精神现象学分成十四个发展阶段,依次一一加以列举,也无可取之处。我们现在也暂不去细究。现在只谈三点:(1)黑格尔在《小逻辑》里,明白指出:"哲学知识须以意识的许多具体的形态如道德、伦理、艺术[属于客观精神的形态]、宗教[属于绝对精神的形态]等为前提。"[2]足见道德、伦理、艺术、宗教等都被黑格尔认作意识形态,都被认作可以导致哲学或绝对知识的前提。至于"精神现象学"中黑格尔何以没有把艺术提出来作为"绝对精神"的三个环节之一,这有两个解释:第一从"精神"的最末阶段道德过渡到宗教,逻辑上和文化发展上比较顺便。第二则因黑格尔在耶拿时期还未发挥出他的美学思想。直至1817年在海德堡时,他才第一次讲授"艺术哲学"。(2)第一阶段"意识"的发展有感性确定性、知觉、知性三个环节,这三个环节固然可以被认作三种意识形态,但它们却与后面各种意识形态如道德、伦理、宗教等很不相同,因此黑格尔很少称它们为"意识形态",而称为"意识的诸方式:意谓、知觉和知性"[3]。(3)《精神现象学》书中描写某些意识形态特别突出鲜明,对于矛盾的分析也较成功,如对相等于奴隶社会的"主人与奴隶"关系的转化的分析,对中世纪宗教出世思想"苦恼意识"的分析,对代表近代思想的如浮士德式的追求快乐的意识形态("快乐与必然性")、对唐吉诃德式的改革家的意识形态("德行与世界行程")的分析。此外如对自身异化的精神的分析,像狄德罗在《拉摩的侄儿》小说中所描写的分裂意识以及对启蒙运动的意识形态的分析,都是比较著名的篇章,值得特别注意。

---

① 布洛赫:《主体—客体》,1952,柏林,第72—100页。

② 《小逻辑》,中文本,第104页。

③ 本书,第129页。

（六）精神现象学作为“黑格尔哲学的真正起源和秘密”——马克思对精神现象学的批判

马克思特别注重黑格尔的《精神现象学》，曾称“精神现象学是黑格尔哲学的真正起源和秘密”①。在《德意志意识形态》中又曾称精神现象学是“黑格尔的圣经”②。马克思这些意味深长的断语应该怎样理解呢？

我们认为说“精神现象学是黑格尔哲学的起源和秘密”与说“精神现象学是黑格尔的圣经”意思基本上相同。所谓精神现象学是黑格尔哲学的“秘密”，意思是说，精神现象学是理解黑格尔哲学的关键，是打开黑格尔哲学的秘奥的钥匙。什么是这种关键和秘密呢？这就是马克思所指出的黑格尔精神现象学的“最后成果”，这也就是“作为推动原则和创造原则的否定性的辩证法”③。*

① 马克思:《黑格尔辩证法和哲学一般的批判》，人民出版社版，第 10 页。

② 《马克思恩格斯全集》，第 3 卷，人民出版社版，第 163 页。

③ 马克思:《黑格尔辩证法和哲学一般的批判》，人民出版社版，第 14 页。

* 值得注意的是，以写一册厚书叫做《黑格尔的秘密》(1865 年初版)的英国新黑格尔主义的创始人斯忒林所发现的秘密和马克思所发现的秘密——“作为推动原则和创造原则的否定性的辩证法”——根本相反。斯忒林写道:“发现黑格尔的全部秘密”在于“十分清楚明晰地看见他的整个体系从康德的起源和生长”(第 80 页)，他又断言:“康德的秘密也就是黑格尔的秘密。”(第 98 页)新黑格尔主义者和马克思主义奠基人都要去发现黑格尔的秘密，马克思批判地找到了黑格尔的秘密和合理内核在于他的辩证法，而斯忒林却无批判地把黑格尔从康德那里发展出来的唯心主义体系作为黑格尔的“秘密”！顺便提一下马克思在给恩格斯信中曾两次提到斯忒林:第一次，马克思意在说斯忒林胆大，说“斯忒林君不仅在书本中而且在报刊上敢对公众提及‘黑格尔的秘密’——连黑格尔自己一定也不懂的——那你会理会到詹·哈·斯忒林君可算作大思想家”。(《马克思恩格斯通信集》第四卷，第 67 页。)其次，在另一封信里马克思评论道:“斯忒林……吸收了黑格尔的宗教神秘和意识神秘。……不过他认识黑格尔的辩证法，使他能够指正赫胥黎的弱点。”(同上，第 352 页)这就是说，斯忒林多少认识一点黑格尔的神秘的、唯心的辩证法，运用它从右边去同进化论者、害羞的唯物主义者赫胥黎争论。

所谓“否定性的辩证法”表现在贯穿着“精神现象学”的“异化”或“自我意识的异化”这一概念上。马克思指出：精神现象学就是“按照实际人的存在、自我意识的异化的现象去加以研究”，因而“掌握这种知识的科学”①。换句话说，精神现象学就是研究自我意识的异化的现象的科学。马克思也洞见到精神现象学作为研究意识形态的科学，也就是以研究人或自我意识异化的各种不同形态为对象。他写道：“人的异化所出现的各种不同的形态，也就只是意识和自我意识的不同的形态。”②

由于马克思抓住了精神现象学中所表述的“异化”——“否定性的辩证法”作为黑格尔哲学的秘密、关键和合理内核，他还进一步肯定“精种现象学里面包含有‘批判的成分’”。尽管马克思指出精神现象学中“已经潜伏着黑格尔后来的著作中的无批判的实证主义和同样无批判的唯心主义”的“萌芽”，尽管马克思指出，“精神现象学是潜蕴着的、自身还不明白的和神秘化的批判”，但是他却独具只眼地发现了里面的批判成分说道：“但是，只要精神现象学坚持人的异化，纵使人只表现为精神的形态——则在它里面便潜伏着批判一切的成分，并且常常就会准备着并发挥出远超过黑格尔观点的方式”③。这就是说，“异化”的概念，否定性的辩证法是包含有批判成分的，加以吸收、改造、颠倒、剥掉其神秘化的外壳，就可以“发挥出远超过黑格尔观点的方式”。这就预示着发挥出他自己的批判的、革命的唯物辩证法的道路了。精神现象学中的批

① 马克思：《黑格尔辩证法和哲学一般的批判》，第16页。

② 同上书，第14页。

③ 同上书，第18页。

判成分,在于黑格尔分析各种意识形态时,即指出其矛盾,往往把后一意识形态看成前一意识形态的批判,把前一意识形态看成由于自身矛盾而向后一意识形态过渡。马克思曾具体指出:"'苦闷意识'、'正直的意识'、'高尚和卑劣意识'的斗争等等,这些篇章包含着整个范围的批判成分。"[①]我们应重视精神现象学中的批判成分,同时还须批判其神秘化和无批判的唯心主义。

马克思于抓住"作为推动原则和创造原则的否定性的辩证法"是"黑格尔精神现象学的最后成果",亦即是"黑格尔哲学的真正秘密"时,立即肯定"精神现象学和它的最后成果……的伟大的地方……在于黑格尔把人的自我创造认作一种过程,把人的对象化认作对立化,认作外在化和对这种外在化的扬弃,在于他认识到劳动的本质,把对象化的人——现实的所以是真实的人——了解为他自己的劳动的结果"[②]。黑格尔精神现象学中的"否定性的辩证法"的这种"伟大的地方"只有"远超过黑格尔观点"的辩证唯物主义奠基人才能揭示出来,同时才能立即揭露和批判"黑格尔的片面性和局限性",[③]在于"黑格尔所认识的并承认的劳动乃是抽象的精神的劳动"[④]。换言之,黑格尔虽说"把劳动认作本质,认作人的自行证实的本质",但他所了解的"劳动"乃只是思维的过程,乃只是自我意识自身异化又克服异化的精神活动,而不是辩证唯物主义所了解的革命的实践、自然斗争和社会斗争的实践。

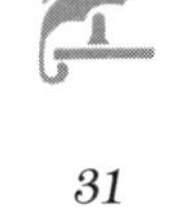

① 马克思:《黑格尔辩证法和哲学一般的批判》,第13页。

② 同上书,第14页。

③ 同上书,第14页。

④ 同上书,第15页。

马克思于批判黑格尔片面的“自我意识的异化”的唯心主义原理时,还积极地提出了辩证唯物主义的原理。马克思揭穿黑格尔所讲的自我意识的自身异化又克服异化的过程,乃是一种“思辨的创世说”。马克思认为,对象、自然、事物不是片面的自我意识的创造或主体的异化。马克思在唯物主义基础上提出了,主体与对象、精神与自然是对等的或者相互的异化。这就是说,对象是主体的异化,主体也是对象的异化;自然是精神的异化,精神也是自然的异化。归根到底,一切都是自然、客观存在的相互异化、相互建立。这世界是客观世界、对象的世界,也就是存在与存在、对象与对象相互异化、相互建立、相互联系的世界。譬如,以太阳和植物的关系来说,可以说“太阳是植物的对象,……同样植物也是太阳的对象”[1]。再譬如,就我的自我意识与对象的关系来说,马克思指出:“只要我有了一个对象,则这个对象就以我为它的对象。”[2]这就是说,对象是我的异化,我也就是对象的异化。“一个没有对象的存在[亦即一个不异化其自身的存在]就是一个不真实的、非感性的、只是空想的或虚构的存在,一个抽象的存在”[3]。马克思进一步取消“自我意识”作为第一性的地位,而建立以自然、客观存在作为第一性的唯物主义观点,写道:“客观的存在能创造、建立对象,只因为它是被对象建立起来的;因为它原来就是自然。”[4]换言之,一个人、主体、自我意识,如果他能异化他自己,创造、建立对象,这只因

① 马克思:《黑格尔辩证法和哲学一般的批判》,第20页。

② 同上书,第20页。

③ 同上书,第19页。

④ 同上书,第19页。

为他是被第一性的东西、对象世界、自然建立起来的，也只因为他是“实际的、肉体的、站立在坚实稳固的地球上的、呼吸着一切自然力量的人”[①]。因为“一个存在[包括人、自我在内]，如果没有它外在的自然，就不是一个自然的存在，它就没有参加在自然的存在里。一个存在，如果在它自身之外没有对象，就不是一个客观的存在”[②]。这样马克思就彻底批判了黑格尔唯心主义的自我意识异化说，而建立起以自然、客观存在为第一性的存在、对象相互建立、相互异化说。这就是马克思批判黑格尔对于人的自我创造活动、人的劳动本质和自我异化或异化活动之唯心主义的形式的抽象的理解，而取得的积极的成果。这是马克思批判吸收黑格尔的异化原理、否定性的辩证法中的合理内核而摧毁其唯心主义、神秘化的体系的关键性的例子。

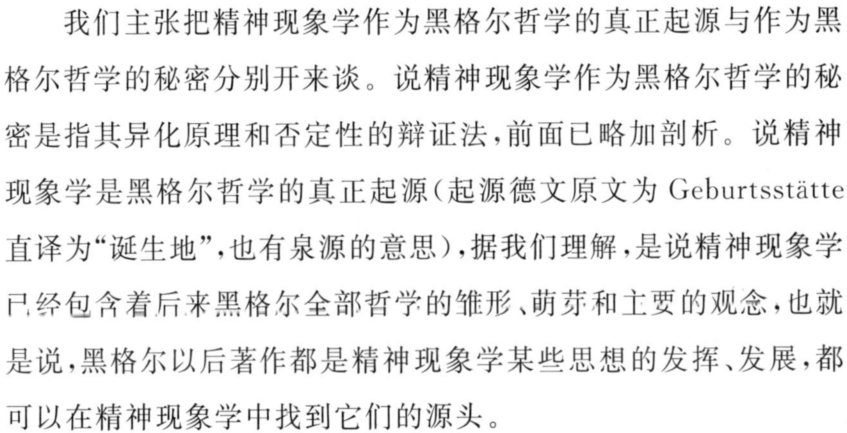

我们主张把精神现象学作为黑格尔哲学的真正起源与作为黑格尔哲学的秘密分别开来谈。说精神现象学作为黑格尔哲学的秘密是指其异化原理和否定性的辩证法，前面已略加剖析。说精神现象学是黑格尔哲学的真正起源（起源德文原文为 Geburtsstätte 直译为“诞生地”，也有泉源的意思），据我们理解，是说精神现象学已经包含着后来黑格尔全部哲学的雏形、萌芽和主要的观念，也就是说，黑格尔以后著作都是精神现象学某些思想的发挥、发展，都可以在精神现象学中找到它们的源头。

首先前面已说过，精神现象学可以认作他的逻辑学和全哲学

① 马克思：《黑格尔辩证法和哲学一般的批判》，第 18 页。

② 同上书，第 20 页。

体系的导言,而《精神现象学》的序言就有人认作黑格尔全哲学体系的宣言。这篇序言写于《精神现象学》全稿完成后两三个月,总结了精神现象学的观点和方法并启示了当时业已在望的逻辑学的观点和方法。譬如,思维的内容与形式的统一、概念的自身运动和"真理按照它的本性是自己运动的"等逻辑学中的观点,都在《精神现象学》序言中明确提出。

大家都承认《精神现象学》已经包含有作为《哲学全书》的一个环节的"精神哲学"的主要轮廓。即由主观精神发展到客观精神、绝对精神的三大阶段。差别在于"精神现象学"是先于逻辑学作为导至逻辑学的导言,而"精神哲学"则后于逻辑学,是作为"应用逻辑学"而出现的。"精神现象学"贯穿着历史事实,而"精神哲学"则与历史发展较少联系。

很多人(包括费尔巴哈及海谋)都说"精神现象学"与自然哲学无关。但是仔细摸索内容,就可看出,黑格尔在开首谈感性确定性时就接触到"这里"和"这时"等空间和时间范畴。在论"知性"一节里,又谈到物质、运动、力的交替和自然的内在核心等问题。在"观察的理性"一题下,黑格尔费了很长篇幅讨论到生理学、生物学把自然当作有机整体的观点,并曾批判了当时流行的相面学和头盖骨学。而且由量变到质变的飞跃原理,也曾在序言中鲜明地提出来,并应用来说明精神现象的转化过程。

在讨论"理性",特别是"精神"部分时,结合历史发展,涉及许多道德伦理问题和由希腊、罗马到近代文艺复兴、启蒙运动和法国革命的世界史问题,因此可以说是他后来的"法哲学"和"历史哲学"的诞生地或泉源。所不同的,道德伦理和历史事变在"精神现象学”中是作为在发展过程中意识形态来处理,被当作达到哲学或逻辑学的前提,而在“法哲学”和“历史哲学”中就是作为逻辑学的应用和“补充”(马克思语)。

《精神现象学》在美学上受到德国当时浪漫文艺思潮的感染和浸润,复超出了美学上的浪漫主义。对某些意识形态的分析批评都是以当时一些重要文学名著为根据的。很多地方表现了歌德、席勒对他的影响。当讨论到希腊的伦理世界时,黑格尔首次提出悲剧起于片面性伦理观念的冲突的理论并接触到希腊悲剧中的“命运”问题。于讨论“道德”时,黑格尔论述了“美的灵魂”这一意识形态,而“美的灵魂”这一理想则是出于席勒。他这时虽还没有提出认艺术为绝对精神的一个环节的看法,但当他谈到艺术的宗教时,区分出抽象的艺术品、有生命的艺术品和精神的艺术品,和他后来在“艺术哲学”中,把艺术的发展分为象征的艺术、古典的艺术、浪漫的艺术三个阶段有密切联系。可以简单说,《精神现象学》有许多地方体现了黑格尔很深的文学艺术修养,表现了许多文学家对他的影响,而且《精神现象学》中某些描写典型的意识形态的篇章还饶有文学趣味的。

最后,须指出的就是《精神现象学》涉及宗教的地方很多。著名的论“苦恼意识”的章节是对中世纪出世的宗教意识形态以及十字军东征的宗教意识基础的深刻的分析批判。第七章专论“宗教”一章,其轮廓分为自然宗教、艺术的宗教和天启的宗教与黑格尔死后出版的《宗教哲学演讲录》中所提出的宗教发展三个阶段:1.自然宗教;2.精神的个体性的宗教[艺术的宗教列为其中的一个环节];3.绝对宗教(即天启宗教)是大致相同的。

根据以上这些材料看来,《精神现象学》实在可以说是黑格尔整个哲学体系和哲学著作的源泉或诞生地。这就是说,他整个哲学体系的重要的萌芽思想和基本纲领大都可以在《精神现象学》中找到。在这个意义下我们基本上同意海谋如下的一些说法:“看来精神现象学同时包含体系的一切部分。”“黑格尔的体系后来发挥成为许多环节的全体只是包含在现象学中的东西之展开与完成”[①]。同时,我也大体上同意新近一位英国资产阶级黑格尔研究者芬德烈(J. N. Findlay)所说的话:“研究精神现象学的主要报酬在于看出:黑格尔以后体系的每一个概念和原则没有不是在精神现象学中可以找得到的,而且常常是在更透彻、更有启发性的形式中找到。”[②]这表明《精神现象学》内容很丰富,有启发性,可以引导人进一步钻研他的其他著作。同时也就由于许多线索的思想涌现并挤紧在一本书里,但还没有达到体系成熟、概念严密明确的境地,因此表现出文字生硬晦涩、各个阶段和意识形态的过渡和联系常常显得武断勉强种种缺点。

最后还须指出,精神现象学之所以能成为黑格尔此后哲学的泉源,启发并导向以后的哲学体系,还由于它是此前黑格尔的思想和著作的总结、总汇和集中表现。我们知道在撰写精神现象学以前,黑格尔已写成但没有发表的著作有:《早年神学著作》[③]、《耶拿逻辑学形而上学和自然哲学》[④]、《耶拿现实哲学》[⑤]、《黑格尔的政

① 《黑格尔和他的时代》,第253、255页。

② 见芬德烈著:《黑格尔:一个重新检察》,第148页,1958年,伦敦版。

③ H. Nohl于1907年初次整理出版。包含有《耶稣传》在内。

④ 1923年拉松初次整理出版。

⑤ 1931年荷夫麦斯特初次整理出版,共两卷。

治和法律论著》[1](内有《论德国宪法》和《伦理学体系》等著作)。而迄1806年黑格尔已发表的著作还有《费希特、谢林异同论》[2]及另外在他和谢林合办的《哲学评论杂志》上发表的五六篇文章。因此可以说,精神现象学是黑格尔在特定的个人生活和新的时代形势的鼓舞下第一次宣布有自己独特的哲学方法和体系,总汇他过去的哲学思想,启导他后来的哲学体系的一本带关键性的著作。

(七)评新黑格尔主义者及某些黑格尔研究家对《精神现象学》的论述

黑格尔的《精神现象学》在20世纪以前很少受到资产阶级哲学家和哲学史家的重视:或者(如鲁一士)说"这书文字粗拙晦涩无法了解",或者(如文德尔班)说"能了解精神现象学的那一代人已经死去了"。在所有早期英美新黑格尔主义者中,除鲁一士在其死后才出版的《近代唯心主义演讲》中有三章[3]专讲《精神现象学》外,很少有人提到这书。自从狄尔泰于1906年发表了《黑格尔的青年史》一书后,一般讲黑格尔哲学的人才开始重视《精神现象学》以及黑格尔青年时期写成的但迄未出版过的早期著作。但也就从狄尔泰起开始了把黑格尔的精神现象学朝着生命哲学、反理性主义、浪漫主义的方向歪曲的趋势。另一方面,一些黑格尔研究家又利用马克思主义的词句去夸大精神现象学的合理因素,把它和唯

① 1923年拉松初次整理出版。

② 见《黑格尔全集》第一卷。

③ 见中文译本鲁一士著:"黑格尔学述",商务印书馆1936年版,第42—122页。

物辩证法混淆起来。我们这里打算针对这两种错误趋势加以揭露和批评。前一趋势的代表人物有德国的新黑格尔主义者克朗纳、格罗克纳和美国的鲁文贝格。后一趋势以卢卡奇为代表。

克朗纳(R. Kroner)从他一贯地把黑格尔和黑格尔的辩证法加以反理性主义的歪曲出发，说什么“黑格尔是反理性主义者，因为他是辩证法家，……因为辩证思维是理性—反理性的思维”[①]。他进一步强调《精神现象学》的浪漫主义性质和神学性质，加以推荐。他认为“精神现象学的总的精神是使得浪漫主义成为合理的”[②]。又说：“黑格尔的精神现象学猛烈地反对浪漫主义，但无疑地是黑格尔所有著作中最富于浪漫主义的著作。”[③]不过他是从右边、从神学观点去了解浪漫主义，把它了解为对于上帝的向往与追求。克朗纳说：“现象学可以叫做心灵向往上帝的旅程。对上帝或绝对者的知识就是这个航行的最后目标。”[④]事实上，正如在《逻辑学》中，“关于绝对观念的整整一章，几乎没有一句话讲到神”(列宁：《哲学笔记》)，在《精神现象学》中，关于“绝对知识”一章也同样没有一句话讲到神。而且黑格尔认为哲学高于宗教，“扬弃了的宗教等于绝对知识”(马克思语)。此外我们知道，黑格尔紧接着德国文艺思想上伟大的“狂飙运动”之后，对于浪漫主义有所感染、吸收，但主要的是他“猛烈地反对浪漫主义”的一面，他超出了、扬弃了、批判了浪漫主义而不是合理化了浪漫主义。而且黑格尔所感

① 克朗纳：《从康德到黑格尔》，1924，图宾根，第272页。

② 《黑格尔早期神学著作》英译本克朗纳所作的序，1948，芝加哥，第43页。

③ 同上书，第48页。

④ 同上书，第44页。

染的浪漫主义也决不是主要地“追求向往上帝”,而是从现象寻求本质、从有限寻求无限,亦即以现象与本质、有限与无限的统一的客观唯心主义为基础。

克朗纳对黑格尔关于中世纪宗教生活的“苦恼意识”这一意识形态的描写,加以永恒化、绝对化,说“悲剧是一个形而上学的[即本体论上的]范畴,不仅是表现生活的一种戏剧方式。心灵按本性就是悲剧性的,因为心灵自己与自己相对立,自己是自己的对方、自己是自己的反对者”①。这种说法与法国存在主义者让·瓦尔(Jean Wahl)在他的《黑格尔哲学中的苦恼意识》一书中,对“苦恼意识”加以存在主义的歪曲,并且把这一个别的特定时期的意识形态夸大为精神现象学的中心思想的看法,一个鼻孔出气;另一方面又与格罗克纳(H. Glockner)大肆宣扬《精神现象学》中的所谓“泛悲剧主义”相互唱和。这都表明了在帝国主义没落时期,反映悲观绝望的资产阶级没落情绪的主观唯心主义者企图把黑格尔的精神现象学加以反理性主义化,加以存在主义的歪曲。因为他们认为矛盾是非理性的、是悲剧性的,他们认识到生活、存在、心灵免不了矛盾,因而就硬说它们是非理性的、悲剧性的。克朗纳还进一步抬出黑格尔来同基尔克哥尔德争建立存在主义的创始权。克朗纳写道:“不是基尔克哥尔德,而是他的老师黑格尔才是存在主义哲学的创始人。”②

格罗克纳为了要否认黑格尔是一个“肤浅的乐观主义”哲学

① 《黑格尔早期神学著作》英译本克朗纳新作的序,1948,芝加哥,第50页。

② 《黑格尔早期神学著作》,第46页。

家,而大谈"黑格尔的泛悲剧的世界观",捏造出黑格尔的"泛悲剧主义"以反对"泛逻辑主义"的旧提法。格罗克纳所了解的泛悲剧主义的内容是:"没有无自我牺牲的个人自由,没有无限制的具体形态,没有无断念的意志,没有不在时间中消逝的时间中的存在,没有无死亡的生命"①。换言之,格罗克纳把矛盾与悲剧等同起来,把矛盾的普遍性了解为悲剧的普遍性或泛悲剧主义,而看不见矛盾的统一的积极意义,把正常的矛盾统一、矛盾发展的规律赋予没落阶级的反理性主义的悲观情调。

另一方面,也有美国的资产阶级黑格尔研究者鲁文贝格(J. Loewenberg)在他所发表的《黑格尔精神现象学中的直接性的喜剧》论文和他在《黑格尔选集》中所写的序文(这篇序文差不多全在谈精神现象学)中,却又在大谈黑格尔辩证法的喜剧性。鲁文贝格的论点是:"辩证法在于抓住每一个典型的态度或信念的片面性,而使得它逻辑上显得可笑。""精神现象学应该算作艺术作品,它的突出的特性是戏剧式的和喜剧的"②。"正如有关于人物的喜剧,也有关于观念的喜剧。……观念和信念也有太自负的、学究气的、虚幻的、古怪的、狂诞的、不配合的、盲目的、嚣张的、咆哮如雷的、颠倒错乱的。所谓辩证逻辑真正讲来就是喜剧的逻辑。它是通过揭示观念和信念的内在矛盾让它们鞭挞它们自己的逻辑"③。鲁文贝格看见了喜剧中有辩证法,看见了黑格尔对于意识形态、观

① 格罗克纳:《黑格尔哲学的发展和命运》,1958,斯图加尔第 2 版,第 566—567 页。

② 《黑格尔选集》,第 XIX 页。

③ 《黑格尔选集》,第 XXI 页

念、信念的矛盾的分析,有一定程度的幽默感。但是他毫无根据地把观念加以人格化,把精神现象学说成是“哲学的喜剧”①,甚至把整个黑格尔哲学说成是“一种神圣的喜剧”②,并且把辩证法说成是“喜剧艺术的巧妙工具”③,把黑格尔尊崇为“第一流的喜剧天才”④,这就陷于片面的夸大并把辩证法庸俗化。鲁文贝格认为矛盾是可笑的、喜剧式的,也就是认为矛盾是错误的、主观的、不合理的,他看不到矛盾和矛盾发展是必然的客观的发展规律。我们知道,矛盾不是简单地像鲁文贝格所说那样是可笑的,可供有闲阶级欣赏的东西,而是要通过长期艰苦经历才能克服的、必须严肃对待的东西,尤其是推动事物运动和发展的内在力量。足见肯定黑格尔辩证法的喜剧性的鲁文贝格与肯定黑格尔辩证法的悲剧性和泛悲剧主义的克朗纳和格罗克纳表面上好像正相反对,但都同样从反理性主义出发,只知道主观辩证法,也都同样把黑格尔的辩证法庸俗化。

像上面所揭露的克朗纳、格罗克纳、鲁文贝格等人对于黑格尔精神现象学加以反理性主义的歪曲,企图把黑格尔哲学解释为存在主义,解释为反理性主义的泛悲剧主义和哲学的喜剧,这就丢掉黑格尔精神现象学中有生命的东西、合理的东西,把黑格尔的合理内核歪曲了,他们这种对黑格尔精神现象学的歪曲,正反映了思想上陷于种种矛盾,缺乏远景展望的资本主义的社会状况。

用马克思主义词句,站在存在主义立场去歪曲黑格尔精神现

① 《黑格尔选集》,第 XLII 页。

② 同上书,第 XLI 页。

③④ 同上书,第 XLII 页。

象学,在法国近来出现了不少的代表人物。如让·瓦尔所著《黑格尔哲学中的苦恼意识》(巴黎,1929),耶稣教会的神学家比果(P. Bigo)所著《马克思主义与人道主义》(巴黎,1953),卡尔威兹(J.-Y. Calvez)所著《卡尔·马克思的思想》(巴黎,1956)等书。最重要的代表为《精神现象学》法文本译注者天主教的一位神父伊波利特(Jean Hypolite),他写了一系列的著作,似乎都有把"精神现象学"、马克思主义及存在主义混搅在一起的倾向。他的著作有《黑格尔精神现象学的生长与结构》(1946),论文《人在黑格尔精神现象学中的地位》(1947),以及《黑格尔的历史哲学导论》(1948),《关于马克思和黑格尔的研究》(1955)等等。对于这些看法,法国加罗第等人曾于1958年合写了一本册子,叫做《马克思主义者对天主教批评家的答复》。我们因限于篇幅,这里不打算评论。现在只对卢卡奇关于"精神现象学"研究所表现的某些错误观点给予简略的评述。

卢卡奇(G. Lukács)是匈牙利人,生于1885年,是当代研究德国古典哲学、美学,特别是黑格尔哲学的颇有影响的代表人物。他的主要著作有:《歌德和他的时代》(1947)、《现实主义论文集》(1948)、《文艺史家马克思和恩格斯》(1948)、《青年黑格尔》(1948)、《美学史》(1954)、《理性的毁灭》(1954)、《美感特征》(1962)等。在1954年再版的《青年黑格尔》(柏林版)里,他对《精神现象学》有许多独到的研究,他企图用马克思主义观点来阐述黑格尔早期思想,特别是《精神现象学》的思想,并对各种资产阶级哲学流派,特别是新黑格尔主义者对黑格尔早期思想的歪曲提出批判,特别突出的是他提出了与斯大林时期认为德国古典唯心论是对法国革命的贵族反动相对立的观点。这是有其特殊的意义的。他还把反对唯心主义的斗争看成是反对反理性主义的斗争。但是由于他过分夸大了黑格尔的合理进步因素,却忽视了马克思批判、改造、颠倒黑格尔唯心辩证法的艰巨工作,以致混淆了唯物辩证法和唯心辩证法的界限。他把黑格尔尊崇为对法国革命、拿破仑的统治、英国的工业革命和亚当·斯密的经济学给予辩证法和哲学的总结的哲学家,换言之,他把黑格尔描写成体现法国革命和英国工业革命的“世界精神”的“左翼”的思想家,而看不见黑格尔的立场和观点受经济政治落后的状况、资产阶级软弱性等德国条件的制约的一面。

下面我们试列举并摘录我们认为是卢卡奇在解释“精神现象学”方面的片面的、错误的论点:

1. 卢卡奇认为“关于劳动问题,黑格尔完全与他所掌握的英国材料和英国经济学的知识分不开。黑格尔所增加的是把在经济对象中所认识到的辩证法提高到自觉的哲学水平”。(第380页)又说,“黑格尔把亚当·斯密经济学中客观地包含着的特定范畴提到远超过斯密水平的辩证法高度。”(第374页)照这些话看来,英国的政治经济学成了黑格尔哲学的主要来源之一,用哲学辩证法去总结、批判英国政治经济学的人不是马克思,而首先应该是黑格尔。他完全忘记了马克思对于黑格尔劳动观念的批判,即“黑格尔所意识的并承认的劳动乃是抽象的精神的劳动”①。最奇怪的是,卢卡奇还说“经济学、哲学的结合……是真实地克服黑格尔唯心辩证法的前提”(第625页)。而卢卡奇认为,黑格尔在某种意义上已

① 马克思:《黑格尔辩证法和哲学一般的批判》,第15页。

经把英国的经济学提高到辩证法的、哲学的水平,亦即已经把经济学和哲学结合起来了,他责备"费尔巴哈一点也不懂得包含在黑格尔'异化'观念中的经济和哲学的结合"(第624页),那么,黑格尔自己就已经"克服"了他的唯心辩证法了。无怪乎卢卡奇会得出这样的结论,说"马克思对黑格尔的批判"只在于马克思"对于经济事实本身有较正确、较深刻的理解"(第624页)罢了。换言之,没有唯物论反对唯心论的根本差别。谁都知道,资产阶级哲学家中,企图把经济学与哲学结合起来的人很多,最著名的如出自新康德派的马克斯·韦伯、实证主义的政治经济学家约翰·穆勒等。须知经济学和哲学结合与否决不是克服唯心辩证法的关键,要克服黑格尔的唯心辩证法唯一的办法是摧毁他的客观唯心主义体系,把他的头脚倒置的辩证法颠倒过来。

2.卢卡奇好像认为黑格尔超出了德国政治经济的落后状况,摆脱了德国资产阶级的软弱性,因而断言:"黑格尔的历史观点……不是当时贫困的德国状况的反映,而是最新发展形式的资产阶级社会的反映——是法国革命和英国工业革命的产物。"(第372页)这种看法也是不够全面的。他说:"黑格尔特别赞同和拿破仑的统治相联系的政治和社会幻想。……他从这里所获得的充分乐观的情调、一个世界更新的情调、世界精神的一个新形态的情调,在精神现象学中得到它的完备的表达。"(第422页)"以精神现象学为代表的黑格尔早期思想是以法国革命及拿破仑为中心。"(第523页)他并且进一步认为,《精神现象学》中"对其自身具有确定性的精神、道德"一章代表"黑格尔的乌托邦,即悬想在拿破仑统治下的德国。德国古典作家的诗歌和哲学为拿破仑时期最高的思想形式,

为世界危机的解决”。(第 557 页)

把拿破仑当作精神现象学的中心,不唯违反显明事实,而且堕入了英雄史观的唯心论窠臼。精神现象学的中心始终是客观唯心主义的绝对精神、绝对知识、世界精神。黑格尔承认拿破仑是世界精神的体现——所谓“马背上的世界精神”,承认法国革命是世界精神的一个新形态,但是他是站在德国落后的软弱的资产阶级立场、用客观唯心主义观点去承认的。黑格尔根本就没有什么乌托邦,因为他不是沉没在幻想中的浪漫主义者。黑格尔谈“道德”的章节只是在把康德、费希特的道德观点,和席勒的“美的灵魂”作为发展过程中的诸意识形态而加以评论,目的是由道德过渡到宗教,最后发展到哲学——绝对知识。谁也看不出黑格尔把它们作为“拿破仑时期的最高思想形式、世界危机的解决”。卢卡奇忘记了马克思所说的话,“德国古典哲学是法国革命的德国版”。由于是“德国版”所以就不可避免地受到德国社会经济、文化种种条件的制约。

3. 卢卡奇认为黑格尔的宗教思想是进步的、接近于无神论的。他首先把费尔巴哈与黑格尔的宗教观混同起来。他认为费尔巴哈反对宗教、揭露宗教,其目的在于要求新的纯化的宗教,这与黑格尔相同。又认为费尔巴哈过分估计宗教的历史意义,好像把宗教的变革看成人类发展的转折点似的,这也是黑格尔与费尔巴哈相同之点(第 39 页)。此外,卢卡奇看见黑格尔论述启蒙运动时提到:启蒙运动认为“信仰看做绝对本质的那种东西,只是信仰本身的意识的存在,只是信仰本身的思想,只是某种由意识产生的东西”,因而断言,黑格尔在解释宗教时“几乎达到了费尔巴哈的批判的水平”(第 564 页)。当然,黑格尔的宗教观有一定的人本学因素,但卢卡奇完全不从主要方面去看费尔巴哈的人本学、唯物主义、无神论思想与黑格尔的客观唯心主义和为宗教奠定哲学基础、以哲学代替神学的企图根本对立。费尔巴哈哲学中诚然还残存着宗教伦理的杂质;但费尔巴哈对黑格尔的批判,认“黑格尔哲学是神学的最后避难所和最后的理性支柱”,这是主流,也是有效的。所以我们认为,卢卡奇混同费尔巴哈与黑格尔的宗教思想是错误的。

此外卢卡奇还引证(但没有指明出处)并歪曲费尔巴哈的话,说“黑格尔哲学中无神论与神学的倾向是混杂的”。又援引布鲁诺·鲍威尔及海涅的话,说黑格尔对外是基督教,对内是无神论。并援引弗里德里克·希勒格尔,说黑格尔的辩证法比无神论还更坏,简直是一种魔鬼主义(第 600 页)。卢卡奇又着重提出基尔克哥尔德从存在主义、主观唯心主义、反理性主义来复兴宗教,坚决反对黑格尔的宗教观,借以反证黑格尔的宗教见解是“客观的、与客观现实性的认识不是对立的”(第 602 页),因而断言“黑格尔的宗教哲学是德国启蒙运动的最后的哲学的表现”(第 603 页)。诚然,黑格尔是深受过启蒙运动的影响,但在《精神现象学》中,他认为“启蒙运动的后果是唯物主义,不可知论,和纯粹的功利主义”,加以坚决反对,而提出马克思所指出的“思辨的创世说”去代替。所以他的宗教思想始终是企图超出启蒙运动的,是建筑在客观唯心主义上面的启蒙运动或对启蒙运动加以辩证的批判分析的思想。

卢卡奇企图用斯宾诺莎对德国启蒙运动的泛神论影响,用莱辛、赫尔德、歌德等人的泛神论倾向来论证“黑格尔哲学具有一个

突出的泛神论环节——尽管黑格尔自己反对泛神论”(第605页)。因为“泛神论是客客气气的无神论”(第606页)所以他就想由肯定黑格尔的泛神论,进而肯定黑格尔是客客气气的或含羞的无神论,此说虽有一定道理,但不应该忘掉马克思在黑格尔《精神现象学》中所指出的“思辨的创世说”[①]或“逻辑的泛神论”。[②] 建立客观唯心主义体系、持思辨的创世说、认绝对理念即是上帝的黑格尔,他的宗教思想跟启蒙运动和无神论是有差别的,而且和认“自然就是上帝”、“除自然外没有上帝”、“凡违反自然的东西就是违反上帝的东西”的斯宾诺莎式的泛神论或无神论也有所不同。

卢卡奇贯串在《青年黑格尔》全书的总观点,主要在于过分夸大了黑格尔早期思想的合理进步因素,认为辩证唯物主义和历史唯物主义是青年黑格尔思想的直接继承和发展,他根本抹杀了马克思唯物辩证法与黑格尔唯心辩证法之间的根本差别。

在谈到《精神现象学》的方法论建筑在人类历史的发展和逻辑范畴的辩证发展的次序的“深刻的内在的联系”上面时,卢卡奇立即颂扬道:“黑格尔的这种历史主义的特性、这种哲学之彻底的历史化[其实固可说黑格尔历史化哲学,也可说他哲学化历史,即把哲学的某些范畴和联系强加给历史,把历史事实作为哲学理论的例证]在一定程度上就成为历史唯物主义的先驱。”他表面上交代一下,尽管“马克思与黑格尔有方法论上的对立”,尽管“黑格尔的唯心辩证法有加以唯物主义的改造和颠倒的必要”,然后着重地

① 《马克思恩格斯全集》,第2卷,第129页。

② 同上书,第1卷,第250页。

说:“但是不看见黑格尔的历史观是如何多地趋赴于历史唯物主义的方向,乃是错误的。”(第533—534页)他片面强调和夸大黑格尔的历史观是历史唯物主义的来源之一,而看不见黑格尔历史观的唯心主义本质。

卢卡奇恭维黑格尔把亚里士多德所说的“人是社会的动物”这一伟大真理在《精神现象学》中加以具体化,表明“人是历史的动物”。并且强调“黑格尔这一观点的突出的重要性”(第356页)。但是他没有具体理解,即使《精神现象学》中包含有“人是历史的动物”的思想(虽说黑格尔自己没有明确这样说过),而他所了解的历史是精神或自我意识自身发展的历史,他所了解的人是历史的动物,主要是指“人是精神的、文化教养的、思维的动物”,与历史唯物主义所了解的“劳动创造世界”、“人民群众创造世界”的观点是有区别的。恩格斯曾恰当地赞扬了黑格尔的“伟大的历史感”。但是决不能像卢卡奇这样放松批判他的唯心主义基础。不摧毁黑格尔的唯心主义基础,我们是不能吸取他的合理的“历史感”和他的“历史与逻辑统一”的原理的。

卢卡奇企图把黑格尔装扮成一个辩证唯物主义者或唯物辩证法的“直接先驱”。他说:“从上面的叙述就可以看到,在那样唯心的神秘化范围内,何以并且为什么黑格尔却能够不仅给予经济和历史而且给予一般客观现实的辩证联系以现实的和本质的规定,何以黑格尔的辩证法却能够成为唯物辩证法的直接先驱[重点引者加的]这关键,我以前已经反复着重说过,即在于黑格尔认为劳动是人、人类的自我创造过程。”(第630页)他过分片面夸大黑格尔的劳动观,看不见黑格尔是从唯心主义出发,所谈的劳动,只是抽象的、思维的劳动。他混淆唯物辩证法与唯心辩证法的界限,好像两者没有矛盾、斗争和根本对立,唯物辩证法就直接地继承了唯心辩证法,黑格尔的唯心辩证法无需经过批判、改造、颠倒就直接地成为唯物辩证法的先驱。

卢卡奇在黑格尔研究,特别是在《精神现象学》研究方面所表现的抹杀唯物、唯心界限,用马克思主义词句去颂扬黑格尔,把历史唯物主义和唯物辩证法看成黑格尔的历史观点和唯心辩证法的直接继承和发展显然是一种错误的观点。因此对卢卡奇观点的分析、批判,对于我们进一步深入学习马克思列宁主义和正确评价黑格尔是有一定现实意义的。

* * *

本文的任务只是就黑格尔精神现象学的性质和特点以及有关精神现象学的一些问题作了简单的叙述和说明,并且对新黑格尔主义者及某些著名的黑格尔哲学研究家对精神现象学的歪曲与利用作了一些分析和批判。以马克思列宁主义为指导进一步去挖掘、去批判吸收作为黑格尔哲学的起源和秘密的精神现象学,并展开对于新黑格尔主义者和现代修正主义者对精神现象学的歪曲利用,还有待于大家进一步的努力。至于对精神现象学各发展阶段、各意识形态具体内容的分析介绍,不是这里的篇幅所能容纳,当另外撰文作较详尽的阐述。希望这篇简略的导言有助于引起读者深入钻研本书内容的兴趣。至于文中所提出的论点、有错误和欠妥当的地方,恳切希望读者的批评和帮助。

目　录

序言:论科学认识 …… 1
〔一、当代的科学任务〕…… 1
〔1.真理之为科学的体系　2.当代的文化　3.真理之为原则及其展开〕
〔二、从意识到科学的发展过程〕…… 12
〔1.绝对即主体的概念　2.知识的生成过程　3.个体的教养〕
〔三、哲学的认识〕…… 26
〔1.真实与虚假　2.历史的认识和数学的认识　3.概念的认识〕
〔四、哲学研究中的要求〕…… 44
〔1.思辨的思维　2.天才的灵感与健康的常识　3.结语,作者与读者的关系〕
导　论 …… 57

甲、意识

第一章　感性确定性;这一个和意谓 …… 71
第二章　知觉;事物和幻觉 …… 83
〔一、事物的简单概念〕…… 84
〔二、事物的矛盾概念〕…… 87

〔三、朝向无条件的普遍性和知性领域的发展运动〕 ········· 92
第三章　力和知性;现象和超感官世界 ································ 99
〔一、力与力的交互作用〕 ·· 101
〔二、力的内在本质〕 ·· 107
〔Ⅰ.超感官世界〕 ·· 108
〔1.内在核心,外表现象,知性或理智　2.超感官世界即现象界　3.规律作为现象的真理〕
〔Ⅱ.规律作为差别与同一〕 ·· 113
〔1.特定的规律与普遍的规律　2.规律与力　3.说明或解释〕
〔Ⅲ.关于纯粹差别的规律〕 ·· 119
〔三、无限性〕 ·· 123

乙、自我意识

第四章　意识自身确定性的真理性 ··································· 130
〔Ⅰ.自我意识自身〕 ··· 131
〔Ⅱ.生命〕 ··· 132
〔Ⅲ.自我与欲望〕 ·· 136
一、自我意识的独立与依赖;主人与奴隶 ························ 138
〔Ⅰ.双重的自我意识〕 ··· 139
〔Ⅱ.对立的自我意识的斗争〕 ··· 141
〔Ⅲ.主人与奴隶〕 ·· 144
〔1.统治　2.恐惧　3.培养或陶冶〕
二、自我意识的自由;斯多葛主义、怀疑主义和苦恼的意识 ··· 149
〔Ⅰ.斯多葛主义〕 ·· 151
〔Ⅱ.怀疑主义〕 ··· 153

〔Ⅲ.苦恼的意识,坏的主观唯心主义〕 …… 158

〔1.变化的意识 2.不变的形态 3.现实与自我意识的统一——(1)纯粹的意识 (2)个别的本质与现实性,虔敬的意识的活动 (3)自我意识达到了理性〕

丙(甲)、理性

第五章 理性的确定性与真理性 …… 174

〔Ⅰ.唯心主义〕 …… 175

〔Ⅱ.范畴〕 …… 177

〔Ⅲ.空虚的主观唯心主义的知识〕 …… 179

一、观察的理性 …… 182

(a)对自然的观察 …… 184

〔Ⅰ.对无机物的观察〕 …… 184

〔1.描写 2.特征 3.规律的发现——(1)概念与规律经验 (2)实验 (3)物质〕

〔Ⅱ.对有机物的观察〕 …… 193

〔1.一般规定——(1)有机物与自然元素 (2)理性本能所理解的目的概念 (3)有机物的行动及其内在与外在的方面 2.有机物的形态——(1)有机属性与有机系统 (2)内在方面的诸环节相互关联 (3)内在与外在方面的关系 3.关于有机物的思想——(1)有机的统一 (2)规律的扬弃 (3)整个有机物,它的自由与规定性〕

〔Ⅲ.将自然当作一有机整体来观察〕 …… 214

〔1.无机物的组织:比重,凝聚性,数 2.有机物的组织:类属,种,单一性,个体 3.生命,偶然的理性〕

(b)对自我意识的纯粹自身及其与外在现实的关系的观察;逻辑规律与心理学规律 …… 224

〔Ⅰ.思维规律〕 …… 224

〔Ⅱ.心理学的规律〕 …… 226
〔Ⅲ.个体性的规律〕 …… 228
(c)对自我意识与其直接现实的关系的观察;面相学与头盖骨相学 …… 230
〔Ⅰ.器官的面相学的含义〕 …… 232
〔Ⅱ.这种含义的双义性〕 …… 237
〔Ⅲ.头盖骨相学〕 …… 242
〔1.头盖骨作为精神的外在现实　2.头盖骨的形状与个体性的关系　3.潜在与现实　结束语〕
二、理性的自我意识通过其自身的活动而实现 …… 262
〔Ⅰ.自我意识的直向运动;伦理世界〕 …… 262
〔Ⅱ.自我意识的反向运动;道德世界〕 …… 266
(a)快乐与必然性 …… 270
〔Ⅰ.快乐〕 …… 271
〔Ⅱ.必然性〕 …… 272
〔Ⅲ.自我意识里的矛盾〕 …… 274
(b)心的规律和自大狂 …… 275
〔Ⅰ.心的规律和现实的规律〕 …… 276
〔Ⅱ.将心置入于现实〕 …… 277
〔Ⅲ.个体性的自大狂〕 …… 280
(c)德行与世界进程 …… 284
〔Ⅰ.自我意识与普遍的关联〕 …… 284
〔Ⅱ.世界进程是普遍在个体性里的现实性〕 …… 286
〔Ⅲ.个体性是普遍的实在性〕 …… 291
三、自在自为地实在的个体性 …… 294
(a)精神动物的王国和欺骗,或事情自身 …… 296

〔Ⅰ.个体性的概念作为实在的个体性〕…… 296

〔Ⅱ.事情自身与个体性〕…… 302

〔Ⅲ.相互欺骗与精神实体〕…… 308

(b)立法的理性 …… 315

(c)审核法律的理性 …… 320

译后记 …… 329

再版后记 …… 331

序言：论科学认识

〔一、当代的科学任务〕

〔1. 真理之为科学的体系〕　在一本哲学著作的序言里，如果也像在普通的书序里惯常所做的那样先作一个声明，以说明作者所怀抱的著述目的和动机以及作者所认为他的著作与这同一问题上早期和同时的其他论著的关系，那么这样的一种声明似乎不仅是多余的，而且就一部哲学著作的性质来说是不适宜的、不合目的的。因为，在一篇序言里，不论对哲学作出怎么样周详的陈述，比如说，给哲学的趋势和观点、一般内容和结果作一种历史性的叙述，或就真理问题上各家各派的主张和断言作一种兼容并蓄的罗列，如此等等，毕竟不能算是适合于陈述哲学真理的方式和办法。而且，由于在本质上哲学所探讨的那种普遍性的因素本身就包含着特殊，所以在哲学里比在其他科学里更容易使人觉得，仿佛就在目的或最终结果里事情自身甚至其全部本质都已得到了表达，至于实现过程，与此结果相比，则根本不是什么本质的事情。相反，譬如在解剖学是什么（解剖学是就身体各部分之为僵死的存在物而取得的知识）这样的一般观念里，我们则深信我们尚未占有事实本身，尚未占有这门科学的内容，而必须进一步去探讨特殊。——再者，在这样一种不配被称之为科学的知识堆积里，谈论目的之类

普遍性的东西时所采用的方式,通常也就是叙述内容本身如神经、肌肉等等时所使用的那种历史性的无概念的方式,两者没有什么不同。但在哲学里,如果也采取这样的一种方式先作说明,而哲学本身随后又证明这种方式不能把握真理,那就很不一致了。

同样,由于对某一哲学著作与讨论同一对象的其他论著所持有的关系进行规定,这就引进来一种外来的兴趣,使真理认识的关键所在为之模糊。人的见解愈是把真理与错误的对立视为固定的,就愈习惯于以为对某一现有的哲学体系的态度不是赞成就必是反对,而且在一篇关于某一哲学体系的声明里也就愈习惯于只在其中寻找赞成或反对。这种人不那么把不同的哲学体系理解为真理的前进发展,而毋宁在不同的体系中只看见了矛盾。花朵开放的时候花蕾消逝,人们会说花蕾是被花朵否定了的;同样地,当结果的时候花朵又被解释为植物的一种虚假的存在形式,而果实是作为植物的**真实形式**出而代替花朵的。这些形式不但彼此不同,并且互相排斥、互不相容。但是,它们的流动性却使它们同时成为有机统一体的环节,它们在有机统一体中不但不互相抵触,而且彼此都同样是必要的;而正是这种同样的必要性才构成整体的生命。但对一个哲学体系的矛盾,人们并不习惯于以这样的方式去理解,同时那把握这种矛盾的意识通常也不知道把这种矛盾从其片面性中解放出来或保持其无片面性,并且不知道在看起来冲突矛盾着的形态里去认识其中相辅相成的环节。

对这一类说明的要求以及为满足这种要求所作的努力,往往会被人们当成了哲学的主要任务。试问在什么地方一本哲学著作的内在含义可以比在该著作的目的和结果里表达得更清楚呢?试

问用什么办法可以比就其与当代其他同类创作间的差别来认识该著作还更确切些呢?但是,如果这样的行动不被视为仅仅是认识的开始,如果它被视为就是实际的认识,那它事实上就成了躲避事情自身的一种巧计,它外表上装出一副认真致力于事情自身的样子,而实际上却完全不作这样认真的努力。——因为事情并不穷尽于它的目的,而穷尽于它的实现,现实的整体也不仅是结果,而是结果连同其产生过程;目的本身是僵死的共相,正如倾向是一种还缺少现实性的空洞的冲动一样;而赤裸的结果则是丢开了倾向的那具死尸。——同样,差别毋宁说是事情的界限;界限就是事情终止的地方,或者说,界限就是那种不复是这个事情的东西。因此,像这样地去说明目的或结果以及对此一体系或彼一体系进行区别和判断等等工作,其所花费的气力,要比这类工作乍看起来轻易得多。因为,像这样的行动,不是在掌握事情,而永远是脱离事情;像这样的知识,不是停留在事情里并忘身于事情里,而永远是在把握另外的事情,并且不是寄身于事情,献身于事情,而毋宁是停留于其自身中。——对那具有坚实内容的东西最容易的工作是进行判断,比较困难的是对它进行理解,而最困难的,则是结合两者,作出对它的陈述。

在文化的开端,即当人们刚开始争取摆脱实质生活的直接性的时候,永远必须这样入手:获得关于普遍原理和观点的知识,争取第一步达到对事情的一般的思想,同时根据理由以支持或反对它,按照它的规定性去理解它的具体和丰富的内容,并能够对它作出有条理的陈述和严肃的判断。但是,文化教养的这个开端工作,马上就得让位给现实生活的严肃性,因为这种严肃性使人直接经验到事情自身;而如果另一方面,概念的严肃性再同时深入于事情的深处,那么这样的一种知识和判断,就会在日常谈话里保有它们应有的位置。

只有真理存在于其中的那种真正的形态才是真理的科学体系。我在本书里所怀抱的目的,正就是要促使哲学接近于科学的形式,——哲学如果达到了这个目标,就能不再叫做对知识的爱,而就是真实的知识。知识必然是科学,这种内在的必然性出于知识的本性,要对这一点提供令人满意的说明,只有依靠对哲学自身的陈述。但是,外在的必然性,如果我们抛开了个人的和个别情况的偶然性,而以一种一般的形式来理解,那么它和内在的必然性就是同一个东西,即是说,外在的必然性就在于时间呈现它自己的发展环节时所表现的那种形态里。因此,如果能揭露出哲学如何在时间里升高为科学体系,这将是怀有使哲学达到科学体系这一目的的那些试图的唯一真实的辩护,因为时间会指明这个目的的必然性,甚至于同时也就把它实现出来。

〔2.当代的文化〕 当我肯定真理的真实形态就是它的这种科学性时,或者换句话说也一样,当我断言真理的存在要素只在概念之中时,我知道这看起来是与某一种观念及其一切结论互相矛盾的,这种观念自命不凡,并且已经广泛取得我们时代的信任。因此,就这种矛盾作一个说明,似乎不是多余的;即使这个说明在这里也只不过是与它自己所反对的那种观念同样是一个直接的断言而已。这就是说,如果说真理只存在于有时称之为直观有时称之为关于绝对、宗教、存在(不是居于神圣的爱的中心的存在,而就是这爱的中心自身的存在)的直接知识的那种东西中,或者甚至

于说真理就是作为直观或直接知识这样的东西而存在着的,那么按照这种观念就等于说,为了给哲学作系统的陈述我们所要求的就不是概念的形式而毋宁是它的反面。按照这种说法,绝对不是应该用概念去把握,而是应该予以感受和直观;应该用语言表达和应该得到表述的不是绝对的概念,而是对绝对的感觉和直观。

对于这样的一种要求,如果我们从它的较为一般的关联上来理解它的出现,并且就自觉的精神当前所处的发展阶段来予以考察,我们就会发现自觉的精神已经超出了它通常在思想要素里所过的那种实体性的生活,超出了它的信仰的这种直接性,超出了它因在意识上确信本质与本质的内在和外在的普遍呈现已经得到了和解而产生的那种满足和安全。自觉的精神不仅超出了实质的生活进入于另一极端:无实质的自身反映,而且也超出了这种无实质的自身反映。它不仅仅丧失了它的本质性的生活而已,它并且意识到了它这种损失和它的内容的有限性。由于它拒绝这些空壳,由于它承认并抱怨它的恶劣处境,自觉的精神现在不是那么着重地要求从哲学那里得到关于它自己是什么的知识,而主要是要求再度通过哲学把存在所已丧失了的实体性和充实性恢复起来。为了满足这种需要,据说哲学不必那么着重地展开实体的重封密锁,并将实体提高到自我意识的水平上,不必那么着重地去把混乱的意识引回到思想的整齐和概念的单纯,而倒反主要地在于把思想所分解开来的东西搅拌到一起去,压制有区别作用的概念而建立关于本质的感觉体会。据说哲学不必那么着重于提供洞见而主要在于给予启发或启示。美、神圣、永恒、宗教与爱情都是诱饵,所以

需要它们,乃是为了引起吞饵的欲望;保持并开拓实体的财富所依靠的力量,据说不是概念而是喜悦,不是事实自身冷静地循序前进的必然性而是我们对待它的那种激扬狂放的热情。

适应这种要求,就有一种非常紧张而几乎带有焦急和急躁情绪的努力,要想将人类从其沉溺于感性的、庸俗的、个别的事物中解救出来,使其目光远瞻星辰;仿佛人类已完全忘记了神圣的东西而正在像蠕虫一样以泥土和水来自足自娱似的。从前有一个时期,人们的上天是充满了思想和图景的无穷财富的。在那个时候,一切存在着的东西的意义都在于光线,光线把万物与上天联结起来;在光线里,人们的目光并不停滞在此岸的现实存在里,而是越出于它之外,瞥向神圣的东西,瞥向一个,如果我们可以这样说的话,彼岸的现实存在。那时候精神的目光必须以强制力量才能指向世俗的东西而停留于此尘世;费了很长时间才把上天独具的那种光明清澈引进来照亮尘世之见的昏暗混乱,费了很长时间才使人相信被称之为经验的那种对现世事物的注意研究是有益和有效的。——而当务之急却似乎恰恰相反,人的目光是过于执著于世俗事物了,以至于必须花费同样大的气力来使它高举于尘世之上。人的精神已显示出它的极端贫乏,就如同沙漠旅行者渴望获得一口饮水那样在急切盼望能对一般的神圣事物获得一点点感受。从精神之如此易于满足,我们就可以估量它的损失是如何巨大了。

然而这种感受上的易于满足或给予上的如此悭吝,并不合于科学的性质。谁若只寻求启示,谁若想把他的生活与思想在尘世上的众象纷纭加以模糊,从而只追求在这种模糊不清的神性上获

得模糊不清的享受,他尽可以到他能找得到的一些地方去寻找;他将很容易找到一种借以大吹大擂从而自命不凡的工具。但哲学必须竭力避免想成为有启示性的东西。

这种放弃科学而自足自乐的态度,更不可提出要求,主张这样的一种蒙昧的热情是什么比科学更高超一些的东西。这种先知式的言论,自认为居于正中心和最深处,蔑视规定和确切,故意回避概念和必然性,正如它回避那据说只居于有限世界之中的反思一样。但是,既然有一种空的广阔,同样也就有一种空的深邃;既然有一种实体的广延,它扩散到有限世界的纷纭万象里去而没有力量把它们团聚在一起,同样也就有一种无内容的深度,它表现为单纯的力量而没有广延,这种无实体的深度其实与肤浅是同一回事。精神的力量只能像它的外在表现那样强大,它的深度也只能像它在它自行展开中敢于扩展和敢于丧失其自身时所达到的那样深邃。而且,如果这种无概念的实体性的知识佯言已经把自身的特性沉浸于本质之中,并佯言是在进行真正的神圣的哲学思辨,那么这种知识自身就隐瞒着这样的事实:它不仅没皈依于上帝,反而由于它蔑视尺度和规定,就时而自己听任内容的偶然性,时而以自己的任意武断加之于上帝。——由于这样的精神完全委身于实质的毫无节制的热情,他们就以为只要蒙蔽了自我意识并放弃了知性,自己就是属于上帝的了,上帝就在他们睡觉中给予他们智慧了;但正因为这样,事实上他们在睡眠中所接受和产生出来的,也不外是些梦而已。

〔3. 真理之为原则及其展开〕 此外,我们不难看到,我们这个时代是一个新时期的降生和过渡的时代。人的精神已经跟他旧日

的生活与观念世界决裂，正使旧日的一切葬入于过去而着手进行他的自我改造。事实上，精神从来没有停止不动，它永远是在前进运动着。但是，犹如在母亲长期怀胎之后，第一次呼吸才把过去仅仅是逐渐增长的那种渐变性打断——一个质的飞跃——从而生出一个小孩来那样，成长着的精神也是慢慢地静悄悄地向着它新的形态发展，一块一块地拆除了它旧有的世界结构。只有通过个别的征象才预示着旧世界行将倒塌。现存世界里充满了的那种粗率和无聊，以及对某种未知的东西的那种模模糊糊若有所感，都在预示着有什么别的东西正在到来。可是这种逐渐的、并未改变整个面貌的颓毁败坏，突然为日出所中断，升起的太阳就如闪电般一下子建立起了新世界的形象。

但这个新世界也正如一个初生儿那样还不是一个完全的现实。这一点十分要紧，必须牢牢记住。首先呈现出来的才仅只是它的直接性或者说它的概念。我们不能说一个建筑物在奠基的时候就算是已经落成，同样我们也不能把对于一个全体所获得的概念视为是该全体自身。当我们盼望看见一棵身干粗壮枝叶茂密的橡树，而所见到的不是橡树而是一粒橡实的时候，我们是不会满意的。同样，科学作为一个精神世界的王冠，也决不是一开始就完成了的。新精神的开端乃是各种文化形式的一个彻底变革的产物，乃是走完各种错综复杂的道路并作出各种艰苦的奋斗努力而后取得的代价。这个开端乃是在继承了过去并扩展了自己以后重返自身的全体，乃是对这全体所形成的单纯概念。但这个单纯的全体，只在现在已变成环节了的那些以前的形态，在它们新的元素中以已经形成了的意义而重新获得发展并取得新形态时，才达到它的现实。

由于一方面新世界的最初表现还只是隐藏在它的**单纯性**中的全体,或者说,最初所表现的还只是全体的一般基础,所以另一方面过去的生活里的丰富内容对意识来说还是记忆犹新的。在新出现的形态里,意识见不到内容的展开和特殊化的过程了,但它更见不到的,则是将诸差别加以准确规定并安排出其间固定关系的那个形式的发展形成过程。没有这种发展形成过程,科学就缺乏普遍**理解的可能性**,就仿佛只是少数个别人的一种内部秘传的东西;我们所以说是一种秘传的东西,因为在这种情况下科学仅只才存在于它的概念或内在本性里;我们所以说它是少数个别人的,因为在这种情况下科学还没广泛地出现,因而它之客观存在是个别的。只有完全规定了的东西才是公开的、可理解的,能够经学习而成为一切人的所有物。科学的知性形式是向一切人提供的、为一切人铺平了的通往科学的道路,而通过知性以求达取理性知识乃是向科学的意识的正当要求;因为知性一般说来即是思维,即是纯粹的自我,而知性的东西则是已知的东西和科学与非科学的意识共有的东西,非科学的人通过它就能直接进入科学。

科学既然现在才刚开始,在内容上还不详尽,在形式上也还不完全,所以免不了因此而受谴责。但是如果这种谴责进而涉及科学的本质,那就很不公平了,这就犹如不愿意承认科学有继续展开的必要之不合理是一样的。这两方面〔谴责科学不完全与反对科学继续发展〕的对立,显然是科学文化上当前所殚精竭虑而还没取得应有的理解的最主要的关键所在。一方面的人在夸耀其材料的丰富和可理解性,另一方面的人则至少是在鄙视这一切,而吹嘘直接的合理性和神圣性。不论是纯然由于真理的力量,还是也同时慑于对方的声势,前者现在总算是归于沉寂,但他们虽然在事实根据上自觉为对方所压倒,却并未因此而停止他们的上述要求;因为那些要求是正当的,而还没得到满足。前者的这种沉寂,只有一半是由于后者的胜利,而另一半则是由于厌倦和冷淡;当诺言不断地引起期待而又始终不得实现时,通常总是产生厌倦和冷淡的。

后一派的人有时确实也非常方便地在内容上作出巨大的开展。他们的办法就是把大量的材料,即把已经熟悉的和整理就绪的东西搬进他们的领域里来;而且由于他们专门爱去注意奇特的和新奇的东西,他们就更好像是已经掌握了人类业已有所认知的一切其余的材料,同时还占有了尚未整理就绪的材料;这样,他们就把一切都归属于绝对理念之下,以致绝对理念仿佛已在一切事物中都被认识到了,并已成功地发展成为一门开展了的科学。但仔细考察起来,我们就发现他们所以达到这样的开展,并不是因为同一个理念自己取得了不同的形象,而是因为这同一个理念作了千篇一律的重复出现;只因为它外在地被应用于不同的材料,就获得了一种无聊的外表上的差别性。如果理念的发展只是同一公式的如此重复而已,则这理念虽然本身是真实的,事实上却永远仅只是个开始。如果认知主体只把唯一的静止的形式引用到现成存在物上来,而材料只是从外面投入于这个静止的要素里,那么这就像对内容所作的那些任意的想象一样不能算是对于上述要求的满足,即是说,这样做出来的不是从自身发生出来的丰富内容,也不是各个形态给自身规定出来的差别,而毋宁是一种单调的形式主

义。这种形式主义之所以能使内容有差别,仅只因为这种差别已经是现成的而且已为众所熟知。

同时,这样的形式主义还认为这种单调性和抽象普遍性即是绝对;并断言凡不满足于这种普遍性的人,都是由于没有能力去掌握和坚持于这种绝对的观点。如果说在从前,用另一方式来想象某一东西的那种空洞的可能性,曾经足够用以驳倒一种观念,而空洞的可能性,即,普遍性的思想,又曾具有现实知识的全部积极价值,那么现在,我们同样地看到,这种非现实的空洞形式下的普遍理念被赋予了一切价值;而且我们看到,区别与规定之被消融,或者换句话说,区别与规定之被抛入于空虚的无底深渊(这既不是发展出来的结论也不是本身自明的道路),就等于是思辨的方法。现在,考察任何一个有规定的东西在绝对里是什么的时候,不外乎是说:此刻我们虽然把它当作一个东西来谈论,而在绝对里,在 A=A 里,则根本没有这类东西,在那里一切都是一。无论是把“在绝对中一切同一”这一知识拿来对抗那种进行区别的、实现了的或正在寻求实现的知识,或是把它的绝对说成黑夜,就像人们通常所说的一切牛在黑夜里都是黑的那个黑夜一样,这两种做法,都是知识空虚的一种幼稚表现。——形式主义既然在备受近代哲学的指斥和谴责之后,还又在哲学里面再生了出来,可见它的缺点虽然已为众所周知,但在绝对现实的知识没完全明了它自己的本性以前,形式主义将不会从科学里消失掉的。——由于我们考虑到,一般的概念先行出现,关于一般概念的阐述发挥随后出现,将使这种阐述易于理解,所以我们觉得在这里指出这个一般概念的梗概,是有益的,同时我们还想利用这个机会把一些形式予以破坏,因为习惯于

这些形式,乃是哲学认识上的一个障碍。

〔二、从意识到科学的发展过程〕

〔1. 绝对即主体的概念〕 照我看来,——我的这种看法的正确性只能由体系的陈述本身来予以证明——一切问题的关键在于:不仅把真实的东西或真理理解和表述为实体,而且同样理解和表述为主体。同时还必须注意到,实体性自身既包含着共相(或普遍)或知识自身的直接性,也包含着存在或作为知识之对象的那种直接性。——如果说,上帝是唯一实体①这个概念曾在它被宣布出来时使整个时代为之激怒,那么所以如此,一部分是因为人们本能地觉得在这样的概念里自我意识不是被保留下来而是完全毁灭了,但另一部分则是因为人们相反地坚持思维就是思维,坚持普遍性本身就是这个单一性或这个无差别不运动的实体性②。而如果说有第三种见解,认为思维在其自身中就是与实体的存在合为一体的并且把直接性或直观视为思维,那还要看这种理智的直观是否不重新堕入毫无生气的单一性中以及是否它不重新以一种不现实的方式来陈述现实自身③。

而且活的实体,只当它是建立自身的运动时,或者说,只当它是自身转化与其自己之间的中介时,它才真正是个现实的存在,或换个说法也一样,它这个存在才真正是主体。实体作为主体是纯

① 指斯宾诺莎哲学。——拉松版编者

② 指康德和费希特哲学。——拉松版编者

③ 指谢林哲学。——拉松版编者

粹的简单的否定性,唯其如此,它是单一的东西的分裂为二的过程或树立对立面的双重化过程,而这种过程则又是这种漠不相干的区别及其对立的否定。所以唯有这种正在重建其自身的同一性或在他物中的自身反映,才是绝对的真理,而原始的或直接的统一性,就其本身而言,则不是绝对的真理。真理就是它自己的完成过程,就是这样一个圆圈,预悬它的终点为目的并以它的终点为起点,而且只当它实现了并达到了它的终点它才是现实的。

上帝的生活和上帝的知识因而很可以说是一种自己爱自己的游戏;但这个理念如果内中缺乏否定物的严肃、痛苦、容忍和劳作,它就沦为一种虔诚,甚至于沦为一种无味的举动。这种神性的生活就其自在而言确实是纯粹的自身同一性和统一性,它并没严肃地对待他物和异化,以及这种异化的克服问题。但是,这种自在乃是抽象的普遍性,而在抽象的普遍性里自在的那种自为而存在的本性就被忽视了,因而形式的自身运动也根本被忽视了。正因为形式被宣布为等于本质,所以如果以为只认识自在或本质就够了而可以忽略形式,以为有了绝对原则或绝对直观就不需要使本质实现或使形式展开,乃是一个大大的误解。正因为形式就像本质自己那样对本质是非常本质的东西,所以不应该把本质只理解和表述为本质,为直接的实体,或为上帝的纯粹自身直观,而同样应该把本质理解和表述为形式,具有着展开了的形式的全部丰富内容。只有这样,本质才真正被理解和表达为现实的东西。

真理是全体。但全体只是通过自身发展而达于完满的那种本质。关于绝对,我们可以说,它本质上是个结果,它只有到终点才真正成为它之所以为它;而它的本性恰恰就在这里,因为按照它的本性,它是现实、主体、或自我形成。不错,把绝对本质地理解为结果好像是矛盾的,但只要稍微考虑一下,就能把这矛盾的假象予以揭示。开端、原则或绝对,最初直接说出来时只是个共相。当我说"一切动物"时,这句话并不能就算是一部动物学,那么同样,我们都很明白,上帝、绝对、永恒等字也并不说出其中所含的东西,事实上这样的字只是把直观当作直接性的东西表述出来。比这样的字更多些的东西,即使仅只变为一句话,其中也包含着一个向他物的转化(这个转化而成的他物还必须重新被吸收回来),或一个中介。而这个中介却为人嫌恶,仿佛如果承认中介不仅限于表明它自己不是绝对的东西并且决不存在于绝对之中,而还具有更多的含义,那就等于放弃了绝对知识。

但事实上人们所以嫌恶中介,纯然是由于不了解中介和绝对知识本身的性质。因为中介不是别的,只是运动着的自身同一,换句话说,它是自身反映,自为存在着的自我的环节,纯粹的否定性,或就其纯粹的抽象而言,它是单纯的形成过程。这个中介、自我、一般的形成,由于具有简单性,就恰恰既是正在形成中的直接性又是直接的东西自身。——因此,如果中介或反映不被理解为绝对的积极环节而被排除于绝对真理之外,那就是对理性的一种误解。正是这个反映,使真理成为发展出来的结果,而同时却又将结果与其形成过程之间的对立予以扬弃;因为这个形成过程同样也是单一的,因而它与真理的形式(真理在结果中表现为单一的)没有区别,它毋宁就是这个返回于单一性的返回过程。诚然,胎儿自在地是人,但并非自为地是人;只有作为有教养的理性,它才是自为的人,而有教养的理性使自己成为自己自在地是的那个东西。这才是理性的现实。但这结果自身却是单纯的直接性,因为它是自觉的自由,它静止于自身,并且它不是把对立置于一边听其自生自灭,而是已与对立取得了和解。

上面所说的话还可以表示为:理性乃是有目的的行动。过去有人误解了自然也错认了思维,把自然高举于思维之上,特别是否认外在自然中含有目的性,因而使一般的目的形式处于很不名誉的地位。但是,亚里士多德曾规定自然为有目的的行动,同样我们认为,目的是直接的、静止的、不动的东西;不动的东西自身却能引起运动,所以它是主体。它引起运动的力量,抽象地说,就是自为存在或纯粹的否定性。结果之所以就是开端,只因为开端就是目的;或者换句话说,现实之所以就是关于此现实的概念,只因为直接性的东西,作为目的其本身就包含着"自身"(das Selbst)或纯粹的现实。实现了的目的或具体存在着的现实就是运动,就是展开了的形成过程;但恰恰这个运动就是"自身",而它之所以与开端的那种直接性和单纯性是同一的,乃因它就是结果,就是返回于自身的东西;但返回于自身的东西恰恰就是"自身",而"自身"就是自相关联的同一性和单纯性。

由于需要将绝对想象为主体,人们就使用这样的命题:上帝是永恒,上帝是世界的道德秩序,或上帝是爱等等。在这样的命题里,真理只直接被当作主体,而不是被表述为自身反映运动。在这样的命题里,人们从上帝这个词开始。但这个词就其本身来说只是一个毫无意义的声音,一个空洞的名称。只有宾词说出究竟上帝是什么之后,这个声音或名称才有内容和意义;空虚的开端只在达到这个终点时,才是一个现实的知识。在这种情况下,我们看不出，何以人们不仅限于谈永恒、世界的道德秩序等等，或者不像古人所做的那样仅限于谈本身即是意义的纯粹概念、存在、一等等，而还外加上毫无意义的声调？但通过这种名词，人们恰恰是想表示这里所建立的不是一般的存在或本质或共相，而是一种反映了其自身的东西，一种主体。但同时须知这个主体只是被揣测到的。揣测中的主体被当成一个固定的点，宾词通过一个运动被黏附在这个作为它们的支持物的点上；而这个运动是认识这个固定点的人的运动，根本不能视为是这个固定点自身的运动；但只有通过固定点自身的运动，内容才能被表述为主体。按照这个运动的发生经过来说，它不可能是固定点的运动；但既然假定了这个固定点，这个运动也就不可能是别的，而只能是外在的。因此，上述关于绝对即主体的那个揣测，不仅不是主体这个概念的现实，而且甚至于使现实成为不可能的，因为揣测把主体当作静止的点，但现实却是自身运动。

在上面的讨论所能得出的一些结论中，这一条是可以强调指出的：知识只有作为科学或体系才是现实的，才可以被陈述出来；而且一个所谓哲学原理或原则，即使是真的，只要它仅仅是个原理或原则，它就已经也是假的了；要反驳它因此也就很容易。反驳一个原则就是揭露它的缺陷，但它是有缺陷的，因为它仅只是共相或本原或开端。如果反驳得彻底，则这个反驳一定是从原则自身里发展出来的，而不是根据外来的反面主张或意见编造出来的。所以真正说来，对一个原则的反驳就是对该原则的发展以及对其缺陷的补足，如果这种反驳不因为它只注意了它自己的行动的否定方面没意识它的发展和结果的肯定方面从而错认了它自己的话。——真正地展开开端固然是对开端的一种肯定的行动,同时却也是对它的一种否定的行动,即否定它仅仅才是直接的或仅仅才是目的这个片面性。因此,人们也同样可以说展开或实现乃是对体系的根据(Grund)的一种反驳,但比较正确的观点是把开端的展开视为一种表示,它表明体系的根据或原则事实上仅只是体系的开端。

说真理只作为体系才是现实的,或者说实体在本质上即是主体,这乃是绝对即精神这句话所要表达的观念。精神是最高贵的概念,是新时代及其宗教的概念。唯有精神的东西才是现实的;精神的东西是本质或自在而存在着的东西,——自身关系着的和规定了的东西,他在和自为存在——并且它是在这种规定性中或在它的他在性(Außersichsein)中仍然停留于其自身的东西;——或者说,它是自在而自为。——但它首先只对我们而言或自在地是这个自在而自为的存在,它是精神的实体。它必须为它自身而言也是自在而自为的存在,它必须是关于精神的东西的知识和关于作为精神的自身的知识,即是说,它必须是它自己的对象,但既是直接的又是扬弃过的、自身反映了的对象。当对象的精神内容是由对象自己所产生出来的时候,对象只对我们而言是自为的;但当它对它自身而言也是自为的时候,这个自己产生,即纯粹概念,就同时又是对象的客观因素,而对象在这种客观因素里取得它的具体存在,并且因此在它的具体存在里对它自身而言是自身反映了的对象。——经过这样发展而知道其自己是精神的这种精神,乃是科学。科学是精神的现实,是精神在其自己的因素里为自己所建造的王国。

〔2.知识的生成过程〕 在绝对的他在中的纯粹的自我认识,——这样的以太(Äther)本身[1],乃是科学或普遍性的知识的根据和基地。哲学的开端所假定或需要的意识正是处于这种因素里的意识。但这种因素只在它的形成运动中才达到完成并取得它的透明性。它是纯粹的精神性,纯粹精神性作为普遍的东西具有着简单的直接性的样式;——这种简单的东西,当它作为简单的东西而存在着的时候,乃是科学的基地,即只存在于精神中的那种思维。由于这种因素,精神的这种直接性是精神的一般的实体,所以这种直接性也就是纯化了的本质性,也就是反映,也就是存在;因为反映是简单的、自为的直接性本身而存在是在自身中的反映。科学从它自己这一方面出发,要求个体的自我意识去超越这种以太,以便能够与科学一起生活,能够生活在科学里,并且真正地生活。另一方面,个体却又有权要求科学至少给他提供达到这种立足点所用的梯子并且给他指明这种立足点就在他自身。个体所以有权提出要求,是以他的绝对自主性为根据的;他知道在任何形态下他的知识里都具有自主性,因为不论他的知识形态是否为科学所承认,不论其内容是什么,在任何一种形态下的知识里个体都是绝对的形式,即是说,他总是他自己的直接确定性,假如大家喜欢另一个名词那么还可以说,他总是无条件的存在。如果说,当意识把客观事物理解为与它自己对立,并把自己理解为与客观事物对立的时候,意识所处的立足点是科学的对立:在这个科学的对立中

① 在《耶拿时期的逻辑》(手稿)〔拉松版《黑格尔全集》第18卷,第197页〕里,黑格尔曾说:“以太是与自身相关的绝对精神,但这绝对精神却不自知其为绝对精神”。——法文译者

意识只知道自己在其自身,这毋宁是完全丧失了精神;那么反过来说,科学的因素乃是意识的一个辽远的彼岸:在这辽远的彼岸里意识不再占有它自己。这两方面的任何一方,在对方看起来都是真理的颠倒。朴素的意识将自己直接托付给科学,这乃是它的一个尝试,它不自知其受什么力量的驱使而也想尝试一次头朝下来走路;驱使意识采取这种异乎寻常的姿势来行动的那种势力,是意识必须竭力加以抑制的、一种既无准备又显然并无必要的强制力量。——无论科学自身是什么样子,但当它与直接的自我意识关联起来时,它就呈现为一种与后者正相反对的东西;或者换句话说,由于朴素的意识以它自己的确定性为它的现实性的原则,科学就取得了一种非现实性的形式,因为现实性原则就它自身来说是在科学之外的。因此,科学必须将这样的因素跟它自己结合起来,或者甚至于它必须指明这样的因素是以及如何是属于它自己的。由于缺乏这样的现实性,科学就仅只是自在着的内容,内在着的目的,它还不是精神,而仅仅才是精神的实体。这个自在的东西必须将自己加以外化,必须变成自为的,这等于说,这个自在的东西必须使自我意识与它自己合而为一。

这部《精神现象学》①所描述的,就是一般的科学或知识的这个形成过程。最初的知识或直接的精神,是没有精神的东西,是感性的意识。为了成为真正的知识,或者说,为了产生科学的因素,产生科学的纯粹概念,最初的知识必须经历一段艰苦而漫长的道

① 第一版对《精神现象学》有一按语:"科学的体系的第一部",后来的版本中黑格尔删去此句。——英文译者

路。——这条形成的道路,犹如在它的内容上以及在它表现的各种形态上所将展示出来的那样,将不是人们首先会想到的、引导不科学的意识使之进入科学的那样一种科学入门;它也将不是对科学基础的一种说明;当然更不是一种像手枪发射那样突如其来的兴奋之情:一开始就直接与绝对知识打交道,对于其他观点认为只宣布一律不加理睬就算已经清算了。

〔3.个体的教养〕 引导一个个体使之从它的未受教养的状态变为有知识,这是个任务,我们应该在它的一般意义下来理解这个任务,并且应该就个体的发展形成来考察普遍的个体,有自我意识的精神。——谈到特殊的个体与普遍的个体的关系,那是这样的:每个〔特殊的〕环节都以其所取得的具体形式和独有的形态在普遍的个体里显现出来。特殊的个体是不完全的精神,是一种具体的形态,统治着一个具体形态的整个存在的总是一种规定性,至于其中的其他规定性则只还留有模糊不清的轮廓而已。因为在比较高一级的精神里,较为低级的存在就降低而成为一种隐约不显的环节;从前曾是事实自身的那种东西现在只还是一种遗迹,它的形态已经被蒙蔽起来成了一片简单的阴影。每个个体,凡是在实质上成了比较高级的精神的,都是走过这样一段历史道路的,而他穿过这段过去,就像一个人要学习一种较高深的科学而回忆他早已学过了的那些准备知识的内容时那样,他唤起对那些旧知识的回忆而并不引起他的兴趣使他停留在旧知识里。各个个体,如就内容而言,也都必须走过普遍精神所走过的那些发展阶段,但这些阶段是作为精神所已蜕掉的外壳,是作为一条已经开辟和铺平了的道路上的段落而被个体走过的。这样,在知识领域里,我们就看见有

许多在从前曾为精神成熟的人们所努力追求的知识现在已经降低为儿童的知识，儿童的练习，甚至成了儿童的游戏；而且我们还将在教育的过程里认识到世界文化史的粗略轮廓。这种过去的陈迹已经都成了普遍精神的一批获得的财产，而普遍精神既构成着个体的实体，同时因为它显现于个体之外又构成着个体的无机自然。——这种意义下的发展形成，如果就个人方面来看，那么个体的形成就在于个体获得这些现成的财产，消化他的无机自然而据为己有。但如果从普遍精神方面来看，既然普遍精神就是实体，那么这个发展过程就不是别的，只是实体赋予自己以自我意识，实体使它自己发展并在自身中反映。

科学既要描述这种形成运动的发展经过及其必然性，又要描述那种已经沉淀而为精神的环节和财产的东西所呈现的形态。目标在于使精神洞悉知识究竟是什么。没有耐心就会盼望不可能的事，既盼望不以手段而达取目的。要有耐心，一方面，这是说，必须忍耐这条道路的**辽远**，因为每个环节都是必要的；另一方面，这是说，必须在每个环节那里都作**逗留**，因为每个环节自身就是一个完整的个体形态，而且只当它的规定性被当作完整的或具体的东西来考察时，或者说，只有当全体是在这种规定性的独特性下加以考察时，每个环节才算是得到了充分的或绝对的考察。——由于不仅个体的实体，甚至于世界精神，都具有耐心来经历漫长的时间里的这些形式，并有耐心来担当形成世界历史的艰巨工作（在世界史的每个形式下世界精神都曾就该形式所能表现的范围内将它整个的内容体现出来），又由于世界精神在达到它的自我意识时也没能轻而易举，所以按照事情的性质来说，个体要想把握它的实体是不

可能有捷径可走的;不过虽然如此,个体的任务的艰巨性却已经减小了,因为一切都是自在地已经完成了的〔史实〕,内容已经不是现实性,而是被扬弃为可能性了的现实性,或被克服了的直接性;〔旧的〕形态已经变成了形态的缩影,变成了简单的思想规定。内容既然已经是一种在思想中的东西,所以就是实体的财富;个体不再需要把具体存在转化为自在存在的形式,而仅只需要把已经呈现于记忆中的自在存在——既不只是原始的,也不是沉没于具体存在中的自在存在——转化为自为存在的形式。这种行动的情况,应该加以详细叙述。

从我们现在开始这个运动的这一观点来看,我们整个地可以节省的一个过程,是对具体存在的扬弃过程。但不能节省的而必须加以比较高度改造的,则是我们关于各个形式的表象(Vorstellung)以及对这些形式的熟悉(Bekanntschaft)。被收回到精神实体里去的具体存在,通过上述的第一个否定,仅只是被直接地搬进自我的因素里去;因此,自我所获得的这份财富,还具有着与没经理解的直接性、不动的无差别性等相同的性质,如同具体存在自身一样;具体存在只是这样地过渡到表象里去而已。同时,由于进入了表象,具体存在就成了一种熟知的东西,对于这样的一种东西,具体存在着的精神已经不再理会,因而对它也不复有什么活动和兴趣了。如果说,已经不再理会具体存在的那种活动,本身只是不对自己进行概念把握的特殊精神的运动,那么正相反,〔真正的〕知识则是把矛头指向这样构成的表象、指向这种熟知的东西的;它是普遍自我的行动和思维的兴趣。

一般说来,熟知的东西所以不是真正知道了的东西,正因为它是熟知的。有一种最习以为常的自欺欺人的事情,就是在认识的时候先假定某种东西是已经熟知了的,因而就这样地不去管它了。这样的知识,既不知道它是怎么来的,因而无论怎样说来说去,都不能离开原地而前进一步。主体与客体、上帝与自然,以及知性与感性等等都被不加考察地认为是熟悉的和有效率的东西,既构成固定的出发点又构成固定的归宿点。这些据点停滞不动,而认识运动往来进行于其间,因而就只是在它们的表面上运动而已。在这种情况下,所谓理解和检验,也就是去看看关于这些东西的说法是否在每个人的观念里都有,是否每个人都觉得它是这个样子,真正认识到它是这个样子。

对于一个表象的分析,就过去所做的那样来说,不外是扬弃它的熟悉形式。将一个表象分解为它的原始因素就是把它还原为它的环节,这些环节至少不具有当前这个表象的形式,而构成着自我的直接财产。这种分析诚然只能分析出思想来,即,只能分析出已知的固定的和静止的规定来。但这样分解出来的、非现实的东西,是一个本质性的环节;因为只有由于具体的东西把自己分解开来成为非现实的东西,它才是自身运动着的东西。分解活动就是知性[理解]的力量和工作,知性是一切势力中最惊人的和最伟大的,或者甚至可以说是绝对的势力。圆圈既然是自身封闭的、自身依据的东西并且作为实体而保持其环节于自身内,它就是一种直接的关系,因而是没有什么可惊奇的关系。但是,偶然的事物本身,它离开它自己的周围而与别的东西联结着并且只在它与别的东西关联着时才是现实的事物,——这样的东西之能够获得一个独有的存在和独特的自由,乃表示否定物的一种无比巨大的势力,这是

思维、纯粹自我的能力。死亡,如果我们愿意这样称呼那种非现实的话,它是最可怕的东西,而要保持住死亡了的东西,则需要极大的力量。柔弱无力的美之所以憎恨知性,就因为知性硬要它做它所不能做的事情。但精神的生活不是害怕死亡而幸免于蹂躏的生活,而是敢于承当死亡并在死亡中得以自存的生活。精神只当它在绝对的支离破碎中能保全其自身时才赢得它的真实性。精神是这样的力量,不是因为它作为肯定的东西对否定的东西根本不加理睬,犹如我们平常对某种否定的东西只说这是虚无的或虚假的就算了事而随即转身他向不再闻问的那样,相反,精神所以是这种力量,乃是因为它敢于面对面地正视否定的东西并停留在那里。精神在否定的东西那里停留,这就是一种魔力,这种魔力就把否定的东西转化为存在。而这种魔力也就是上面称之为主体的那种东西;主体当它赋予在它自己的因素里的规定性以具体存在时,就扬弃了抽象的、也就是说仅只一般地存在着的直接性,而这样一来它就成了真正的实体,成了存在,或者说,成了身外别无中介而自身即是中介的那种直接性。

这样,表象中的东西就变成纯粹自我意识的财富;但这种变为一般的普遍性的上升过程还只是精神发展的一个方面,这还不是精神的全部形成。——古代人的研究方式跟近代的研究很不相同,古代人的研究是真正的自然意识的教养和形成。古代的研究者通过对他的生活的每一细节都作详尽的考察,对呈现于其面前的一切事物都作哲学的思考,才给自己创造出了一种渗透于事物之中的普遍性。但现代人则不同,他能找到现成的抽象形式;他掌握和吸取这种形式,可以说只是不假中介地将内在的东西外化出来并隔离地将普遍的东西(共相)制造出来,而不是从具体事物中和现实存在的形形色色之中把内在和普遍的东西产生出来。因此,现在的工作与其说在于使个体脱离直接的感性方式使之成为被思维的和能思维的实体不如说情形相反,在于扬弃那些固定的思想从而使普遍的东西成为现实的有生气的东西。但要使固定的思想取得流动性却比将感性存在变成流动的要困难得多。其原因就是上面说过了的那些:思维的规定都以自我、否定物的力量或纯粹现实为实体和它们的存在因素,而感性的规定则只以全无力量的抽象的直接性或存在自身为其实体。思想要变成流动的,必须纯粹思维,亦即这种内在的直接性认识到它自己是环节,或者说,必须对它自己的纯粹确定性进行自身抽象;——确定性的这种自身抽象,不是自身舍弃和抛弃,而是对它的自身建立中所含的固定性的扬弃,既扬弃作为纯然具体的东西而与不同的内容相对立的那种自我自身的固定性,也扬弃呈现于纯粹思维的因素之中因而分有自我的无条件性的那些不同内容的固定性。通过这样的运动,纯粹的思想就变成概念,而纯粹思想这才真正是纯粹思想、自身运动、圆圈,这才是它们的实体,这才是精神本质性(Geistige Wesenheiten)。

纯粹本质性的这种运动构成着一般的科学性进程的本性。这种运动,就其为它的内容的关联来看,乃是它的内容扩张为一个有机的整体的必然的发展运动。由于这种运动,到达知识的概念的那条道路也同样成了一条必然的完全的形成道路。因此,这段知识的准备过程就不再是一种偶然的哲学思考了,偶然的哲学思考总是偶然地与不完全的意识的这些或那些对象、关系以及思想结合在一起，或者试图从特定的思想出发，通过循环往复的推理、推论和引申来论证真理。而这条达到知识的道路将通过概念的运动而在它的必然性里包括着意识的整个客观世界。

而且，这样的一种系统陈述之所以是科学的第一部分，是因为精神的实际存在作为最初的东西不是别的，仅仅是直接性或开端，而开端还不是向开端的返回。因此直接的实际存在这个因素就是科学的这一部分所据以有区别于其他部分的规定性。而叙述这种区别，就不能不讨论一些在这方面通常出现的固定观念。

〔三、哲学的认识〕

〔1.真实与虚假〕 精神的直接的实际存在作为意识具有两个方面：认识和与认识处于否定关系中的客观性。精神自身既然是在这个意识因素里发展着的，它既然把它的环节展开在这个意识因素里，那么这些精神环节就都具有意识的上述两方面的对立，它们就都显现为意识的形象。叙述这条发展道路的科学就是关于意识的经验的科学；实体和实体的运动都是作为意识的经验对象而被考察的；意识所知道和理解的，不外乎是它的经验里的东西；因为意识经验里的东西只是精神的实体，即只是作为经验的自我的对象。但精神所以变成了对象，因为精神就是这种自己变成他物、或变成它自己的对象和扬弃这个他物的运动。而经验则被认为恰恰就是这个运动，在这个运动中，直接的东西，没经验过的东西，即是说，抽象的东西，无论属于感性存在的或属于单纯的思想事物的，先将自己予以异化，然后从这个异化中返回自身，这样，原来没

经验过的东西才呈现出它的现实性和真理性,才是意识的财产。

在意识里发生于自我与作为自我的对象的实体之间的不同一性,就是它们两者的差别,一般的否定性。我们可以把否定性视为两者共同的缺陷,但它实在是两者的灵魂或推动者。正是因为这个理由,有些古代哲学家曾把空虚理解为推动者;他们诚然已经知道推动者是否定的东西,但还没有了解它就是自身(Selbst)。——如果这个否定性首先只表现为自我与对象之间的不同一性,那么它同样也是实体对它自己的不同一性。看起来似乎是在实体以外进行的,似乎是一种指向着实体的活动,事实上就是实体自己的行动,实体因此表明它自己本质上就是主体。当实体已完全表明其自己即是主体的时候,精神也就使它的具体存在与它的本质同一了,它既是它自己又是它自己的对象,而知识与真实性之间的直接性和分裂性所具有的那种抽象因素于是克服了。存在于是被绝对中介了,成了实体性的内容,它同样是自我的财产,是自身性的,或者说,就是概念。到这个时候,精神现象学就终结了。精神在现象学里为自己所准备的是知识因素,有了这种知识因素,精神的诸环节现在就以知道自身即是其对象的那种单一性的形式扩展开来。这些环节不再分裂为存在与知识的对立,而停留于知识的单一性中,它们都是具有真理的形式的真理,它们的不同只是内容上的不同而已。它们在这种知识因素里自己发展成为一个有机整体的那种运动过程,就是逻辑或思辨哲学。

现在,由于精神的那个经验体系仅只包括精神的现象,好像这个体系对于具有真理形态的真理科学纯然是一种否定的东西,因而人们也许会不愿意去和这否定的东西即虚假的东西找麻烦而要

求直截了当地立即走向真理;因为,与虚假的东西打交道有什么好处呢?——上面曾经提出过这个论点,认为应当立即从科学本身开始,对于这个问题,要从这方面来回答:即作为虚妄的东西的否定物到底具有什么性质。与此有关的观念,特别阻碍着通往真理的道路。因此,我们将讨论一下数学知识,数学知识通常被非哲学的知识视为是哲学所应该争取而一直徒劳地没能达到的理想。

真实与虚妄通常被认为是两种一定不移的各具有自己的本质的思想,两者各据一方,各自孤立,互不沟通。与这种看法相反,我们必须断言真理不是一种铸成了的硬币,可以现成地拿过来就用[①]。同样地,既不是现成地有一种虚假也不是现成地有一种过恶。过恶与虚假确实不是像魔鬼那样的坏,因为如果作为魔鬼,过恶与虚假就甚至于被当成特殊的主体了;而作为过恶与虚妄,则它们仅是些普遍,不过各有自己的本质性而已。——虚妄(因为我们在这里只讨论它)应该是实体的他物或否定物,因为实体作为知识的内容是真实的东西。但是,实体自身本质上也是否定的东西,一部分由于它是内容的区别和规定,一部分由于它是一种单纯的区别,即,它是一般的自我与知识。我们很可能做出错误的认识。某种东西被认识错了,意思就是说,知识与它的实体不同一。但这种不相等正是一般的区别,是本质的环节。从这种区别里很可能发展出它们的同一性,而且发展出来的这种同一性就是真理。但这种真理:不是仿佛其不等同性被抛弃了,犹如矿渣从纯粹金属里被排除了那样,或工具被遗留在造成的容器以外那样,而毋宁是,不

① 勒新:《先知拿丹》卷四,第6页:"仿佛真理是钱币一样的东西。"——原编者

同一性作为否定性，作为自身还直接呈现于真理本身之中。不过，我们却不能因此而说虚假的东西是真实的东西的一个环节或甚至于一个组成部分。在“任何虚妄的东西里都含有些真实的东西”这句话里，真实与虚妄是被当作像水和油那样只能外在联合而不能混合的东西看待的。正是为了使意义明确，为了专门用以指明完全的他物这种环节，真实与虚妄这两个名词不应该在它们的对方或他物已经被扬弃了的时候还继续使用。所以，就像主体与客体、有限与无限、存在与思维等的统一体这个名词之不尽适当那样，（因为客体与主体等等名词意味着在它们的统一体之外的客体与主体等等，因而当说它们在统一体之中时它们已不是它们的名词所说的那种东西了，）同样，虚妄的东西也不再是作为虚妄的东西而成为真理的一个环节的。

知识里和哲学研究里教条主义的思想方法不是别的，只是这种见解：以为真理存在于表示某种确定结果的或可以直接予以认识的一个命题里。对于像“恺撒生于何时”、“一个运动场要有多少尺长”这类问题，诚然应该给予一个明确的简洁的答复。同样，直角三角形斜边的平方等于其余两边的平方之和，也确定是真的。但这样的所谓真理，其性质与哲学真理的性质不同。

〔2. 历史的认识和数学的认识〕 在历史真理方面，如果为论述简便只就其纯粹历史性的东西而言，则人们很容易承认历史真理所涉及的是个别的客观存在，是一种带有偶然性和武断性的内容，是这种内容的一些非必然的规定。——但即使像上面引述的这样赤裸的真理，也不是全不需要自我意识的运动的。为了认识一条这样的真理，就得与很多其他的真理进行比较，参考很多书

籍，或不管采取什么方式来加以分析研究；甚至于对于一种直接去直观的东西，也只于理解了它的理由根据以后这直观得来的知识才可被视为是某种有真实价值的东西，虽然严格说来在这里人们所要关心的仿佛只是那赤裸的结果。

谈到数学的真理，我们更不会把这样的人当作一位几何学家，他能外在地知道（熟记）欧几里得的定理，而不懂它们的证明，或者如果人们可以对比起来说的话，而不内在地知道（理解）它们。同样的，如果一个人通过对很多直角三角形的测量而得知它们的各边相互之间有那个著名的比率，那我们也会认为这样的知识是不能令人满意的。不过，证明在数学知识里虽然已是本质的东西，但即使在数学知识里，证明也还没取得其为结果自身之一环节的意义和性质；事实上当证明得出了结果，证明倒反已成过去而归于消失。几何定理作为结果，诚然是一条已被审查承认为真的定理。但这种审查承认纯然是定理以外附加进来的事情，并不涉及定理的内容，仅只涉及它对认识主体的关系。数学证明的运动并不属于证明的对象，而是外在于对象的一种行动。譬如，直角三角形的性质自身并不分解其自己，并不按照证明直角三角形各边比率定理所需要的那种几何作图而自行分解；结果的整个产生过程只是认识的一种过程、认识的一种手段而已。——在哲学知识里，实际存在作为实际存在其形成也是与本质或事物的内在本性的形成不同的。但是第一，哲学知识包含着两种形成，而数学知识则只代表着实际存在的形成，即是说，只代表着在认识里事实的性质的存在本身的形成。第二，哲学知识还把这两种特殊的形成运动结合起来。内在的发生过程或实体的形成过程乃是不可分割的、向外在

的东西或实际存在或为他存在的过渡过程;反过来,实际存在的形成过程也就是将其自身收回于本质的过程。这个运动是整体的双重形成过程:每个环节都同时建立另一环节,而因此每个环节又将两者作为两个方面而包含于其自身;它们共同构成全体,因为它们消融其自身并使自身成为全体的环节。

在数学知识里,审查考核是在事实以外的一种行动;由于这种行动是事实以外的,真正的事实就被它改变了。尽管在进行审核时所使用的工具,以及作图和证明都包含着真命题,但我们仍然应该说内容是虚假的。因为上述例子里的三角形被拆碎了,它的各部分被变成为因在它上面作图而发生的其他图形的构成部分。被审核证明的这个三角形,直到最终才被重新建立起来,在证明过程中它自身是消失了的,它只还散见于构成着其他图形的那些片断里。——于是我们看到,在这里出现的这种内容的否定性,犹如概念的运动里的确定思想的消失一样,应该也可以称之为内容的虚假性。

但这种知识的真实缺点,既与认识过程自身有关也与它的材料有关。——就认识过程而言,首先,它的缺陷在于,作图的必然性没受到审核。这种必然性并不是从定理的概念里产生出来的,而是给规定下来的;人们必须盲目地遵守这种规定而恰恰作出这些线条来,虽然本来可以作出无数其他的线条;人们别的什么也不知道,只相信这样的作图会有助于或适合于进行证明。这种适合性即使事后得到了证实,它也只是一种外在的,因为它只于事后在证明过程里才显现出来。——同样,这种证明从随便一个什么地方起始前进,而证明的人却还不知道这个起点与应该产生的结果究竟有什么关系。证明的过程采取这些规定和关系而放弃别的规定和关系,证明的人却并不直接明白这是出于什么必然性。这个运动是受一种外在的目的支配着。

数学以这种有缺陷的知识的自明性而自豪,并且以此而向哲学骄傲;但这种知识的自明性完全是建筑在它的目的之贫乏和材料之空疏上面的,因而是哲学所必须予以蔑视的一种自明性。——数学的目的或概念是数量,而数量恰恰是非本质的、无概念的关系。因此,数学知识的运动是在表面上进行的,不触及事情自身,不触及本质或概念,因而不是一种概念性的把握。——数学给人们提供可喜的真理宝藏,这些真理所根据的材料乃是空间和一。空间是这样的一种实际存在,概念把它的差别登记到这种实际存在里就像登记到一种空虚的、僵死的因素里去一样,而在这种空虚的僵死的因素里概念的差别也同样是不动的和无生命的。现实的东西不是像数学里所考察的那样的一种空间性的东西;像数学事物这样的非现实的东西,无论具体感性直观,或是哲学,都不去跟它打交道的。在这样非现实的因素里,也就只有非现实的真理,换句话说,也就只有些固定的、僵死的命题;在每一个命题那里都能够停住,随后的命题自己再从新开始;而并不是从前一个进展到后一个去,更不是因此而通过事物自身的性质产生出一种必然的关联来。而且,由于它出于这样的原则和要素——数学自明性的形式性就在于这里——所以数学知识也就是沿着同一性的路线进行的,因为死的东西,自身不动的东西,到达不了本质的差别,到达不了在本质上对立或不同一的东西,因而到达不了对立面向对立面的过渡,到达不了质的、内在的运动,到达不了自身运动。因

为数学所考察的只是数量,或非本质的差别。数学根本不关心什么依靠概念来分析空间为空间向度,来规定各向度之间和各向度内部的联系这一事实。比如说,它并不考察线与面积的关系;而当它比较直径与圆周的关系时,它就遭遇到这两者的不可通约的关系,换句话说,就遭遇到一种概念的关系、一种数学不能予以规定的无限的东西。

内在的数学,或所谓纯粹数学,也并不把时间作为时间而与空间对置起来,并不当作它自己的第二种研究题材。应用数学固然研究时间,也研究运动以及其他现实事物,但应用数学只从经验里接纳一些综合命题,即接受那些通过事物概念而规定了的现实事物关系的命题,并且只在这个前提上应用它这些公式。对于这样的一些命题,例如关于杠杆平衡的、关于落体运动中空间时间关系的等等,应用数学所作的,以及它认为是证明的那些所谓证明,其本身只是一种证明,证明知识是如何地需要得到证明,因为这表示当它得不到真正的证明时,就连空的假的证明也受到重视,也使之聊以自慰。如果人们能对这种证明加以批判①,将是一件既值得注意又富有教益的事情,这可以一方面将数学里的这种伪误的粉饰洗刷干净,另方面指明数学的界限,并从而指明另外一种知识的必要性。——至于谈到时间,人们曾认为它和空间配成一对,是构成纯粹数学的另一题材的东西,其实它就是实际存在着的概念自身。数量的原则,即无概念的差别的原则和同一性原则,即抽象的

① 黑格尔在《哲学全书》第 267 节里曾就此处的论点对落体运动进行详细讨论(见德文本《哲学文库》第 33 卷,第 229 页)。——原编者

无生命的统一性原则,既然不能够掌握生命的和绝对区别的纯粹变动性,因而这种变动性、否定性就只得变成瘫痪了的静止的东西,即变成数学认识的第二种材料:这种数学认识是一种外在的行动,它把自身运动着的东西降低为材料,以便以之为自己的一种不相干的、外在的、无生命的内容。

〔3.概念的认识〕 与此相反,哲学并不考察非本质的规定,而只考察本质的规定;它的要素和内容不是抽象的或非现实的东西,而是现实的东西,自己建立自己的东西,在自身中生活着的东西,在其概念中实际存在着的东西。哲学的要素是那种产生其自己的环节并经历这些环节的运动过程;而这全部运动就构成着肯定的东西及其真理。因此,肯定的东西的真理本身也同样包含着否定的东西,即也包含着那种就其为可舍弃的东西而言应该被称之为虚假的东西。正在消失的东西本身毋宁应该被视为本质的东西,而不应该视之为从真实的东西上割除下来而弃置于另外我们根本不知其为何处的一种固定不变的东西;同样,也不应该把真实的东西或真理视为是在另外一边静止不动的、僵死的肯定的东西。现象是生成与毁灭的运动,但生成毁灭的运动自身却并不生成毁灭,它是自在地存在着的,并构成着现实和真理的生命运动。这样,真理就是所有的参加者都为之酩酊大醉的一席豪饮,而因为每个参加豪饮者离开酒席就立即陷于瓦解,所以整个的这场豪饮也就同样是一种透明的和单纯的静止。在上述运动的审判面前,个别的精神形态诚然像确定的思想一样并不会持续存在,但它们正像它们是否定的和正在消失着的环节那样,也都是肯定的必然的环节。——在运动的整体里(整体被理解为单纯的静止),那种在运

动中区别出自己并使自己取得特殊的实际存在的东西,是作为这样的一种东西被保存下来,这种东西,回忆其自己,以对自己的知识为它的实际存在,而这种对自己的知识本身也同样是直接的实际存在。

有关这种运动的或有关科学的方法的许多主要之点,看来也许需要先行予以说明。但这个方法的概念早已包含在我们上面讲过的东西里了,而真正对这个方法的陈述则是属于逻辑的事情,或甚至于可以说就是逻辑自身。因为方法不是别的,正是全体的结构之展示在它自己的纯粹本质性里。不过,谈到这一点至今流行的意见,我们必须意识到,就连与哲学方法有关的那些观念所构成的体系,也只是一种已成过去的文化。——如果说我这种说法有些危言耸听或带有革命语气(其实我是知道避免这种语气的),那么我们必须考虑到,数学遗赠给我们的科学体制,即由说明、分类、公理、一系列定理及其证明、原则和结论及其推论等等所构成的科学体制,至少在流行意见自身看来也是已经过时了的。即使那种科学体制的无用性还没清晰地显露出来,至少它已是不再有用或用处不大的了;即使它本身还没遭到非难,至少它已不是被喜爱的了。对于优秀的东西,我们必须抱有这样的成见,相信它会使它自己有用并为人所喜爱。但是,我们不难看出,像提出一个命题,替它找出理由根据,并以理由来驳斥反对命题这样的做法,并不是表达真理的方式。真理是它在其自身中的运动;但上述的方法却是外在于材料的一种认识。因此,这种方法是数学所独有的方法,并且必须听任数学自己去使用它;因为数学,如我们所已注意到的,是以数量的无概念的关系为其原理,并以僵死的空间和同样僵死

的一为其材料的。这种方法当然也可以采取一种比较自由的方式,即是说,采取一种夹杂着更多的任意和偶然的方式,继续保存在日常生活里,继续保存在一席谈话或像一篇序言那样的能满足好奇而不大能提供知识的历史教训里。在日常生活里,意识以知识、经验、感性的具体事物,以及思想、原理诸如此类的现成的东西或固定的静止的存在或本质作为它的内容。有时候意识是跟随着它的内容而前进不已,有时候却对这样的内容任意妄为打断其关联,自己俨然以内容的一个外在的决定者和处理者自居。意识总是把这种内容归结到某种它所确知的东西上,哪怕只是一时的感觉之类的东西;而当信念达到了一个它自己熟知的休息所时,它就满足了。

但是,如果概念的必然性排斥日常谈话里松散的推理过程和科学里学究式的严格推理过程,那么前面已经提到过,代替这种推理过程的不应该是取得灵感和预感时的那样全不凭借方法,也不应该是预言家说话时的那种任意武断,预言不仅蔑视上述的那种科学性,而且根本蔑视一切科学性。

康德的**三一体**,在康德那里还只是由本能刚才重新发现出来的,还是死的,还是无概念的。如果在这种无概念的三一体被提升到了它的绝对意义的程度,因而真正的形式同时在它真正的内容里被展示了出来,科学的概念也呈现了出来,如果在此以后,像上述那样使用这种形式,那么对这种方式的使用,同样也还不能视为是什么科学的东西。因为通过使用,我们眼见这种形式被降低成为无生命的图式,成为一种真正的幻象,同时科学的有机组织也被降低成为图表了。——这种形式主义,上面已经一般地谈到过,现在我们还想详细地叙述它的作风;它认为只要它把图式的某一个规定当作某一个形态的宾词表述出来,就算是已经对该形态的性质和生命作了概念的把握和陈述;——这个宾词可能是主观性或客观性,可能是电、磁等等,也可能是收缩性或膨胀性、东方或西方以及诸如此类,这是可以无限增多的,因为按照这种方式,每个规定或形态在别的规定或形态那里都可以重新被当作图式的形式或环节使用,因而每一个都可以出于感激而同样地为别一个服务;这是一个相互为用的圆圈,通过这个圆圈,人们无法知道事情自身究竟是什么,既不知道互相作用着的这一个,也不知道别一个究竟是什么。当这种形式主义这样地把捉和陈述形态的性质和生命的时候,有时是从通常的直观中吸取一些感性规定,这些规定应该是除它们所说出的之外另有含义的;有时就不加审查不加批判地直接使用本身具有含义的、纯粹的思想规定,如主体、客体、实体、原因、普遍性等,犹如在日常生活里直接使用强和弱、膨胀和收缩等表象那样。因此,这样的形而上学就和这些感性的表象一样地是非科学的了。

这样,被表述出来的,就不是内在生命及其实际存在的自身运动;按照一种表面的类比而表述出来的,毋宁是关于直觉即关于感性知识的这样一种单纯规定性,而对公式的这种外在的空洞的应用,则被称之为构造。——不过,这种形式主义的情况是和任何一种形式主义一样的。一个人如果在一刻钟之内不能搞清楚一种理论①,不能了解有衰弱病、亢进病和间接衰弱病以及这些病各有治

① 所谓勃郎主义:参看勃郎于1780年出版的《医学原理》。——原编者

疗的药方,如果他不能希望在这样短暂的时间内能够从一个只知墨守成规的人变成具有医学理论的医生(因为上述的那样一种课程不久前还曾使人达到过这一目的),那么这个人该是多么愚蠢呢?如果自然哲学的形式主义教导人们说,知性是电,或动物是氮气,或它等于南方或北方等,或它代表南方或北方,无论在教导的时候是像我们此地所说的这样赤裸裸的或是还有其他名词混杂在一起,既然这种说教是用一种力量把相隔遥远的表面现象捏合在一起,并且静止的感性的东西因这种捏合而感受暴力,而这暴力又因此而给予感性的东西以一个概念的假象,而不给它主要的东西,即不表述概念自身或感性表象的意义,那么,对于这种力量和暴力,一个没有经验的人就会惊羡不已,就会崇拜之为一种深刻的天才之作,就会因这样的一些规定的那种兴高采烈(因为这些规定以直观的东西代替了抽象概念并使之更加令人喜悦)而感到愉快;并且就会由于感觉到在精神上与这样光辉的行动具有亲合关系而为自己额手称庆。这样一种智慧所行使的伎俩,由于它容易行使,立即就被学会了;而当它已是众所熟知了的时候还去重复它,那就像重复一种已被看穿了的戏法一样的无聊。这种单调的形式主义所用的乐器人们要去掌握它,并不比掌握这样的一种绘画调色板还更困难些,在这种调色板上,只有,比如,红绿两种颜色,要画历史画就调用红色,要画风景画就调用绿色。——一切东西,无论在天上的、在地上的以及在地底下的,一律用这样的颜料加以涂抹,这是件很畅快的事情,同时,以为这种颜料是对任何东西都能使用的妙品,这是需要想象的;如果有人问究竟是这种畅快还是这种想象更大些,这倒是难以决定的;两者是彼此互相支持的。这种方法,

既然它给所有天上的和地上的东西,所有自然的和精神的形态都粘贴上普遍图式的一些规定并这样地对它们加以安排整理,那么这种方法所产生出来的就至多不过是一篇关于宇宙的有机组织的明白报道①,即是说,不过是一张图表而已,而这张图表等于一具遍贴着小标签的骨架,或等于一家摆着大批贴有标签的密封罐子的香料店,图表就像骨架和香料店一样把事情表示得明明白白,同时,它也像骨架之没有血肉和香料店的罐子所盛的东西之没有生命那样,也把事情的活生生的本质抛弃掉或掩藏了起来。——关于这种作风,它如何由于以图式的诸差别为羞耻而把它们当作反思的东西沉没于绝对的空虚性里去,因而它同时就把自己构成为一幅单色的绝对的图画,以便纯粹的同一性、无形式的白色得以建立起来,凡此种种,我们在上面都已经提到过了。图式及其无生命的规定的那种一色性,和这种绝对的同一性,以及从一个到另一个的过渡,都同样是僵死的知性或理智,同样是外在的认识。

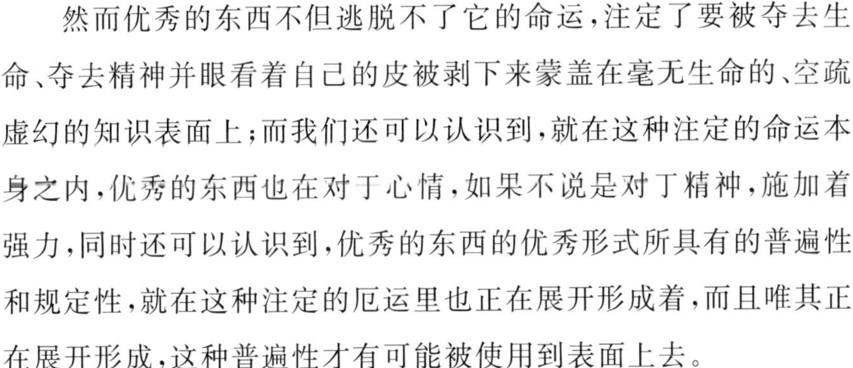

然而优秀的东西不但逃脱不了它的命运,注定了要被夺去生命、夺去精神并眼看着自己的皮被剥下来蒙盖在毫无生命的、空疏虚幻的知识表面上;而我们还可以认识到,就在这种注定的命运本身之内,优秀的东西也在对于心情,如果不说是对于精神,施加着强力,同时还可以认识到,优秀的东西的优秀形式所具有的普遍性和规定性,就在这种注定的厄运里也正在展开形成着,而且唯其正在展开形成,这种普遍性才有可能被使用到表面上去。

① 这个措辞是故意用来嘲笑费希特的,因为他有一篇著作,名为:《就新哲学的真正本质向读者的明白报道》(1801 年)。——原编者

科学只有通过概念自己的生命才可以成为有机的体系；在科学中，那种来自图式而被从外面贴到实际存在上去的规定性，乃是充实了的内容使其自己运动的灵魂。存在着的东西的运动，一方面，是使它自己成为他物，因而就是使它成为它自己的内在内容的过程，而另一方面，它又把这个展开出去的他物或它自己的这个具体存在收回于其自身，即是说，把它自己变成一个环节并简单化为规定性。在前一种展开运动中，否定性使得实际存在有了区别并建立起来，而在后一种返回自身运动中，否定性是形成被规定了的简单性的功能。就是通过这种方式，内容显示出它的规定性都不是从另外的东西那里接受过来外贴在自己身上的，而是内容给自己建立起规定性来，自己把自己安排为环节，安排到全体里的一个位置上。图表式的知性，把内容的必然性和概念都掩蔽起来，即把构成具体事物、构成现实、构成它所安排处理的事物的活生生的运动的那种东西掩蔽起来；或者毋宁说，知性并不是把这种东西掩蔽起来，而是根本不知道这种东西，因为如果它有此洞见，它该早就把这种洞见的能力表示出来了。它甚至连知道需要有此洞见都不知道，因为否则它就会早已放弃它的图式化，或至少就会不再满足于那种仅仅是内容目录式的知识；因为，它给予我们的，仅只是内容的目录，内容自身它是不提供的。——一种规定性，即使像磁性这样的一种规定性，如果它是一种本身具体的或现实的规定性，它就会被降低而成为一种僵死的东西，因为它只变成了另外一种存在的宾词，而没有被认为是这种存在的内在生命，或者，是这种存在所具有的独特和固有的自我产生和自我呈现。主要之点，形式的知性自己没办到，只得留待别人来补充了。——形式的知性并不深入于事物的内在内容,而永远站立在它所谈论的个别实际存在之上综观全体,这就是说,它根本看不见个别的实际存在。但科学的认识所要求的,毋宁是把自己完全交付给认识对象的生命,或者换句话说,毋宁是去观察和陈述对象的内在必然性。科学的认识既然这样深入于它的对象,就忘记了对全体的综观,而对全体的综观只是知识脱离了内容而退回到自己的一种反思而已。但是,科学的认识则是深入于物质内容,随着物质的运动而前进,从而返回于其自身的;不过它的这种返回于自身,不是发生于内容被纳入于自身中之前,相反,内容先把自己简单化为规定性,把自己降低为它自己的实际存在的一个方面,转化为它自己的更高的真理,然后科学认识才返回于其自身。通过了这个过程,单纯的、综观自身的全体本身,才从本来好像已把这个全体的反思淹没了的财富中浮现出来。

一般说来,由于像上面说过的那样,实体本身就是主体,所以一切内容都是它自己对自己的反思。一个实际存在物的持续存在或者说,实际存在物的实体,乃是一种自身同一性;因为如果它与自身不同一,它就会陷于瓦解。不过自身同一就是纯粹的抽象,而纯粹的抽象就是思维。当我说质的时候,我是在说单纯的规定性;一个实际存在所以与另一个不同,或它所以成为一个实际存在,就在于有质。实际存在为它自己而存在着,换句话说,它存在着乃是由于它跟它自身有这种单纯性。但是,这样一来,实际存在从本质上说就是思想了。——在这里人们已经理解到存在即是思维了;在这里也已透露出一种总与通常关于思维与存在的同一的那种无概念的说法互相分歧的洞见。——可是,这样一来,即是说,实际存在物的持续存在,既然就是自身同一性或纯粹的抽象,那么,它的持续存在就是它对其自身的抽象,或者说,它的持续存在而不瓦解,就是它与它自身的不同一,就是它的瓦解,——就是它固有的内向和返于自身,——就是它的形成。——由于存在的东西具有这样的性质,而且存在的东西的这种性质又是对认识而言的,所以认识不是把内容当作一种外来物对待的活动,不是从内容那里走出来而返回于自身的反思;科学不是那样的一种唯心主义,这种唯心主义以一种提供保证的或确信其自身的独断主义来代替那作出断言的独断主义,而毋宁是,由于认识眼看着或任凭内容返回于它固有的内在本性,所以认识的活动就同时既是深入于内容又是返回于自身,说深入于内容,是因为认识活动是内容的内在的自己,说返回于自身,是因为认识活动是在他物里面的纯粹的自身同一性。因此,认识的活动是这样的一种诡计:它自己好像并不活动,却眼看着规定及规定的具体生命恰恰在其自以为是在进行自我保持和追求特殊兴趣的时候,适得其反,成了一种瓦解或消融其自身的行动,成了一种把自己变为全体的环节的行动。

如果说以前所讲的是从实体的自我意识这一方面论述了知性的意义,那么刚才所说的,则从存在着的实体的规定这一方面阐明了知性的意义。——实际存在是质,是自身同一的规定性或规定了的单一性、规定了的思想;这就是实际存在的知性。因为这样,实际存在就是,阿那克萨哥拉当年作为第一个认识到本质的人所说的那种心灵(Nus)。在阿那克萨哥拉以后,实际存在的性质就更加确切地被理解为Eidos或Idea,即规定了的普遍性或类。表面看起来,类这个名词对于表达现时流行的美、神圣、永恒等观念似乎有点太通俗太不够味。但事实上观念所表示的不多不少恰恰就是类。可是我们现在时常看到,一个名词,确切地标示着一个概念,反为人所舍弃,而另外一个名词,即使仅仅由于它是从一个外国语里借用来的,因而把概念弄得含含糊糊,听起来好像意味更为深远,就为人所喜爱。——正是因为实际存在被规定为类,实际存在就是一种单一的思维;而心灵,或单一性,就是实体。至于实体,由于它具有单纯性或自身同一性,就表现为固定的和持续存在的。但是,这种自身同一性同样又是否定性;由于这样,那种固定的实际存在就过渡到它的瓦解或消融。规定性之所以初看起来是这个样子,只因为规定性总是与他物联系着的,而且规定性之所以运动,似乎是它受了一种外来势力的结果。但是,它的他物就在它自身之内以及它的运动是自身运动,这一点恰恰在那个思维的单一性里就已经包含着了。因为单一性就是使其自己运动并将其自己加以区别的那个思想,就是固有的内在本性,就是纯粹的概念。那么因此,理知性就是一种形成过程,而它作为这种形成过程,也就是合理性。

一般说来,逻辑必然性就在于事物的存在即是它的概念这一性质里。只有逻辑的必然性才是合理的东西,才是有机整体的节奏;它是内容的知识,正如内容是概念和本质一样,——换句话说,只有它才是思辨的东西。——具体形象在使自己运动的同时使自己变成为单纯的规定性;从而把自己提高为逻辑的形式,并存在于它自己的本质性之中,形态的实际存在仅仅就是这个运动,并且直接就是逻辑的实际存在。因此,根本不需要给具体的内容外加上一个形式主义;具体内容本身就是向形式主义的过渡,不过这里,

形式主义不再是那种外在的形式主义了,因为形式就是具体内容自身所本有的形成过程。

科学方法的这种性质,即,一方面是方法与内容不分,另一方面是由它自己来规定自己的节奏,这种性质,就像我们已经提到过的那样,在思辨哲学里才获得它真正的表述。至于这里所说的,固然也表达概念,但只能算是一种预先的断言。科学方法的真理性,并不寄托在这种带有一部分叙述的断言里,因此,即使提出了相反的断言:无论是把已经成为现成的和众所周知的真理的那些旧有观念予以旧话重提,或是从内心的神圣直观的宝库里搬出新的法宝,从而断言事情不是如此这般,而是如何如何,它的真理性也同样是不会被驳倒的。——这样的一种接纳事物的态度,乃是科学当初在遇到不知道的东西时所惯常采取的第一个反应,这是为了借以挽救科学自由,挽救自己的看法,并在外来权威面前(因为现在刚才被接纳的东西是以这种权威姿态出现的)挽救自己的权威,同时,这也是为了消除羞耻,因为据说接受了或学习了某种不知道的东西就算是一种可耻的事情。同样地,这样的一种接纳事物的态度,这样的反应,也表现在对某种不知道的东西的欢呼喝彩热烈接受里,例如,对于那种在另外一个领域里曾经是极富革命性的言论和行动的东西的接受。

〔四、哲学研究中的要求〕

〔1.思辨的思维〕 因此,在科学研究里,重要的是把概念的思维努力担负起来。概念的思维努力要求我们注意概念本身,注意

单纯的规定,注意像自在的存在、自为的存在、自身同一性等等规定;因为这些规定都是这样的一些纯粹自身运动,我们可以称之为灵魂,如果它们的概念不比灵魂这个名词表示着更高些的东西的话。概念的思维打断以表象进行思维的习惯,这无论对于表象思维习惯来说,还是对于那种在非现实的思想里推论过来推论过去的形式思维来说,都同样是件讨厌的事情。表象思维的习惯可以称为一种物质的思维,一种偶然的意识,它完全沉浸在材料里,因而很难从物质里将它自身摆脱出来而同时还能独立存在。与此相反,另一种思维,即形式推理,乃以脱离内容为自由,并以超出内容而骄傲;而在这里,真正值得骄傲的是努力放弃这种自由,不要成为任意调动内容的原则,而把这种自由沉入于内容,让内容按照它自己的本性,即按照它自己的自身而自行运动,并从而考察这种运动。因为,避免打乱概念的内在节奏,不以任意武断和别处得来的智慧来进行干涉,像这样的节制,本身乃是对概念的注意的一个本质环节。

在形式推理里,有两个方面应该加以进一步的注意,在这两个方面上,概念思维与形式推理是互相对立的。——就一方面说,形式推理否定地对待所认识的内容,善于驳斥和消灭这种内容。可是看出内容不是这样,这种看法本身只是空洞的否定;这空洞的否定本身乃是一种极限,它并不能超越其自己而达到一种新内容,相反地,它为了重新获得一个内容,必须从别的不管什么地方取来另外某种东西以为其内容。这种推理,乃是返回于空虚的自我的反思,乃是表示自我知识的虚浮。——这种虚浮都不仅表示这种内容是空虚的而已,并且也表示这种看法本身是虚浮的,因为这种看法是看不见在其自身中具有肯定的东西的一种否定的东西。这种反思既然不以它自己的否定性本身为内容,它就根本不居于事物之内,而总是漂浮于其上;它因此就自以为它只作空无内容的断言总比一种带有内容的看法要深远一层。与此相反,在概念的思维里,如前面所指出的那样,否定本身就是内容的一部分;无论作为内容的内在运动和规定,或是作为这种运动和规定的全体,否定也就是肯定。因为就其为结果而言,否定乃是从这种运动里产生出来的东西:规定了的否定,所以同样也是一种肯定的内容。

但如果我们考虑到,这样的推理思维,不论以表象为内容,或以思想为内容或以两者的混合物为内容,总有一个内容,那么它就还有另外一个方面了;它因有这个方面就难于进行概念的理解。这个方面的独特性质是与上述的理念的本质密切结合着的,或者还不如说,它表述着理念,而理念是作为进行思维地把捉的那种运动而出现的。——如果说,在推理思维的上述否定活动里,推理思维自身乃是内容要返回的那个自身,那么与此相反,在它的肯定认识里,自身乃是一个想象出来的主体,内容作为偶性和宾词就是与这个主体联系着的。这个主体充当基础,以供内容和它相结合并让运动在它上面往复进行。在概念的思维里,情况就不是这样。由于概念是对象所本有的自身,而这个自身又呈现为对象的形成运动,所以对象的自身不是一个静止的、不动的、负荷着偶性的主体,而是自己运动着的并且将它自己的规定收回于其自身的那种概念。在这个运动里,那种静止的主体自身趋于崩溃;它深入于各种区别和内容,可以说构成着规定性,即是说,构成着有区别的内容以及这种内容的运动,而不再与运动彼此对立。因此,推理思维在静止的主体那里所找到的坚固基地动摇了，而只有这个运动本身，成为它的对象。主体充实着内容，它不再超越内容，不能再有别的宾词或别的偶性。反之，这样一来，分散的内容就在这个自身之下集结起来，不是可以脱离主体而分属于许多东西的那种共相或普遍了。事实上，内容不再是主体的宾词，它就是实体，就是所谈的东西的本质和概念。表象思维，由于按它的本性来说是以偶性或宾词为依据而进行思维的，并且有权超越它们，因为它们不过是偶性或宾词而已，所以当具有命题里的宾词形式的东西即是实体自身的时候，表象思维的进行就受到了阻碍。我们甚至可以想象它遭到了反击。因为它从主体出发，仿佛主体始终可以作为基础，可是当宾词即是实体的时候，它发现主体已经转化为宾词，因而已经被扬弃了；而且，好像是宾词的东西既然已经变成了完整的和独立的物体，思维就不能再自由地到处漂流，而是被这种重力所阻滞而停顿下来了，——通常总是首先把主体作为对象性的固定的自身确立为基础；从这个基础上开始进行那种向各种各样的规定或宾词发展的必然运动；现在，代替那种主体而出现的，是从事于认识的自我本身，是各种宾词的结集点，是一种保持着各种宾词的主体。但由于第一个主体深入于各种规定本身里去，成了它们的灵魂，所以第二个主体，即，从事于认识的主体，虽然愿意了结与第一个主体的关系，并超过它而返回于自身，却发现它还在宾词里面；第二个主体不能在宾词的运动里作为进行推理的行动者，以推断哪一种宾词应该附加于第一个主体，它毋宁还必须与内容的自身继续打交道，它不应该自为地存在，而应该与内容的自身同在一起。

以上所说的，可以正式地表示为：判断或命题一般地说是在自

身中包含着主词和宾词的差别的,命题的这种性质已被思辨命题所破坏,而由思辨命题所变成的同一命题,包含着对上述主词与宾词关系的反击。——一般命题的形式与破坏着这种形式的概念统一性之间的这种冲突,颇类似于音节与重音之间在韵律上所发生的那种冲突。韵律是从音节和重音之间的音差中数与两者的合成中产生出来的结果。所以在哲学命题里主词与宾词的同一也不应该消灭命题形式所表示的那种主词与宾词的差别,相反地,主词与宾词的统一应该表现为两者的一种和谐。命题的形式,乃是特定意义的表现,或者可以说是区别命题内容的重音;但是宾词表述实体,而主词自身又属于共相或普遍,这就是在其中听不见重音了的统一。

为了说明以上所说的,我们可以举这个命题为例:上帝是存在。在这个命题里,宾词、存在,具有着主词融化于其中的那种实体性的意义。在这里,存在不应该是宾词,而应该是本质;这样一来,上帝就好像不再是它因命题里的位置而取得的那种身份,即是说,它不再是固定的主词了。——思维并不是继续在从主词向宾词过渡,而毋宁由于主词的丧失而感到受了抑制,并且因为它失掉了主词而感到被抛回于主体的思想;换句话说,由于宾词本身被表述为一个主体,表述为存在,表述为穷尽主体的本性的本质,思维就发现主体直接也就在宾词里;现在,思维不但没有在宾词中返回于自身,取得形式推理的那种自由态度,它反而更深地沉浸于内容,或者至少可以说,它被要求深入于内容之中。——那么,如果说:现实就是普遍,同样地,作为主词,现实就消失在它的宾词里。普遍不应该只具有宾词的意义,以致命题所表述的是"现实是普遍的",相反,普遍应该表述着现实的本质。——因此,思维既在宾词中被抛回于主体,又同样地丧失了它在主体中曾经具有的那个坚固的对象性的基地;并且在宾词中思维不是回到自身,而是回到内容的主体。

人们通常抱怨说,即使一个人具备了理解哲学著作的一切其他文化条件,仍然感到哲学著作不好懂,像这样的抱怨所以产生,绝大部分是由于上述的那种很不习惯的阻抑。我们从以上所说的里面,也可以看出人们为什么时常对哲学著作提出极端确定的责难,指责它们之中有很多是必须经过反复阅读,然后才能获得理解的,——这样的一种责难,应该说含有不太恰当和趋于极端的东西,仿佛只要承认是有根据的,就再也不容任何辩解了。——其实,事情的真实情况,上文已经阐明了:哲学命题,由于它是命题,它就令人想起关于通常的主宾词关系和关于知识的通常情况的见解。这种知识情况和关于这种情况的见解,却为命题的哲学内容所破坏了,旧日的见解现在经验到,情况与它原来所以为的大不相同;而旧的见解既已作了这种修正,知识于是就不得不回到命题上来,以与从前不同的方式来把握命题。

如果我们对一个主词所表述的,在一个时候意味着主词的概念,而在另一个时候,又仅只意味着它的宾词或偶性,因而将思辨和推理这两种方式予以混淆,那就要造成一种应该加以避免的困难情况。——思辨的与推理的方式是互相干扰的,唯有上面谈到过的那种哲学表述的方式,才会具有伸缩性,从而严格地排除一个命题的两部分之间的那种通常的关系。

事实上,非思辨的思维也有它的权利,只是这种权利虽然有效,而在思辨命题的方式里却没得到注意。命题的形式,决不能仅仅以直接的方式予以扬弃,即是说,命题的形式之被扬弃,不应该仅只通过命题的内容而已;这个相反的扬弃的运动,也必须被表示出来,这个运动不应该仅限于是那种内在的阻抑而已,概念的这个返回自身的运动也必须被表述出来。这个担当着通常应由证明来担当的任务的运动,就是命题自身的辩证运动。唯有这个运动才是现实的思辨的东西,只有对这个运动的叙述才是思辨的陈述或外现。作为命题,思辨的东西仅只是内在的阻抑,仅只是本质的一种非实际存在着的自身返回。因此,我们发现我们时常被哲学的表述引导了去进行这种内在的直观,并因而不再去陈述这个辩证运动,而陈述这个辩证运动,乃是我们当初所要求的。——诚然,命题应该表述真理,但真理在本质上乃是主体;作为主体,真理只不过是辩证运动,只不过是这个产生其自身的、发展其自身并返回于其自身的进程。——在通常的认识里,构成着内在性的这个外在陈述方面的是证明。但在辩证法与证明分开了以后,哲学证明这一概念,事实上就已经丧失了。

关于这一点,可以加以提醒的是:辩证的运动也同样是以命题为其组成部分或元素的;因此,上面所揭示出来的那种困难似乎是要永远不断地重新出现的,似乎是一种属于事情本身的困难。——这种情况与通常在证明里所发生的下列情况颇相类似:证明要使用根据,而这根据本身又需要一个根据,根据还要根据,前进不已,以至于无穷。但这种形式的寻求根据和提供条件,是属于与辩证的运动全然不同的那种证明的,因而是属于外在的认识的。至于辩证的运动本身,则以纯粹的概念为它自己的原素;它因此具有一种在其自身就已经彻头彻尾地是主体的内容。因此,根本就不发生这样的一种内容:仿佛这种内容是与充当基础或作为根据的主体关联着的,并且仿佛它只因为是这个主体的一个宾词,才具有意义;就其直接性而言,命题是一种纯粹空洞的形式。——在这里,表示着纯粹主体的,表示着空洞的无概念的一的东西,除去在感性上直观到的或想象出的自身之外,主要就是作为名称用的那种名称。基于这个理由,如果人们避免使用例如上帝这样的名称,可能是有好处的,因为这个词汇并不同时也直接就是概念,而仅仅是个道地的名称,是充当基础的主体的一个稳固的安身之所;而且因为,例如存在或一、个别、主体等等词汇,则与上帝的情况相反,本身同时也直接就指示着概念。——至于前一种主体,如上帝,即使说出了关于它的一些思辨的真理,这些真理的内容毕竟还是缺乏内在概念的,因为这种内容只是作为静止着的主体存在着,而由于这种情况,关于它的那些真理也就很容易取得纯然属于启示性的形式。——因此,从这一方面看,通常把思辨的宾词按命题的形式不理解为概念和本质的那种习惯所造成的阻碍,也将可能因哲学论述上的过失而为之增大或减小。哲学的陈述,为了忠实于它对思辨的东西的本性的认识,必须保存辩证的形式,并且避免夹杂一切没被概念地理解的和不是概念的东西。

〔2.天才的灵感与健康的常识〕　对于哲学研究来说,不进行推理而妄自以为占有了现成的真理,这也和专门从事推理的那种办法同样是一种障碍。这种占有者以为根本不需要再回头来对现成的真理进行推理,而直接就把它们当作根据,相信他自己不但能够表述它们,并且还能根据它们来进行评判和论断,从这一方面来看,重新把哲学思维视为一种严肃的任务,乃是特别必要的。在所

有的科学、艺术、技术和手艺方面,人们都确信,要想掌握它们,必须经过学习锻炼等等多方努力。在哲学方面,情况却与此相反,现在似乎流行着一种偏见,以为每个人虽然都生有眼睛和手指,但当他获得皮革和工具的时候并不因为有了眼和手就能制造皮鞋,反倒以为每个人都能直接进行哲学思维并对哲学作出判断,因为他在他天生的理性里已经具有了哲学判断的标准,仿佛他不是在他自己的脚上同样已经具有了鞋的标准似的。——占有哲学,似乎恰恰由于缺少知识和缺乏研究,而知识和研究开始的地方,似乎正就是哲学终止的地方。哲学时常被人视为是一种形式的、空无内容的知识;人们完全没认识到,在任何一门知识或科学里按其内容来说可以称之为真理的东西,也只有当它由哲学产生出来的时候,才配得上真理这个名称;人们完全没认识到,其他的科学,它们虽然可以照它们所愿望的那样不要哲学而只靠推理来进行研究,但如果没有哲学,它们在其自身是不能有生命、精神、真理的。

至于在真正的哲学方面,我们看到,神的直接启示和既没通过别的知识也没通过真正哲学思维而得到锻炼和陶冶的那种普通人的常识,认为它们自己简直就完全等于或至少可以很好地代替漫长的文化陶冶道路以及精神借以求得知识的那种既丰富又深刻的发展运动,这就如同苦蕒之自誉为可以代替咖啡一样。事实上,当我们注意到,有些根本不能思维一个抽象命题更不能思维几个命题的相互关联的人,他们的那种无知无识的状态,他们的那种放肆粗疏的作风,竟有时说成是思维的自由和开明,有时又说成是天才或灵感的表现,诸如此类的事实,是很令人不快的。哲学里现在流行的这种天才作风,大家都知道,从前在诗里也曾盛极一时过;但假如说这种天才的创作活动还具有一种创作意义的话,那么应该说,创作出来的并不是诗,而是淡而无味的散文,或者如果说不是散文,那就是一些狂言呓语。同样地,现在有一种自然的哲学思维,自认为不屑于使用概念,而由于缺乏概念,就自称是一种直观的和诗意的思维,给市场上带来的货色,可以说是一些由思维搅乱了的想象力所作出的任意拼凑——一些既不是鱼又不是肉,既不是诗又不是哲学的虚构。

可是反过来说,流驶于常识的平静河床上的这种自然的哲学思维,却最能就平凡的真理创造出一些优美的辞令。如果有人指责说,辞令是无关重要的东西,那么它就会相反地提出保证说,在它内心里确实体会到了意义和内容,而且相信别人的内心里一定也是这样,因为它以为一提到心的天真和纯洁等等就已经说出了既不能反驳也不能补充了的最后的东西。但是,我们的问题关键,本在于不让最好的东西继续隐藏在内部,而要让它从这种矿井里被运送到地面上显露于日光之下。至于那种隐而未显的最后真理,本来早就可以不必花费力气去表述,因为它们早就包含在像答问式的宗教读本里以及民间流行的谚语里面了。——事实上,要在它们的不确定和不端正的形式下去意识这样的真理是不困难的,甚至于指明在对这样的真理的意识里有时包含着恰恰相反的真理,也是容易事情。但当意识力图摆脱它本身的混乱的时候,它将陷于新的混乱之中,并且很可能将坚决表示:事情肯定是如此这般,至于以前的说法都是诡辩——诡辩乃是常识反对有训练的理性所用的一个口号,不懂哲学的人直截了当地认为哲学就是诡辩,就是想入非非。——常识既然以情感为根据,以它的内心的神谕

为根据,它对持不同意见的人就没有事可办了;它对那种在自己内心里体会不到和感受不到同样真理的人必须声明,它再也没有什么话好说了。换句话说,常识是在践踏人性的根基。因为人性的本性正在于追求和别人意见的一致,而且人性只存在于意识与意识所取得的共同性里。违反人性的东西或动物性,就在于只以情感为限,只能以情感来进行彼此的交往。

如果有人想知道一条通往科学的康庄大道,那么最简便的捷径莫过于这样的一条道路了:信赖常识,并且为了能够跟得上时代和哲学的进步,阅读关于哲学著作的评论,甚至于阅读哲学著作里的序言和最初的章节;因为哲学著作的序言和开头,是讲述与一切问题有关的一般原则,而对哲学著作的评论,则除介绍该著作的经过之外还提供对该著作的评判,而评判既是一种评判,谈论的范围,就甚至于超越于被评判的东西本身以外去。这是一条普通的道路,在这条道路上,人们是穿着家常便服走过的,但在另有一条道路上,充满了对永恒、神圣、无限的高尚情感的人们,则是要穿着法座的道袍阔步而来的——这样的一条道路,毋宁说本身就已经是最内心里的直接存在,是产生深刻的创见和高尚的灵感的那种天才。不过,创见虽深刻,还没揭示出内在本质的源泉,同样,灵感虽闪烁着这样的光芒,也还没照亮最崇高的穹苍。真正的思想和科学的洞见,只有通过概念所做的劳动才能获得。只有概念才能产生知识的普遍性,而所产生出来的这种知识的普遍性,一方面,既不带有普通常识所有的那种常见的不确定性和贫乏性,而是形成了的和完满的知识,另方面,又不是因天才的懒惰和自负而趋于败坏的理性天赋所具有的那种不常见的普遍性,而是已经发展到本来形式的真理,这种真理能够成为一切自觉的理性的财产。

〔3.结语,作者与读者的关系〕 由于我认定科学赖以存在的东西是概念的自身运动,又由于我注意到,就我已经谈到的和其他还未谈到的方面来说,现时流行的关于真理的性质和形态的见解和我的看法很有出入,甚至于完全相反,所以我感觉到以我的看法来陈述科学体系的这一试图,是不会受到读者欢迎的。但同时我又想到,比如说,虽然有的时候人们认为柏拉图哲学里优秀的东西就是他那些毫无科学价值的神话,究竟也还有过另外的时期,在这些甚至可以称之为狂热时期的年代里,亚里士多德哲学由于它思辨的深刻而受到重视,柏拉图的《巴门尼德篇》——这可以说是古代辩证法的最伟大的作品——也被认为是对神圣生活的真实揭露和积极表述,而且不管狂热所产生出来的东西如何幽暗,这种被误解了的狂热本身事实上应该说不是别的,正是纯粹概念;我又想到,当代哲学里优秀的东西,是自认为它的价值在于它的科学性里的,并且,不管别人的看法如何,事实上优秀的东西所以被人承认为优秀的东西,完全由于科学性。因此,我也就可以希望,我想从概念里产生出科学来并以科学特有的元素来陈述科学的这一试图,或许能够由于事情的内在真理性而替自己开辟出道路来。我们应该确信,真理具有在时间到来或成熟以后自己涌现出来的本性,而且它只在时间到来之后才会出现,所以它的出现决不会为时过早,也决不会遇到尚未成熟的读者;同时我们还必须确信,作者个人是需要见到这种情况的,为的是他能够通过读者来考验他的原属他独自一人的东西,并且能够体会到当初只属于特殊性的东西终于成了普遍性的东西。但就在这里,我们时常要把读者和自

命为读者的代表和代言人的那些人区别开来。两者在很多方面的作风不同,甚至于彼此相反。如果说,当读者遇到一本哲学著作与自己的意见不相投合的时候,毋宁总是好心地归咎于自己,那么相反,这些代表和代言人们则由于深信他们自己的裁判能力,把一切过错都推诿到作者身上。哲学作品对读者所生的实际效用,比起这些死人在埋葬他们的死人时[①]的行动来,是和缓得多的。如果说,一般的见解现在比较有修养了,它对于新事物比较敏感了,它下判断比较快了,因而抬你出去的人们的脚已经到了门口[②],那么,我们必须从这里时常把比较缓慢的那种效用区别开来,作品的比较缓慢的效用,对动人的言词所引起的那种重视以及对旨在制造蔑视的那种谴责,都起纠正作用,并且只在一个相当时间之后才使一部分作品享有一批广大读者,而另外的一部分则流行一时以后,再也找不到继起的读者了。

此外,在我们现在生活着的这一个时代里,精神的普遍性已经大大地加强,个别性已理所当然地变得无关紧要,而且普遍性还在坚持着并要求占有它的整个范围和既成财富,因而精神的全部事业中属于个人活动范围的那一部分,只能是微不足道的。因为这种情况,作者个人就必须如科学的性质所已表明的那样,更加忘我,从而成为他能够成的人,做出他能够做的事;但是,正如个人对自己不作奢望,为自己不多要求一样,人们对于作者个人也必须力避要求过多。

① 见《马太福音》第8章第22节。——原编者

② 见《使徒行传》第5章第9节。——原编者

导　　论

如果有人觉得在哲学里在开始研究事情本身以前，即在研究关于绝对真理的具体知识以前，有必要先对认识自身加以了解，即是说，先对人们借以把握绝对的那个工具，或者说，先对人们赖以观察绝对的那个手段，加以考察，这乃是一种很自然的想法。这样一种想法或考虑，显然是有理由的，一方面，这是因为可以有各种各样的认识，有的种类可以比别的种类更适宜于达到我们的终极目的，而因此就有可能在它们中间作出错误的抉择，另一方面，这也是因为既然认识是一种属于一定种类具有一定范围的能力，那么对于它的性质和界限如果不加以比较确切的规定，则通过它而掌握到的，就可能是些错误的乌云而不是真理的青天。这种想法甚至于一定变成为一种信念，相信通过认识来替意识获取那种自在存在着的东西这一整个办法就其概念来说是自相矛盾的，相信在认识与绝对之间存在着一条天然区别两者的界限。因为如果认识是我们占有绝对本质所用的工具，那么我们立刻就能看到，使用一种工具于一个事物，不是让这个事物保持它原来的样子，而是要使这个事物发生形象上变化的。再或者说，如果认识不是我们活动所用的工具，而是真理之光赖以传达到我们面前来的一种消极的媒介物，那么我们所获得的事物也不是像它自在存在着的那个样子而是它在媒介物里的样子。在这两种情况下，我们所使用的手段都产生与它本来的目的相反的东西出来；或者毋宁可以说，我

们使用手段来达取目的，根本是件于理不合的事情。不错，这种不利的情况，似乎可以通过我们对**工具**的作用的认识而得到补救，因为认清了工具的作用以后，我们就有可能把我们通过工具而获得的关于绝对的观念里属于工具的那一部分从结果里抽出去，从而获得关于绝对的纯粹真理。但是，这种补救的办法，事实上只能把我们引回到我们原来所在的地方去。因为，如果我们用工具将某一个东西加以改造，然后又把工具所作的改变从这个改变了的东西那里予以取消，那么这个东西——在这里是指绝对——对我们来说就不多不少重新恢复了它没经过这一度多余的麻烦以前的样子。或者，如果说绝对并不因工具而发生什么改变，只是被吸引得靠近我们一些，就像小鸟被胶竿吸引过来那样，那么绝对假如不是本来就在并且就愿意在我们近旁，它就一定要嘲笑这样的一种诡计；因为在这种情况下，认识就是一种诡计。为什么呢？因为认识通过它的多方面的辛勤努力，装出一副神情，令人觉得它的努力完全不是仅仅去产生直接的、因而毫不费力的关系而已。再或者，如果我们研究我们将其想象为一种**媒介物**的认识，从而认清了这媒介物对光线的折射规律，然后把光线的折射从结果里抽除出去，那么这样地抽除折光作用的办法也完全是无用的；因为认识不是光线的折射作用，认识就是光线自身，光线自身才使我们接触到真理，而如果光线被抽除出去，那么，指点我们的岂不只还剩下一个纯粹的方向或空虚的地点了吗？

同时，如果说这种害怕犯错误的顾虑，是对那种完全无此顾虑而直接开始工作并实际进行认识的科学所采取的一种不信任，那么我们就不理解，为什么不应该反过来对这种不信任采取不信任，即是说为什么这种害怕犯错误的顾虑本身不已经就是一种错误?事实上这种顾虑乃是把某些东西,真正地说,是把很多东西,假定为真理,并以此为根据,产生许多考虑,得出许多推论,而这样被假定的东西,本身究竟是不是真理,倒是应该先行审查的。更确切地说,它假定着将认识视为一种工具和媒介物的观念,它也假定着我们自身与这种认识之间有一种差别,而它尤其假定着:绝对站在一边而认识站在另外一边,认识是自为的与绝对不相关联的,却倒是一种真实的东西,换句话说,认识虽然是在绝对以外,当然也在真理以外,却还具有真理性——这样的一种假定,不禁使人觉得那所谓害怕错误,实即是害怕真理。

我们所以得出这样的结论,乃是因为只有绝对是真的,或只有真理是绝对的。不同意这个结论的人,当然可以作出这种区别,硬说一种认识虽然不像科学所愿望的那样认识绝对,却也还是真的认识,硬说一般的认识虽然没有能力把握绝对,却可能有能力把握别种真理。但是,我们终究要看到,发表这样议论的人都是由于他们作了一种模模糊糊的区别,认为有一种绝对的真理和一种别样性质的真理;同时我们也将看到,像绝对、认识这样的词汇,它们都假定着一种意义,而这种意义则正是现在才应该去努力获取的。

我们根本不必去操心考虑,像这样的一些把认识当作一种用以把握绝对的工具或我们赖以窥见真理的媒介物等等无用的观念和说法(可以说一切关于与绝对不相关联的认识的观念和关于与认识不相关联的绝对的观念,都归结于工具和媒介物等等关系上);我们也完全无需去注意那些借口,它们都是没有能力从事于科学的人从假定这样一些关系中所找到的借口,借以逃避科学研

究的辛勤劳动，同时还借以装出一副严肃认真和奋勉努力的样子；同样地，我们也用不着费心替这一切一切去寻找答案，因为它们都是会被当作偶然的和任意的概念而抛弃掉的，而且甚至于使用这些字眼，如绝对、认识、客观与主观，以及其他无数的、被假定大家都已熟知其意义的那些字眼，就可以被认为是一种欺骗。因为，佯言它们的意义已为众所周知以及每个人本身都具有着关于它们的概念等等，这似乎毋宁只是一种计谋，想逃避其主要任务，即是说，想借以免除提供这种概念的任务。其实，与此相反，另外的一种工作倒应该说是更有理由予以免除，即，我们大可不必去注意那些足以根本否定科学的观念和说法，因为这些观念和说法只构成一种空的知识现象，当科学出现时，空的知识现象就会立即消逝的。但是，正在出现过程中的科学，本身也还是一种现象；科学的出现，还不是真正的、实现了和展开了的科学自身。所以无论我们鉴于科学与另外一种知识并列在一起从而把科学也想象为现象，或是把那另外一种不真实的知识称之为科学的现象，都是没有什么差别的。不过科学毕竟必须摆脱这种现象；而它要想做到这一点，就只有转过来面对着这种现象。因为，科学要抛弃或驳斥一种不是真理的知识，说它是对事物的一种庸俗见解，则不能全凭断言，断言自己是完全另一种性质的知识，至于那种庸俗的见解在自己看来一文不值等等；也不能全凭揣想，说在这种不真的知识本身存在着一种较好知识的朕兆。如果只作断言，那么科学等于声明它自己的价值与力量全在于它的存在，但不真的知识恰恰也是诉诸它的存在而断言科学在它看来一文不值的；一个赤裸的枯燥的断言，只能跟另一个断言具有完全一样多的价值而已。我们说科学更不能凭借对一种较好知识的揣想，认定它存在于不真实的知识里而又是在这里指示着真实的科学，乃是因为如果这样，那么从一方面说，科学又同样诉之于一种赤裸的存在了，而从另一方面说，它之诉诸它自身，并不是它自在自为地存着的自身，而毋宁是存在于不真实的知识里的，即它的一种坏的存在方式，它的现象。由于这个缘故，我们在这里应该将正在显现为现象的知识加以陈述。

现在，既然这个陈述只以正在显现为现象的知识为对象，它本身就似乎不是那种在其独有的形态里发展运动着的自由的科学；而从这个观点上看，这种陈述毋宁可以被视为向真知识发展中的自然意识的道路，或灵魂的道路；灵魂在这个道路上穿过它自己的本性给它预定下来的一连串的过站，即经历它自己的一系列的形态，从而纯化了自己，变成为精神；因为灵魂充分地或完全地经验了它自己以后，就认识到它自己的自在。

自然的意识将证明它自己只是知识的概念或是不实在的知识。但由于它直接把自己视为实在的知识，于是在它看来这条道路就具有否定的意义，概念的现实化对它而言就毋宁成了它自身的毁灭；因为它在这条道路上丧失了它的真理性。因此，这条道路可以视为是**怀疑**的道路，或者说得更确切些，是绝望的道路；因为在这里所发生的不是通常的所谓怀疑；通常的怀疑乃是对某种假定的真理的一种摇动，在摇动之后，怀疑重新消失而原来的真理重新出现，于是终于事情又恢复到怀疑以前的样子。相反地，这里的这种怀疑，乃是对现象知识的非真理性的一种自觉的洞见，对于这种怀疑而言，毋宁只有真正没现实化的概念才是最实在的东西。因此，这种彻底的怀疑主义也不是严肃地追求真理和从事科学的人所自以为业已具备了的那种决心，即，决心在科学里不因权威而听从别人的思想，决心亲自审查一切而只遵从自己的确信，或者说得更好些，决心亲自产生一切而只承认自己的行动是真实的。意识在这条道路上所经历的它那一系列的形态，可以说是意识自身向科学发展的一篇详细的形成史。上述的决心把这个发展形成的过程以决心的简单方式呈现出来，当作是直接已经完结了和实现了的东西；但是，与这种不真实的情况相反，这条怀疑的道路乃是一个现实的形成过程。遵从自己的确信，诚然要比听从别人的权威高强些，但从出于权威的意见转变为出于自信的意见，意见的来源虽有转变，并不必然地就使意见的内容也有所改变，并不一定就会在错误的地方出现真理。如果我们执著于意见和成见的系统，那么究竟这样意见来自别人的权威或是来自自己的信心是没有什么差别的，唯一的差别是后一种方式下的意见更多一种虚浮的性质罢了。相反地，只有对显现为现象的意识的全部领域都加以怀疑，只有通过这样的怀疑主义，精神才能善于识别真理，因为它已不复寄望于所谓自然的观念、思想和意见，不管它们是自己的或是别人的。至于径直地就想去识别和审查的那种意识，由于它本身还充满和纠缠着这些自然的观念、思想和意见，事实上就没有能力做它想做的事情。

不实在的意识的各个形态，由于它们之间有依序前进的必然性和互相关联的必然性，将自己发展出完整的形态体系来。为了便于明了这一点，我们可以暂且一般地指出：把不真实的意识就其为不真实的东西而加以陈述，这并不纯然是一种否定的运动。一般地说，自然的意识对这种陈述所持的见解，就是这样的一种片面的见解；而一种知识，如果它以这种片面性为本质，它就是不完全的意识的形态之一，这种形态的意识投身于形成发展的过程，并将在过程中呈现出来。因为这种片面的见解就是怀疑主义，怀疑主义永远只见到结果是纯粹的虚无，而完全不去注意，这种虚无乃是特定的虚无，它是对于结果之所自出的那种东西的虚无［或否定］。但事实上，如果虚无是对结果之所自出的东西的虚无，那它就纯然是真实的结果；它因而本身就是一种特定的虚无，它就具有一种内容。终止于虚无或空虚的抽象性上的怀疑主义，是不能超越这抽象性而继续前进的；它必须等待着看看是否有什么新的东西显现出来，以便它好投之于这同一个空虚的深渊里去。相反，当结果被按照它真实的情况那样理解为特定的否定时，新的形式就立即出现了，而否定就变成了过渡；有了这种过渡，那穿过意识形态的整个系列的发展进程，就将自动地出现了。

正如发展进程的序列一样，目标也是知识所必须确定的；目标就是知识不需要再超越它自己的那个地方，就是它找到了它自己的那个地方和概念符合于对象、对象符合于概念的那个地方。趋向这个目标的发展进程，因而也就是前进无已、不可遏止的，不以目标以前的任何过站而满足的。凡只局限于度过着一种自然的生活的东西，就不能够由它自己来超越它的直接的实际存在；但它会被另外一种力量迫使它超出它自己，而这个被迫超出自己就是它的死亡。但是意识本身就是它自己的概念，因此它直接就是对于界限的超越，而且由于这个界限属于它自身，所以它就是对它自身的超越；有了个别的存在，也就同时在意识里有了彼岸，即使这种彼岸只是并存于界限的旁边，像在空间直观里那样。因此，意识感受着从它自身发出的这种暴力，一定要败坏它整个的有限满足。当意识感受到这种暴力的时候，恐惧的意识很可能因害怕真理而退缩回来，竭力去保全它那陷于消灭危险中的东西。但是，恐惧的意识是不可能宁静下来的：首先，尽管它想安居于无思虑的懒惰中，它的思想却在干犯着这种无思无虑，它的心神不宁却在扰乱着这种懒散；其次，尽管它把自己巩固起来，成了一种心情，在这种心情之下，它确信一切东西就其自己的类属而言都是好的，但有这样的确信的意识也同样地感受暴力，它感受从理性方面来的暴力，因为理性正是认为某个东西之所以不好是由于它只是一个类属。或者再换一方面说，害怕真理的意识也很可能躲在一个幌子下面自欺欺人，认为害怕真理毕竟还比任何自己杜撰出来或从别人那里学来的思想要聪明些；而其挂在外面的幌子则仿佛在说，正是由于有了对真理的热烈渴求，才使它自己很难于，甚至不可能找到别的真理，而只能找到虚浮的意识所取得的真理；这种虚浮，善于把真理都一一予以败坏，从而退回自身，陶醉在它自己的知性之中，即，陶醉于会瓦解一切思想却不会从中取得其一切内容而只会从中找到赤裸的自我的那种理解力中，——这种虚浮，乃是一种满足，必须听其自然，不去管它，因为它逃避普遍，而只追求自为的存在。

关于进程的方式和必然性，我们暂时地一般地谈了这些，现在我们再来谈谈关于系统陈述的方法，可能也有些用处。这种陈述，既然被想象为科学对待现象知识的一种行动和对认识的实在的一种考察与审查，那么不先作一种假定，不先设立尺度以为根据，显然是无法进行的。因为审核考查就在于使用某种已被承认了的尺度，就在于产生被考查的东西与尺度之间的相等或不相等以决定其对与不对;因而一般地说,尺度,以及科学也一样,如果科学是尺度的话,在进行考查时是被当作本质或自在物而承认了的。但是在这里,科学刚才出现,所以无论是科学自身,或是任何其他的尺度,都还没证明其自己是本质或自在的东西;而没有这样的一种东西,审查就显然不可能进行。

这是一个矛盾。如果我们注意一下在意识里知识的抽象规定是什么和真理的抽象规定是什么,则这个矛盾和这个矛盾的消除就将表现得更加确切。因为,意识是把自己跟某种东西区别开来而同时又与它相关联着的;或者用流行的话说,这就是,有某种为意识的东西;而这种关联或某种东西的为一个意识的存在,这个特定的方面,就是知识。但是我们把自在的存在跟这种为一个他物的存在区别开来;同样地,与知识发生了关联的存在也跟它区别开来并且被设定为也是存在于这种关联之外的,这个自在的存在的这一方面,就叫做真理。至于这些规定的真正内容是什么,在这里与我们毫不相干;因为既然显现为现象的知识是我们讨论研究的对象,那么它们的规定也就是首先被按其直接对我们呈现的那样接受下来了的;而它们对我们的呈现,则正是像我们方才说过的那样。

如果我们现在来研究知识的真理,这就好像我们要研究知识的自在存在。可是在这种研究里,知识是我们的对象,它是为我们的存在;而这样一来,知识的自在毋宁就成了知识的为我们的存在了;我们所认为是它的本质的东西,毋宁就会不是它的真理而仅仅是我们关于它的知识了。本质或尺度就将存在于我们这里,而那种应该与尺度相比较并通过这种比较而予以决定的东西,就不是必然地要去承认这个尺度。

但是，这种分离或这种分离和假定的现象，已由于我们所研究的对象的本性而得到了克服。意识自身给它自己提供尺度，因此，考察研究就成了意识与它自身的一种比较；因为上面所作的那种区别并不超出于意识以外。意识在它自身就是为一个另外的意识的意识，或者说，它一般说来在其自身就具有着知识环节的规定性；同时，这另外的一个，对意识而言不仅是为它[意识]的，而且也存在于这个关联之外，也是自在的，即是说，也是真理环节。因此，被意识宣布为它自身以内的自在或真理的那种东西，就是我们所用的尺度，意识自己把这个尺度建立起来，用以衡量它的知识。如果我们把知识称为概念，而把本质或真理称为存在物或对象，那么所谓审查考核就是去看看概念是否符合于对象。但如果我们反过来把对象的本质或自在称为概念而另一方面把作为对象的概念理解为对象，即是说，把概念理解为为他的，那么审查考核就是去看看对象是否符合于它自己的概念。显而易见，这两个过程乃是一回事情。可是具有本质重要性的是，我们在整个考察研究过程中必须牢牢记住，概念和对象，为他的存在与自在的存在，这两个环节都在我们所研究的这个知识本身之内，因而我们不需要携带我们的尺度来，也不需要在考察研究的时候应用我们的观念和思想：由于我们丢开这些东西，我们就能够按照事物自在的和自为的样子来考察它。

但是，就概念和对象、衡量的尺度和被衡量的东西都已现成存在于意识自身之内这一方面来看，不仅我们的任何额外的行动是多余的，而且我们也根本不需要去比较它们和认真地考查它们；因

此，同样就这一方面来看，既然意识是自己在考查它自己，那么我们还能做的也就只有单纯的袖手旁观了。因为意识一方面是关于对象的意识，另一方面又是关于它自己的意识；它是关于对它而言是真理的那种东西的意识，又是关于它对这种真理的知识的意识。既然两者都是为意识的，所以意识本身就是它们两者的比较；它的关于对象的知识之符合于这个对象与否，乃是对这同一个意识而言的。诚然不错，对于意识来说，对象就只是像意识所认识它的那个样子，意识似乎不可能窥探到对象的不是为意识的那个本来面目或其自在的存在，因而也就不能根据对象来考查它的知识。但是，意识之一般地具有关于一个对象的知识这一事实，恰恰就已经表明是有区别的：一个环节是某种自在于意识之外的东西，而另一个环节是知识，或者说，是对象的为意识的存在。根据这个现成存在着的区别，就能进行比较考查。如果在这个比较中双方不相符合，那么意识就必须改变它的知识，以便使之符合于对象；但在知识的改变过程中，对象自身事实上也与之相应地发生变化；因为从本质上说现成存在着的知识本来是一种关于对象的知识：跟着知识的改变，对象也变成了另一个对象，因为它本质上是属于这个知识的。意识因而就发现，它从前以为是自在之物的那种东西实际上并不是自在的，或者说，它发现自在之物本来就仅只是对它［意识］而言的自在。当意识在它的对象上发现它的知识不符合于这个对象时，对象自身就保持不下去，换句话说，当尺度所考查的东西在考查中站立不住时，考查所使用的尺度自身也就改变；而考查不仅是对于知识的一种考查，而且也是对考查的尺度的一种考查。

意识对它自身——既对它的知识又对它的对象——所实行的

这种辩证的运动，就其替意识产生出新的真实对象这一点而言，恰恰就是人们称之为经验的那种东西。在这里我们应该把刚才谈到的那个运动过程中的一个环节更加确切地指出，以便我们能以一道新的光线照明下面的陈述的科学方面。意识知道某种东西，这个东西、这个对象是本质或自在；但它也是为意识的自在；因此，在这种真理上就出现了双重意义。我们看到，意识现在有了两种对象，一种对象是第一个自在，另一种是这个自在的为意识的存在。后者初看起来好像只是意识对其自身的反映，不是一种关于对象的表象，而是一种关于意识对前一种对象的知识的表象。但是如同我们前面所指出的那样，前一种对象在运动中改变了自己；它不复是自在，它已被意识到它是一种只为意识的自在；而这样一来，这个自在的为意识的存在就是真实的东西，但这又等于说，这个自在的为意识的存在就是本质，或者说，就是意识的对象。这个新的对象包含着对第一种对象的否定；新对象乃是关于第一种对象的经验。

在我们对经验过程的这个陈述里，有一个环节似乎使这里所说的经验与通常所理解的经验不尽一致。在这里，从第一种对象以及从这种对象的知识发展到另一种对象，即，发展到人们称之为经验的那种对象，其间的过渡被说成为：对第一种对象的知识，即，第一种自在的为意识的存在，本身变成了第二种对象。与此相反，通常所理解的情况则好像我们是从一种另外的对象上经验到我们的第一种对象的非真实性的，而这另外的一种对象，是我们偶然地从外面找到的对象；因而归根到底我们所有的对象，只是那种对自在而自为的东西的单纯的把握。但按照上述的那种看法，新对象的出现显然是通过一种意识本身的转化而变成的。像这样地来考察事物，乃是我们的额外做法，通过这种考察，意识所经历的经验系列，就变成一个科学的发展进程；只是，这种考察并不考察我们正在考察着的那种意识。但我们在这里的情况，也就跟我们在前面讨论这种陈述与怀疑主义的关系时所说的是同一个情况，即是说，从一个不真实的知识里产生出来的任何一次结果，都不会变成一个空无所有，而必然地要被理解为对产生结果的那个东西的否定；每一次的结果，都包含着以前的知识里所包含着的真理。这种情况在这里表现成这样：由于当初作为对象而出现于意识之前的东西归结为关于这个对象的一种知识，并且由于自在变成了自在的一种为意识的存在，变成了一种新的对象，因而也就出现了一种新的、具有不同于以前的本质的意识形态。这种情况，就使意识形态的整个系列按照它们的必然性向前发展。不过，这种必然性，或者说，新对象的出现——新对象在意识的不知不觉中出现于意识面前——在我们看起来，仿佛是一种暗自发生于意识背后的东西。因此，在意识的运动过程里就出现了一种环节，即自在的存在或为我们的存在，这种存在是为我们的，〔我们研究意识过程的人，知道它出现，〕而不是为意识的，〔意识并不知道它的出现，〕因为意识正在聚精会神地忙于经验自身。然而这种为我们而出现的存在，它的内容却是为意识的，我们只另外把握了它的形式，亦即它的纯粹的出现；所以就它是为意识的而言，这种新出现或新发生的东西只是一种对象，而就它是为我们的而言，它就同时又是一种形成运动。

由于这种必然性，这条达到科学的道路本身已经就是科学了，

而且就其内容来说，乃是关于意识的经验的科学。

意识对其自身的经验，按其概念来说，是能够完全包括整个意识系统，即，整个的精神真理的王国于其自身的；因而真理的各个环节在这个独特的规定性之下并不是被陈述为抽象的、纯粹的环节，而是被陈述为意识的环节，或者换句话说，意识本身就是出现于它自己与这些环节的关系中的；因为这个缘故，全体的各个环节就是意识的各个形态。意识在趋向于它的真实存在的过程中，将要达到一个地点，在这个地点上，它将摆脱它从外表上看起来的那个样子，从外表上看，它仿佛总跟外来的东西，即总跟为它〔意识〕而存在的和作为一个他物而存在的东西纠缠在一起；在这个地点上，现象即是本质；因而恰恰在这个地点上，对意识的陈述就等于是真正的精神科学；而最后，当意识把握了它自己的这个本质时，它自身就将标示着绝对知识的本性。

甲、意识

第一章　感性确定性；这一个和意谓

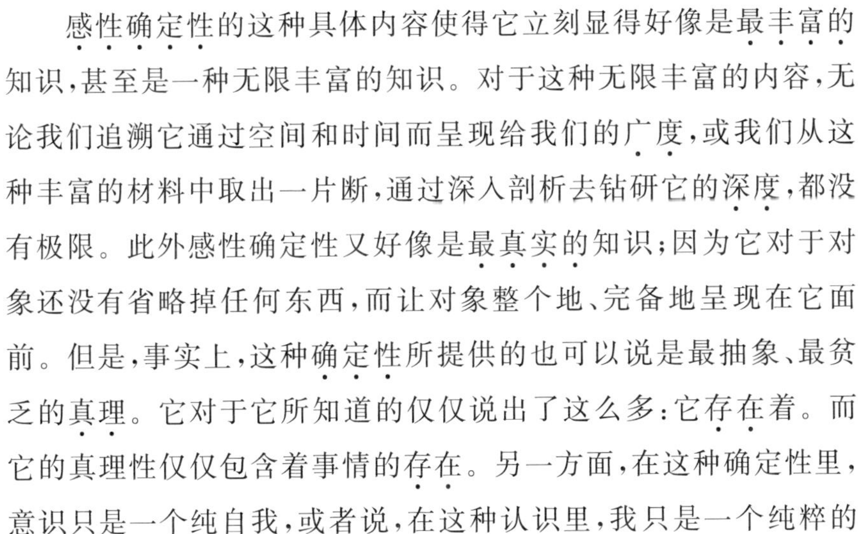

那最初或者直接是我们的对象的知识，不外那本身是直接的知识，亦即对于**直接的**或者**现存着的东西**的知识。我们对待它也同样必须采取**直接的**或者**接纳的**态度，因此对于这种知识，必须只像它所呈现给我们那样，不加改变，并且不让在这种认识中夹杂有概念的把握。

感性确定性的这种具体内容使得它立刻显得好像是**最丰富的**知识，甚至是一种无限丰富的知识。对于这种无限丰富的内容，无论我们追溯它通过空间和时间而呈现给我们的**广度**，或我们从这种丰富的材料中取出一片断，通过深入剖析去钻研它的**深度**，都没有极限。此外感性确定性又好像是**最真实的**知识；因为它对于对象还没有省略掉任何东西，而让对象整个地、完备地呈现在它面前。但是，事实上，这种**确定性**所提供的也可以说是最抽象、最贫乏的**真理**。它对于它所知道的仅仅说出了这么多：它**存在着**。而它的真理性仅仅包含着事情的**存在**。另一方面，在这种确定性里，意识只是一个纯**自我**，或者说，在这种认识里，我只是一个纯粹的

这一个，而对象也只是一个纯粹的这一个。这一个我之所以确知这一个事情，并不是因为作为意识的我在确知这事情中发展了我自己，并且通过多种方式开动脑筋去思索这事情。也并不是因为我所确知的这件事情，由于它具有诸多不同的质，本身具有丰富的自身关联，或者对别的事物有着多方面的关系。感性确定性的真理和这两种情况都不相干；自我和事情〔对象〕在这里都没有多方面的中介性的意义，自我没有包含多方面的表象或作多方面的思考，事情并不意味着质的多样性。毋宁说只是：事情存在着〔或有这么一回事〕，而这个事情之所以存在，仅仅因为它存在。它存在——这对感性知识说来，就是本质的东西，而这个纯粹的存在或者这个单纯的直接性便构成感性确定性的真理性。同样就确定性之作为关联而言，〔如对于某种东西的确信，〕也只是直接的纯粹的关联：意识是自我，更不是别的什么东西，只是一个纯粹的这一个，个别的〔自我〕知道纯粹的这一个，或者个别的东西。

但是构成这种感性确定性的本质，并且被宣称为感性确定性的真理性的这种纯有，如果我们试仔细看一下，就可以看出在这种纯有中还包含着更多的别的东西。一个现实的感性确定性不仅仅是这种纯粹的直接性，而乃是这种直接性的一个例子。在这里所出现的不可胜数的差别之中，我们随处都看到那主要的差别，即在这种直接感性确定性里纯有立刻就分裂为前面已提到的两个“这一个”：作为自我的这一个和作为对象的这一个。我们对于这个差别试加以反思，便可以看出，无论作为自我或者作为对象的这一个都不仅仅是直接的、仅仅是在感性确定性之中的，而乃同时是间接的；自我通过一个他物，即事情而获得确定性，而事情同样通过一个他物即自我而具有确定性。

这种本质和例子、直接性和间接性的差别，并不仅仅是我们所造成的，而乃是我们在感性确定性本身内所发现的；并且我们还必须承认这种差别，像它在感性确定性的形式中那样，而不能像我们刚才对它所规定的那样。在感性确定性中所设定的一方是简单的、直接的存在着的东西或本质，即对象。而所设定的另一方便是那非自在存在，而要通过一个他物才得存在的那种非本质的、间接的东西，即自我，自我是一种认识作用，它之所以知道对象，只是因为对象存在，而这能认识的自我则是可以存在也可不存在的。但对象却存在，它是真实、是本质。不论对象是被知道或者是不被知道，它一样地存在着。即使它没有被知道，它仍然存在着；但是如果没有对象，便不会有知识。

因此我们必须考察：究竟事实上，对象，在感性确定性本身中，是否真像感性确定性所表明的那样的本质；究竟对象是本质这一概念是否和它在感性确定性中的地位相符合。我们的目的并不在于反复思考对象真正地是怎样，而只是要考察感性确定性所包含的对象是怎样。

因此感性确定性应该对它自身提出这样的问题：什么是这一个？让我们试就这一个的双重的存在形式这时和这里来看，则它所包含的辩证法将具有一种和这一个本身一样的可以理解的形式。因而对于这问题：什么是这时？譬如说，我们就可以这样答复：这时是夜晚。为了证明这个感性确定性的真理性，一个简单的试验就足够了。我们写下这一真理；一条真理是不会由于写下来而失掉其真理性的；正如它不会由于我们保持它而失掉其真理性一样。如果我们隔些时候,到了这时是正午时,再去看那条写下来的真理,那么我们必须说,它已经陈旧过时了。

把“这时是夜晚”,写下来加以保持,这就是说,它是怎样,就把它当成怎样,把它当成存在着的东西来对待。但是它却被证明为一个不存在的东西。这时本身诚然还保持为这时,不过保持下来的乃是一个不是夜晚的这时。同样在白天,“这时是白天”的这时也保持为这时,不过保持下来的不是作为白天的这时,换句话说,所保持下来的这时乃是一个一般的否定的东西了。这个自身保持着的这时因此不是一个直接的东西,而乃是一个间接的东西;因为它之所以被规定为一个长在的和保持着的东西,乃由于它不是别的东西,例如它不是白天和夜晚。这样一来,它仍然还是像以前那样的单纯的这时,并且在它这种单纯性里,它对任何仍然同它相连属的东西都是漫无差别的;“这时”既不是夜晚和白天,同样它也是白天和夜晚;它一点也不受它的这种他在的影响。一个这样的,通过否定作用而存在的单纯的东西,既不是这一个,也不是那一个,而是一个非这一个,同样又毫无差别地既是这一个又是那一个,——像这样的单纯的东西我们就叫做普遍的东西;因此普遍的东西事实上就是感性确定性的真理性。

当我们说出感性的东西时,我们也是把它当作一个普遍的东西来说的。我们所说的是:“这一个”,这就是说,普遍的这一个,或者当我们说:它存在时,亦即是说一般的存在。当我们这样说时,心中当然没有表象出一个普遍的这一个或一般的存在,但是我们说出来的却是普遍的东西;换句话说,我们没有真正地说出我们在感性确定性中所意谓的东西。但是,我们将可看到,语言是较真的东西：在语言中我们自己直接否定了我们的意谓；并且既然共相是感性确定性的真理，而语言仅仅表达这种真理所以要我们把我们所意谓的一个感性存在用语言说出来是完全不可能的。

就“这一个”的另外一种形式“这里”而论，情形将会是一样的。譬如说，这里是一棵树。我转一下身，则这一真理就消失了，而转变到它的反面了：这里不是一棵树，而乃是一所房子。这里本身并没有消失；而它是长存于房子、树木等等的消失之中，并且无差别地同样是房子、树木。“这一个”因而又表明自身为中介了的单纯性或普遍性。

由于感性确定性自己本身证明共相是它的对象的真理性，所以纯存在就仍然是它的本质，不过这纯存在不是一种直接的东西，而是一种以否定性和间接性为本质的东西，因而它不是我们所意谓的存在，而是具有抽象性和纯粹普遍性的规定的存在，而我们的意谓，既然并不以感性确定性的真理为共相，便只有与这个空洞的或无差别的这时和这里相对立了。

我们试比较一下认识和对象最初出现的关系与两者在这种结果中所处的关系，就可以看见，它俩的关系恰好倒转过来了。那本来据说是本质的东西，现在却成为感性确定性中的非本质的东西；因为对象所变成的共相，对感性确定性已不复是本质的东西，像对象对于它那样，反之感性确定性现在却存在于对立面，即存在于前此不是本质东西的认识方面。感性确定性的真理性乃在于作为我的对象的对象中，或者说，在我的意谓中：这对象存在，因为我知道它。这样，感性的确定性诚然是从对象中驱逐走了，但是它却并不因此而被取消了，而乃仅仅是被迫使回到自我里去了。我们还要看一看，关于感性确定性的这种真实性，经验将会向我们表明什么。

因此感性确定性的真理的力量现在就在自我之内了，就在我的直接的视、听等等之内了；我们所意谓的个别的这时和这里就由于自我坚执著它们而不至于消失了。“这时是白天”，因为我看见它；“这里是一棵树”也同样因为我看见它。不过，在这一情况下感性确定性经历了像在前一情况下同样的辩证法。我、这一个我看见那树木，并且肯定这里是一棵树木；但另外一个我看见那所房子，并且肯定这里不是一棵树木，而是一所房子。两条真理都有同样的可靠性，都有亲眼看见的直接性，两者都有从各自的认识得来的确信和确定性；但是一个确定性却消失在另一个确定性中。

在这一认识过程中没有消失的就是那个作为共相的我，而这个我的看见，既不是对于树木的看见，也不是对于房子的看见，而是一个单纯的看见，这个单纯的看见是通过对于这一树木、这一房子等等的看见的否定而建立起来的，在这样的过程中，它同样单纯地、无差别地对待一切和它相联属的东西：房子、树木等。自我仅仅是共相，正如一般的这时、这里、这一个是共相一样。无疑地我意谓一个个别的自我，但是正如我不能说出我所意谓的这时、这里，同样我也不能说出我所意谓的自我。当我说：这一个、这里、这时或者一个个别的东西时，我说的是一切的这一个、一切的这里、这时、个别的东西；同样当我说我、这一个个别的我时，我是一般地说的，一切的我。每一个我所说的我，都是我、这一个个别的我。如果对于科学提出这样一个要求作为它的试金石，——这是科学所不可能经得起的考验——即要求科学“推演出”、“构造出”、“先验地寻找出”（或者任便怎样说法，）一个所谓“这一个东西”或“这一个特殊的人”，那么提出这个要求的人就应该说出它所意谓的是哪一个东西，或者哪一个自我；但是要说出这点是不可能的。

因此感性确定性经历到：它的本质既不在对象里也不在自我里，它所特有的直接性既不是对象的直接性也不是自我的直接性。因为在双方面，自我所意谓的都是一种非本质的东西，并且对象和自我都是共相，在共相里，我所意谓的这时、这里和这一个都是不能持久的，或者，都不存在。于是我们就达到这样的结果，我们必须把感性确定性的整体设定为它的本质，而不只是它的一个环节，不要像前面两种情况那样，首先把与自我对立的对象，其次把与对象对立的自我认作是它的实在性。因此只有整个感性确定性本身才作为直接性坚持在那里，并因而便把前面发生的一切对立都从自身中排除掉了。

因而这种纯粹直接性与作为树木的“这里”过渡到非树木的“这里”的他物，不复相干，并与作为白天的“这时”过渡到作为夜晚的“这时”，不复相干，或者说，它与以某种别的东西为对象的另一个自我，不复相干。这种纯粹直接性的真理性老是保持其自身为自我等同的关系，这种关系在自我与对象间不作出本质与非本质的区别，因此一般讲来，区别也不能浸透到这种自我等同的关系里。我、这一个〔主体〕因而就肯定这里是树木，并且我不转身，以免这里对于我会转变成一个非树木。并且我也不注意到：另外一个自我把这里看成非树木，或者我自己在另外一个地方或时候会把这里看成为非树木，会把这时看成为非白天；而这样的我只是纯直观：我单独地在那里坚持着，这时是白天，或这里是树木，我也不把这里和这时本身加以相互比较，而我只坚持于一个直接的关系：这时是白天。

如果我们使“这时是白天”这种感性确定性注意到一个是夜晚的这时，或一个把这时看成夜晚的自我，那么这种确定性就不复存在了，既然这样，就让我们走到它那里，指出它所肯定的这时。我们必须让我们把这时指出来；因为这个直接关系的真理性是把它自己限制在一个这时或一个这里上面的这一个自我的真理性。如果我们后来才来检验这一真理或者站在距它遥远的地方或时间来看，则这一真理就完全没有意义了；因为我们就会取消对于它有着本质的重要性的直接性了。因此我们必须进入同一的时间点或空间点，把它们指给我们看，这就是说，使得我们成为那同于这一个具有确定的〔感性〕识知的这一个自我。于是我们就可以看见，那指出给我们看的直接知识有什么样的性质。

我们指出“这时”〔或现在〕，这一个这时。这时；当它一经被指出时，它已经停止其为这时了。而正存在着的这时已经不是我们所指出过的这时了，并且我们看见，这时恰恰是这样一种东西，当它存在时，它已经不复存在了。指出给我们的那个这时已经是一个过去了的东西，而过去〔或曾经存在〕就是这时〔或现在〕的真理；这时没有存在的真理性。不错，这时诚然曾经存在过。但是，凡是曾经存在过的东西，事实上都不是真实的；它已不存在了，而我们原来的问题是要找寻存在。

因此在这种指出的过程里，我们仅仅看见如下的一个运动和过程：(一)我指出这时，并肯定它是真的；但是我指出它是过去了的东西或者是被扬弃了的东西，因而扬弃了前一条真理，于是(二)

我现在肯定第二条真理，即这时是过去了、是被扬弃了。（三）但是过去了的东西现在不存在；于是我们就扬弃了那过去了的存在或被扬弃了的存在，亦即扬弃了第二条真理，这样一来我就否定了对于这时的否定，于是就回复到第一个肯定，即这时存在。因此这时和对这时的指出，其性质都不是一个直接的单纯的东西，而是一个包含着不同的环节于其中的运动；建立起这一个，但反而是建立起另一个，或者是扬弃了这一个。而这个另一个或者第一个的扬弃本身又要被扬弃，于是就又回复到第一个。但是这个回复到自己的第一个已经不完全确切地像它最初那样是一个直接性的东西了；而乃是一个回复到自身的或者在它的对方中保持着它自己的简单的东西了。它是一个这时，一个包含着无数这时的这时。这就是真正的这时，这样的这时作为简单的白天，就包含着许多这时——钟头——在自身内；这样的这时，作为一个钟头，就包含着许多分钟在自身内，而每一分钟作为这时也同样包含着许多这时等等。因此指出这时本身就是说出这时之所以为这时的真理的过程，即是说，一个结果或者一个由许多这时集积而成的复多体；指出这时也就使我们经验到这时是一个共相。

指出了的那我所坚持的这里也同样是这一个这里，它事实上又不是这一个这里，而是一个前面和后面，一个上面和下面，一个右面和左面。上面本身同样是这一个上面、下面等等多方面的他物。那被指出的这里，消失于别的许多这里之中，而这些这里也同样要消失；那被指出的、坚持着的、保持着的只是一个否定的这一个，这个否定的这一个之所以能持续存在，只是因为它一方面把诸多这里认作像它们应该被认作那样，而一方面又使它们在它那里互相扬弃掉；它乃是一个单纯的诸多这里的复合体。至于那被意谓的这里应该是一个点；但是，点是不存在的；反之，当点被指出为存在着的东西时，对于点的指出本身就表明了指出不是直接性的认识，而是一个运动，一个从被意谓的这里，通过诸多个这里，成为一个普遍的这里的运动，这个普遍的这里〔或作为共相的这里〕正如白天是诸多这时的简单复合体那样，乃是诸多这里的简单复合体。

由此足见，感性确定性的辩证发展不外是它的运动或者它的经验的简单历史，而感性确定性本身只不外是这个历史。因此朴素的意识总是进展到这一结果，进展到感性确定性里的真的东西，并且通过这种过程造成它的经验。不过意识总是经常一再忘记了它的经验，每每从头重新经历同样的过程。因此这就令人惊异了，竟有人反对这种〔辩证〕经验，提出所谓"普遍经验"(并且还当作一种哲学的主张，甚至当作怀疑主义的结果而提出来)，认为：作为这一个的外在事物或感性事物的存在或实在对于意识具有绝对的真理性。持这种主张的人真是不知道他所说的是什么，不知道他所说的正是他想要说的东西的反面。感性的这一个对于意识的真理性据说是一种普遍的经验；但是，它的反面才正是普遍经验。每一个意识都一再扬弃了它所建立的，例如"这里是一棵树"，或者"现在是白天"这样的真理，并且说出与之相反的话："这里不是一棵树，而是一所房子"；而在这个扬弃了第一个肯定的肯定里，仍然是一个感性的、个别的肯定，仍然是这一个，它也同样立刻就要被扬弃的。在一切感性确定性里，如我们所看见的，真正讲来，只得到这样的经验：即这一个是一个共相，它正是刚才那种把它认作普遍

经验的说法反面。——于提到这种诉诸普遍经验的同时，让我们提前讨论一下有关实践范围的问题。就这一点而论，对那些断言感官对象的实在具有真理性和确定性的人，可以对他们说，他们最好是回到那最低级学派的智慧，回到那古代爱留西谷神和酒神的神秘；他们还须在那里先学习吃饭和饮酒的秘密。因为对于那些进入了这种神秘的人不仅仅达到了对感官事物的存在的怀疑，而且甚至对于它们的存在感到绝望，他们一方面否定了感官事物，一方面他们也看见感官事物否定其自身。即使动物也并不是不懂得这个智慧，甚至表现出他们深深懂得这种智慧。因为动物并不把感官事物当作自在的存在，对它们抱静止不动的态度，而是对它们的实在性感到绝望，有充分信心把他们消灭，他们〔动物〕毫不客气地去对付它们，把它们吃掉。整个自然界，也像动物一样，都在宣扬这些公开的秘密，这些神秘教导人们什么是感官事物的真理性。

但是按照上面所指出的看来提出这种说法的人们，恰好说出了和他们所意谓的直接相反对的东西，——这一个现象也许最足以促使他们对感性确定性的性质加以思索。他们说到外界对象的存在，这些外界对象还可以更确切地被规定为现实的、绝对个别的、完全属于个人性质的个体事物，而每一个这样的个体事物都找不到一个和它绝对相同的东西；而且据他们说，这样的存在却具有绝对的确定性和真理性。他们意谓我正在写字的或者宁可说我曾经写字于其上的这一张纸；但是，他们并不说出他们所意谓的。如果他们真正想要说出他们所意谓的这一张纸，而且他们想要那样说出，但这是不可能的，因为那感性的“这一个”是语言所不能达到的，而语言是属于意识范围，亦即属于本身是共相或具有普遍性的范围。在真正要说出“这张纸”的尝试中，“这张纸”因而就会被揉碎了；那些开始描述它的人，不能完成他们的描述，而必须先把它交给别的人，而这些人最后自己也将会承认他们要述说的东西不存在。他们所意谓的诚然是这里的这一张纸，这一张纸是完全不同于那里的那一张纸的；但是他们在说着“现实的事物、外界的或感性的对象、绝对个别的存在”等等，这就是说，他们关于它们所说的仅仅是它们的普遍的东西或共相。因此凡是被称为不可言说的东西，不是别的，只不过是不真实的、无理性的、仅仅意谓着的东西。——如果对于某种东西我们除了说它是一个现实的东西、一个外界的对象外，什么也说不出来，那么我们只不过说出它是一个最一般的东西，因而也就只说出它和一切东西的相同性，而没有说出相异性。当我说：这是一个个别的东西时，则我毋宁正是说它是一个完全一般的东西，因为一切事物都是个别的东西；同样这一个东西也就是我们所能设想的一切东西。更严密讲来，就这一张纸来说，则一切的纸和每一张纸都是这一张纸，因此我所说出的，永远仅仅是一般的东西或共相。但是如果为了辅助语言——由于语言具有这样的神圣性质，即它能够直接地把意谓颠倒过来，使它转变成某种别的东西〔即共相〕，因而使意谓根本不能用语言来表达——我就〔用手〕指着这一张纸，于是我就得到这样一种经验，认识到事实上感性确定性的真理是什么：我指出我的感性确定性是一个“这里”，而这个“这里”又包含着许多别的这里，或者它本身就是许多“这里”的一个单纯的集合体，换言之，它是一个共相；于是我就把它看成它真正是那样〔即共相〕，这就是说，我不是在认识一个直接性的东西，而是在知觉。

第二章　知觉；事物和幻觉

直接的确定性还没有认识到它自己的真理，因为它的真理是共相；而它想要认识的是这一个。反之，知觉便把对它存在着的东西认作是普遍性的东西。由于一般讲来普遍性是知觉的原则，所以知觉中的直接互相区别的各环节也是以普遍性为原则：我是一个共相，对象也是一个共相。于是普遍性的原则对我们说来就出现了，因此我们对于知觉的认识也不再是个别的、偶然的认识，像感性确定性那样，而是一个具有必然性的过程了。在普遍性原则出现的同时就出现了两个环节，这两个环节只是作为现象冒出在我们前面：一个环节是指出的过程，另一环节仍然是同一过程，不过被认作简单的东西；前者是知觉，后者是对象。按本质说来，对象与过程是同一的，过程是两个环节的展开和区别开的运动，对象是两个环节之被认作一个结合体。就我们说来或者就它本身说来，作为原则的共相是知觉的本质，对这个抽象的本质说来，那区别开的两个方面——能知觉者和被知觉者——都是非主要的。但是，事实上，因为两者本身都是共相或本质，所以两者都是主要的。不过两者是处于相互对立的关系，所以在这种关系中只可有一方面是主要的，在它们之间必须作出主要的与非主要的区别。那被规定为简单的一方面——对象——是主要的，是本质，不管它被知觉或不被知觉都是无差别的；但是知觉作为认识过程不是经常的，

可以有知觉,也可以没有知觉,所以它是非主要的。

对于这个对象我们现在必须加以较确切的规定,只能根据已获致的结果对于对象的规定性加以简短的发挥;要作出较详细的发挥不属于这里的任务。既然对象的原则——共相——在它的简单性里是一个间接性的原则,那么它必须表示出这具有间接性的共相就是它的内在本性;这样一来,于是对象就被表明为它自身是具有许多特质的事物。感性知识的丰富内容只属于知觉而不属于直接的确定性,在直接感性确定性里丰富内容只是作为个别地平列在那里。因为只有知觉才包含着否定性、差别性、多样性为其本质。

〔一、事物的简单概念〕

在知觉里,“这一个”就被设定为非这一个或者为被扬弃了的,因而它就不是无,而是一个特定的无,或者一个具有内容之无,亦即这一个无。在这里感觉成分仍然存在着。但是已经不像在直接确定性那里,作为被意谓的个别东西,而是作为共相或者作为特质而存在着。扬弃在这里表明它所包含的真正的双重意义,这种双重意义是我们在否定物里所经常看见的,即:扬弃是否定并且同时又是保存;无,作为这一个的无,保存着直接性,并且本身是感性的,但却是一个具有普遍性的直接性。但是这样的存在乃是一个普遍的东西,因为它包含着间接性和否定物在自身内。当它在它的直接性里表示普遍性的时候,它就是有差别的、特定的特质。这样就建立起众多这样的特质,每一个特质都是另一个特质的否定者。当它们通过共相的简单性而表示出来时，这些规定性真正讲来是通过进一步加在一起的规定才成为特质的，它们是自己与自己相关联，它们相互间是不相干的，每一个都是独立的，每一个都不受对方束缚的。但是那单纯的、自身同一的普遍性本身又是同它的这些规定性区别开的，并且是不相连属的；这普遍性是纯粹的自我关联或媒介，在这媒介里所有这些规定性都取得存在，在这媒介里所有这些规定性就像在一个单纯的统一里，它们互相贯穿，但是又互不相干涉；因为正由于它们参加在这个普遍性之中，它们才各自互不相干。——这个抽象的普遍的媒介，亦即我们可以叫做事物一般或叫做纯粹本质的东西，不是别的，就是被表明为众多成分之单纯的集合体这里和现在；不过这里的众多，就其规定性本身说来，每一个都是一个单纯的共相。盐是一个单纯的这里，并且同时又是多方面的；它是白的并且又是咸的，又有立方的形状，又有一定的重量等等。所有这些众多的特质都存在于这一个简单的这里，它们并且在这里互相贯穿起来；没有一种特质具有异于另一种特质的另一个这里，而每一种特质随便在何处都同别的特质一样存在于同一这里之中；并且同时它们并没有由于不同的这里把它们分离开，在这种贯穿在一起的情况下，它们又彼此互不相影响；盐的白色不影响或改变盐的方形，盐的白色和立方形两者又不影响或改变盐的咸味，既然由于每一特质本身都是简单的自我关联，它们互不干扰对方，它们彼此间只是通过那漫无差别的又联系起来。因此这个又就是那纯粹共相自身，或者是那把它们那样互不相干地连在一起的媒介——事物一般。

在已经出现的这种关系里，只有那肯定的普遍性的特性才被

我们观察到并发挥出来。不过这里还有另一方面也必须加以阐述的。这就是，如果这些众多被规定的特质是绝对彼此互不相干，而它们只是完全自己与自己本身相关联，那么它们就不是被规定了的，因为只有当它们之间有了区别，并且当它们彼此间处于相对立的关系时，它们才会是被规定了的。但是有了这种对立的关系，它们就不能在它们的媒介之单纯的统一性里集合在一起，而这种统一性对它们说来是与否定性有同样的重要性的。对这些特质加以区别的过程因而就会落在这种单纯的媒介之外，因为区别的过程使得诸多特质不是互不相干的，而是互相排斥的、彼此互相否定的；并且这个媒介因此也不仅仅是一个又，一个无差别的统一，而且又是单一、具有排他性的统一。——单一是否定性的环节，因为它是以单纯的方式自己与自己相关联并排斥对方，而事物性(Dingheit)是通过单一才被规定为事物(Ding)的。在特质那里，否定性是直接地和存在的直接性同一的规定性，而存在的直接性由于与否定性的同一，就是普遍性；但是当否定性摆脱了它与对方的这种统一而自在自为地存在着时，它就是单一。

综合这几个环节来看，事物之完成为知觉的真理的过程，在这里已作了必要的发挥。第一，事物是无差别的被动的共性、是诸多特质之机械的集合(仅仅用“又”来联系)，或者亦可说是物质(或物质成分)之集合在一起；第二，事物同样是单纯的否定性，是单一，是对于相反的特质之排斥；第三，事物即是诸多特质自身，亦即前面两个环节的联系，它就是与无差别的成分相关联，并从而发展成为诸多差别的那种否定性，它就是通过持存物的媒介，向众多差别照射的那个个别性的光点。一方面，这诸多的差别属于那无差别的媒介，它们本身就是有普遍性的，它们只是自己与自己相关联，而不互相影响；另一方面，它们具有否定的统一性，它们同时是互相排斥的，不过它们——作为有差别的特质——必然具有对立的关系，它们除了以“又”联合在一起的关系外，还有其个别的存在。所以感性的共性或存在与否定性的直接统一，就只是特质，因为单一和纯共性都是从特质里发展出来并且相互区别开的，而且也是在特质中单一和纯共性彼此结合起来。只有当这种直接统一与那些纯粹主要环节的联系完成了，才达到事物。

〔二、事物的矛盾概念〕

知觉中的事物的性质就是如此。以事物作为它的对象的意识，就被规定为知觉的意识。它只须接受对象，采取纯粹觉察的态度；通过这种过程所获得的，就是真理。如果知觉的意识于接受对象时，有所活动，那么通过这种活动而有所增加或减少，它就会改变那真理。对象既然是真理和共相、自身等同者，而意识本身是变化无常的和非主要的东西，那么意识就有可能错误地认识对象，因而陷于错觉。知觉的意识是具有陷于错觉的可能性的意识；因为在那作为原则的共性里，知觉者是直接地意识到对方本身，不过把它当作被消灭的、当作被扬弃的。因此知觉者的真理标准是自身等同，他的态度是把那呈现在他面前的东西当作自身等同的东西予以把握。同时既然他所认识的对象是多样性的质，他的态度就是把他所认识的多样性的环节加以相互联系。但是在这种比较的过程中，如果出现了不相等同的情况，这并不是由于对象的不真实

(因为对象是自身同一的),而是由于知觉的不真实。

现在我们可以看到,意识在它的现实的知觉过程中形成了什么样的经验。这经验对我们说来已经包含在刚才所提示的对象的发展过程中和意识对待对象的态度中,而经验仅不过是出现于其中的矛盾之发展罢了。——我所认取的对象呈现为一个纯粹的单一体;但是我又将觉察到,那对象的特质却是普遍的,这样一来,它就超出了个别性。那客观实在的最初的存在作为一个单一的东西因此并不是它的真实存在;既然对象是真实的,那么不真实性就应属于主体方面,而认识便是错误的。由于特质的普遍性我必须把客观实在毋宁认作一般的共同体。现在我进一步知觉到特质是被规定了的,与他物相对立的,并且排斥他物的。因此我对于客观实在的认识事实上是不正确的,当我把它规定为和他物的一种共同体或者把它规定为连续体,而且由于特质的规定性,我必须分割开这连续体,并把它设定为排他的单一体。在分割开的单一体上面,我发现许多这样的特质,它们彼此互不影响,并且是互不相干;因此当我把对象看成一个排他的东西时,我对它的知觉并不是正确的,反之对象正如它从前只是一般的连续体,所以现在它只是一个普遍的共同的媒介,在这种媒介之中诸多特质作为感性的普遍性而存在着,每一个特质孤立存在,并且作为特定的物质而排斥他物。于是我所知觉的简单的和真实的东西也就不是一个普遍的媒介,而是孤立的个别的特质了,而这种个别的特质却既不是特质也不是一个特定的存在了;因为它现在既不是属于一个单一体,也和他物没有联系。但是特质之所以是特质,只是由于它从属于一个单一体,而且只是由于它和他物有联系,它才是一个特定的、有规

定性的特质。作为这种纯粹的自我关联它只能是一般的感性的存在，因为它已不复具有否定性的特性在它身上了。而现在那以感性存在为对象的意识也仅仅是一种意谓，这就是说，意识已完全脱离了知觉而仍然退回到它自身了。不过感性存在和意谓本身又过渡到知觉；于是我又退回到开始的地方，并且又绕同样的一个大圈子，这个圈子的每一个环节并且作为整体都要被扬弃掉。

于是意识又必须重绕一次这样一个圈子，但是同时其方式和上一次却不一样。因为它曾经形成了关于知觉的经验，它认识到知觉的结果和真理即是它的解体，即是从知觉的真理回返到它自身。这样一来，意识就明确了，它的知觉的性质主要地不是一个简单的纯粹的认识，而是在它的认识里，同时是从真实超出来，回返到意识自身。意识的这种回返到它自身是直接包含在纯粹的认识过程之中的，因为这种回返表明了对于知觉是很重要的，不过这种回返却改变了真实。意识同时也认识到这一方面是它自己的，并且也接受这方面于自身内，由于这样它就可以达到纯粹的真实对象。——这样一来，像在感性确定性阶段所发生的情形一样，现在在知觉里也出现这样一方面，即意识被迫而回返到它自己，不过首先其意义却与前一阶段不同，好像知觉的真理性落在意识自身之内；而现在意识却认识到，在知觉过程中的错误或非真理性乃落在意识自身之内。但是有了这种知识，意识同时就能够扬弃这种非真理性；它就区别开在知觉中它的认识的真理性和非真理性，纠正其非真理性，并且只要意识能够担负起纠正错误的责任，那么，真理性，作为知觉的真理性无疑地就会落在意识之内。因此现在我们要考察的意识的态度其性质就是这样：意识不再仅仅知觉〔对

象〕，而它又意识到它自己回返到自身，亦即意识到它自己的反思，而且把这种反思和单纯的认识本身区别开。

所以首先我将觉察到事物作为单一体，并且以这种真的规定性把它固定下来。如果在知觉的过程中，有某种东西出现和它相矛盾，那么我就认为这是由于我的反思。现在在知觉中又出现许多不同的特质，这些特质看来是事物的特质。但是事物是单一体，一有这样的多样性，它就停止其为单一体了，于是我们就意识到，这种多样性是落在我们之内。所以事实上这物由我们的眼睛看来只是白的，由我们的舌头尝来又是咸的，由我们的触觉感到，又是立方形的。这些方面的整个多样性我们不是从事物得来，而是从我们得来。我们发现这诸多特质彼此不同，由于它们接触到我们的器官彼此不同，譬如，眼睛就完全不同于舌头。这样看来，我们才是这些环节在其中相互分离、各自独立着的那种共同的媒介。由于我们看出来使我们具有共同媒介这一特性的，乃是我们的反思，我们就保持住事物的自我等同性及其作为单一体的真理性。

但是，意识当作是属于它的这些不同的方面，就它们处在共同媒介中看来，是各自独立的，是具有特殊的规定性的。白只是与黑等等相对立，事物之所以是单一体正由于它与他物相对立。但是只要它是单一的，它就并不能排斥他物于外，——因为所谓单一体，就是普遍的自我关联，也就由于它是单一的，所以它毋宁和一切等同，——它排斥他物乃是由于它的规定性。所以事物本身是自在自为地具有规定性的。事物具有特质，通过这些特质它们把它们和别的东西区别开。由于事物的特质是事物自己特有的质，或者事物本身具有的规定性，所以它有诸多的特质。因为首先事物是真实的，它是本身自在的；凡是在它之内的，都是在它之内作为它自己的本质，而不是为了别的东西。因此第二，那些被规定的特质并不仅是为他物的、为了别的东西而存在的，而是存在于它自身内；但是它们是在事物内的被规定的特质，只因为它们是诸多的相互有差别的特质。第三，当它们这样在事物内时，它们是自在自为的并且彼此互不相干的。由此可见，真正讲来，那白的，并且又是立方的、又是咸的东西就是事物本身，或者说，事物就是又的集合体，或者说，事物就是那共同的媒介，在其中那诸多特质彼此相外地持存着，彼此互不干扰、互不取消。这样看事物就是把事物看成真实的〔——这就是知觉的认识方式〕。

现在在这种知觉的认识过程里，意识同时觉察到，它自己又回返到它自己，亦即它自己又反思它自己，并且觉察到，在知觉中那与又相对立的环节出现了。而这个环节就是事物和它自身的统一性，各种统一性从自身中排斥了差别性。因此统一性就是意识必须算作属于自己的东西，因为事物自身是诸多不同的和独立的特性之持存。所以关于事物我们可以说：它是白的，它又是立方形的，并且又是咸的等等。但是把这些特质设定为一只是属于意识的活动，而意识又不让这些特质在事物中混而为一。归根到底，意识作出一种区别，通过各种区别，一方面它把诸多特质相互区别开，另一方面它又把事物看成诸多特质的集合体。可以很恰当地说，事物的统一性最初是由意识这样担负起来的，即那被称为特质的东西被意识表象为“自由的物质”①。在这种方式下，事物就被

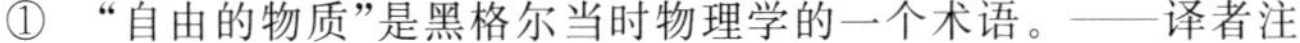

① “自由的物质”是黑格尔当时物理学的一个术语。——译者注

提高为真正的集合体，而既然被认作一种物质或质料的集合体，那么事物就不是单一体，而成为仅仅集合或包括诸多特质的一种外壳。

如果我们试回顾一下，什么是意识以前算作属于自己的东西，什么是意识现在算作属于自己的东西；什么是意识以前认为属于事物的东西，什么是意识现在认为属于事物的东西，那么我们就会看出，意识以交替的方式，时而把它自身时而又把事物认作这两方面：时而认作纯粹的、不包含众多的单一体，时而又认作一个消融为诸多独立的质料或特质的集合体。通过各种比较于是意识就发现：不仅它自己对真理的认识里，包含着向外把握与返回自身这两个不同环节，而且毋宁真理或事物也以这两种不同的方式呈现其自身。因而我们就获得这样的经验，事物以一定的方式对那认识的意识呈现其自身，但是同时通过呈现其自身给意识的方式，它就返回到它自身，换句话说，事物在它自身中有一个包含对立面的真理性。

〔三、朝向无条件的普遍性和知性领域的发展运动〕

于是意识又超出对待知觉的这个第二种态度，这种态度认为事物是真正地自身等同的，而认意识自身为自身等同的反面，为脱离自身等同的事物而返回到自身。而现在对于意识来说，对象就是这整个运动，这个运动以前被认为一部分属于对象，一部分属于意识。事物是单一体，它是回返到自身的；它是自为的，但它又是为他的,这就是说,不仅对他物说,它是一个他物,即对它自己说,它也是一个他物。因此事物是自为的,但又是为他的,它有双重的不同的存在,但是它又是单一体。但是它的单一性与它这种多样性相矛盾;因此意识又必须把事物之被设定为单一体,归因于自己,并且把这单一体的设定与事物划分开。意识因而必须说,只要事物是自为的,它就不是为他的。不过统一性也属于事物本身像意识所经验到的那样。事物本质上是返回到自身的。因此,那一个又一个的集合或者那各不相干的差别固然同样可以既出现于事物中也出现于统一性中,但是由于事物与统一性毕竟是不同的,所以它们就不出现于同一事物中,而出现于不同的事物中。一般客观存在中所包含的〔统一与差别〕的矛盾就被分配给两个对象上。因此事物诚然是自在自为的、自身等同的,但是这种自己和自己的统一将会为别的事物所打破;这样事物的统一性就保持住了,而同时事物以外的他物和意识以外的他物也保持住了。

现在虽说客观存在的矛盾这样被分配给不同的事物,不过那孤立的个别事物本身仍然是有区别的。因而不同的事物被设定为自为的。事物之间相互的冲突是这样的,即每一事物不是不同于自身,而只是不同于他物。但是这里每一事物本身被规定为一个异于他物的东西,在它里面包含有与他物的本质的差别,但是这种与他物的本质差别却不会是它自身中的对立,而毋宁对它乃是简单的规定性,这种规定性构成了使得它与他物相区别的本质的特性。事实上由于差别性是在事物之内,所以差别性必然是事物内部诸多特质的真实区别。但是因为规定性构成事物的本质,由于本质,事物才是自为的,并与他物相区别,所以另外那些诸多的特质就是非本质的。因此事物的统一性的意义无疑地包含着两方面的限制，而这两方面限制却带有不相等的价值，通过这种限制因而这个对立就不会成为事物本身真实的对立；但是当事物通过它的绝对区别而处于对立状况时，它便与一个外在于它的他物相对立。当然那另外的多样的特质在事物内也仍然是很必要的，所以它们是不能从事物里排除去的，不过它们对于事物乃是非本质的。

构成事物的本质的特性并把事物从一切他物区别开的这个规定性现在被认定为这样的，即：由于规定性事物便与他物相对立，但是即在与他物的对立中事物才会自为地保存住自己。不过事物之所以为事物或者事物之所以是一个自为的存在着的单一体，只因它与他物没有对立的关系；因为一陷入这种对立的关系，毋宁就和他物建立了联系，而和他物有了联系就是自为存在的终止。正由于这种绝对特性和它与他物的对立，它才与他物发生关系，而且它本质上就是这个关系，而且仅仅是这个关系，但是发生关系就是它的独立自在之否定，因而毋宁可以说，事物通过它自己的本质的特性而趋于毁灭。

意识〔在它的发展过程中〕所经验到的必然性，即事物正好由于构成它的本质和自为存在的规定性而趋于毁灭，可以按照这种必然性的简单概念，简短地这样来考察。事物是被设定为自为存在、或者为一切他物的否定，因此它乃是仅仅自己与自己相关联的绝对否定；但是那自己与自己相关联的否定就是它自身的扬弃，换言之，它的本质乃在他物之中。

事实上，就它自身演变的结果看，对象的概念并不包含别的；对象本应是一个本质的特质，这个本质的特质构成它的简单的自为存在,但在这种简单的自为存在里却又具有多样性在它自身内,这些多样的特质诚然是必要的,不过不构成本质的规定性。但是这乃是仅仅存在于字面上的一种区别。那非本质的却同时又据说是必要的,实无异于取消了它自身,换言之,也可以叫做自身的否定。

这样一来,那分隔自为的存在和为他的存在之最后一个"只因"〔或条件〕就完全撤销了。毋宁就一个、而且同一个角度看来,对象是它自身的反面:它是自为的,只因它为他物,它为他物,只因它是自为的。它是自为的,它自己返回到自己,它是单一体;但是这种自为、返回自己、单一体是和它的反面,和为他物而存在是分不开的,因而只是被设定为被扬弃的环节;换句话说,这种自为存在与那最初被认作仅仅是非本质的一面即与他物发生关系乃同样是非本质的。

通过这种过程,对象在它的纯粹规定性中或在那据说是构成它的本质的规定性中同样是被扬弃了,正如它在它的感性存在中成为一个被扬弃之物一样。从感性的存在出发对象成为一个共相;但是这个共相由于是从感性的东西出来的,本质上受到感性的东西的制约,因此一般讲来,它并不是真正自身等同的共性,而是受到一个对立面的感染的共性,因而这种共性就被分离为个别性和普遍性、诸多特质的同一和自由物质的并存两极端。这些纯粹的规定性似乎表示了本质特性,但是它们只是一个带有为他存在的自为存在;但是为他存在与自为存在既然两者本质上都是在一个统一体中,那么现在那无条件的、绝对的共性就出现了,在这里意识才真正地进入知性的领域。

这样,感觉的个别性就消失在直接确定性的辩证运动中,而成为共性,但只是感觉的共性。意谓的阶段消失了,代之而起的是知觉。知觉把对象认作自在之物,或者把对象认作共相一般。因此在知觉里,个别性表现为真实的个别性,表现为单一体之自在存在或者为返回到自己本身的存在。但是它还是一个被制约的自为存在,在它旁边还出现了另一个自为存在同它并列,——一个与个别性相对立并受到个别性制约的普遍性;不过这两个矛盾着的极端,不仅是彼此并列,而乃是在一个统一体中;或者同样的意思,两极端的共同体——自为存在——一般地是带着有对立面的,这就是说,它同时又不是一个自为存在。知觉玩弄了一点诡辩伎俩想要来拯救它这两个环节使不陷入相互矛盾,并且想要通过作出两种看法的区别,和用"又"或"只因"等语词,把这两个环节保留并固定下来,最后想要通过区别开非本质的一面和与它相对立的本质的一面以把握真理。不过这些救急的办法不唯不能解除知觉认识中的幻觉,毋宁正表明它自身是虚幻的。知觉通过这种逻辑〔辩证发展〕所获得的真理,正证明其自身即使从同一个角度来看,也是与预期相反的结果——因而这种真理是以无差别性和无规定性的普遍性为其本质的。

个别性、与个别性相对立的普遍性、与非本质的成分联系着的本质,以及虽非本质但同时却又是必要的一种非本质的东西——所有这些空泛抽象的东西都是些力量,这些力量的交互作用或相互转化,就构成知觉的知性,亦即通常所谓人的健康理智。这种健康理智总是把自己认作坚实而有真实内容的意识,但在知觉阶段却只是这些抽象观念的相互转化;当它自以为它是最丰富时,而一般它总是最贫乏。当它被这些抽象虚妄的观念所播弄，由这一个观念被迫而转到另一个观念时，它便凭借它的诡辩伎俩努力交替地时而坚持并肯定这一观念，时而又坚持并肯定正相反对的那一观念，它自己处处与真理作对，它反而以为哲学仅仅是从事于这类“思想的东西”，或仅仅是观念的玩弄。事实上哲学确是在从事于“思想的东西”的研究，并且认识到它们是纯粹本质、是绝对的力量和因素；不过哲学也同时认识到它们的规定性〔局限性〕，因而成为它们的主人，而那个知觉的理智却把它们当作真理，并且被它们驱使着由一个错误到另一个错误。它自己没有意识到有那么一些单纯的本质特性支配着它，而它总是以为它所涉及的是完全坚实的材料和内容，正如感性确定性不知道它自己的本质是空泛抽象的纯有一样。但是事实上知觉的理智通过一切的材料和内容并且寻来寻去，所依据的也就是这些抽象的东西。它们就是它联结和支配一切材料和内容的原则，只有它们才被意识当作感性事物的本质（这本质是规定感性事物对意识的关系的），并且它们是知觉的运动和知觉所包含的真理在其中得以进行的媒介。这个过程，亦即对于真理的规定和对于这种规定的扬弃经常循环往复的过程，真正讲来，构成了知觉的理智或者那自以为在真理中运动的意识之日常的、经常的生活和活动。在这个过程里，它立即毫不停顿地导致对于一切的本质特性或规定性皆同等予以扬弃的后果，但是在每一个别的时段里只是这一个规定性被意识到作为真理，而在另一个别的时段里，又以另一个正相反对的规定性作为真理。知觉的理智诚然也怀疑过这些规定性的非本质性；为了把它们从这种威胁着的危险中拯救出来，它就采取了诡辩的办法，把它刚才认

作不真的东西，现在却肯定它们是真的。真正讲来，这些不真的东西的本性要迫使那知觉的理智去做的，乃在于把这种种对立观念加以结合，并因而把它们加以扬弃，如：普遍性和个别性的观念、杂多和单一的观念、与一个非本质的东西必然相联系着的本质性和一种具有必要性的非本质的东西的观念，——以上种种对立的虚妄不实的观念其本性就要求知觉的理智把它们加以结合，从而把它们加以扬弃，然而它却不这样做，它却求助于语词的限制和不同角度的看法，或者凭借把一个观念算作属于意识自身，以便把另一观念分离开，把它当作包含真理。但是这些抽象观念的本性由于自身的辩证法就把它们自己结合起来了。而所谓健康的理智却剥夺了抽象观念自身结合起来的辩证法，这个辩证法曾经迫使知觉的理智循环往复地在诸对立的抽象观念之间绕圈子。当健康的理智想要通过这样的方式给予那些抽象观念以真理性时，它时而把抽象观念的不真算作由于自身〔认识上的错误〕，但时而又把幻觉说成是由于那不可靠和不确定的事物的假象，并且有时又把本质的东西和那非本质的却又是必要的东西分别开，而坚持前者为它们的真理以与后者对立，——当理智这样做时，它并没有获得关于那些抽象观念的真理，但它却证明了它自身的非真理性。

第三章　力和知性；现象和超感官世界

在感性确定性的辩证过程中，意识发现听、看等感觉消失了，并且在知觉阶段中它达到了一些观念，但这些观念最初被它概括为无条件的共相。这个无条件的共相，如果被当作静止的单纯的本质看来，本身不是别的，只是自为存在的极端那一面；因为与它相对立的，正是非存在。但是如果那无条件的共相与非存在相联系，那它自身就会成为非本质的，而意识便不能从知觉的幻觉中解脱出来，但是这种共相证明了它自己是曾经从有条件的自为存在中解脱出来，并返回到它自身的东西。——这个今后是意识的真正对象的无条件的共相，仍然是意识的对象；因为意识还没有把它的概念作为概念来掌握住。意识与对象两者间本质上必须加以区别。对意识说来对象从同他物的关系中返回到自身，因而它成为自在的概念；但是意识还不是自为的概念，因此它在那返回到自身的对象中认识不到自己。就〔分析认识过程的〕我们看来，这个对象通过意识的运动而成为自在的对象，然而在对象的发展过程中，意识也牵连在里面，因此两方面的返回自身——对象返回自身成自在之物，意识返回自身成自在之我——乃是同一的或者只是一个过程。不过因为在这个运动里意识只以客观的东西而不是以意识本身作为它的内容，所以意识对所得的结果必须给予客观的意义，意识还须从所形成的成果中退出来，所以对意识说来，那对象

是客观的东西、是本质。

这样一来知性诚然扬弃了它自己的不真以及对象的不真；它由此所达到的真理的概念，只是作为自在地存在着的真理，还不是概念，换言之，这种真理还缺乏意识的自为存在：知性虽承认这种真理的效准，但是还不能在其中认识到它自身。这种真理独自实现它自己的本质，所以意识好像对于它的自由实现没有参与，而只是在旁静观它，把它的自由实现认作纯粹的事实。因此我们于分析这一认识过程时首先还必须站到意识的地位，以“概念”自居，因为概念能够掌握全体，并能够把包含在结果中的东西发挥出来；有了这种得到全面发挥的对象，这对象作为一个存在着的东西呈现在意识前面，则意识就第一次成为形成概念的意识或者能用概念来把握对象的意识。

所达到的结果就是无条件的共相，最初是在否定的和抽象意义下的共相，在此意义下，意识否定了这共相所包含的许多片面的概念，并对它们加以抽象理解，亦即放弃了它们。但是这结果自在地具有肯定的意义，在肯定意义下，结果中自为存在和为他存在的统一便建立起来了，或者说，绝对对立的东西便直接地被建立为同一的东西了。最初看来好像这只涉及各个环节相互间的形式；但是自为存在和为他存在同样是内容本身，因为这种对立真正讲来除了在结果中所达到的以外并不能有别的性质，——这结果是这样的：那在知觉中被认作真实的内容事实上只属于形式，并且消失在它的统一性中。这种内容同时是有普遍性的；这里不可能有别的内容，它可以凭借它的特殊性质避免返回到那个无条件的共性。假如有那样一种内容的话，它必定要在某种方式下为自己而存在，并与他物有关联。但是为自己而存在和与他物有关联一般地就构成它自己的本性和本质，而它的本性和本质的真理就是那无条件的共相；所以结果纯全是普遍性的。

不过由于这个无条件的共相是意识的对象，所以形式和内容的区别就出现在它里面；这些环节，在内容的形态下，当它们最初呈现出来时，看起来好像一方面是许多持存的质料之共同的媒介，另一方面好像是返回到自身的单一体，在其中它们的独立存在却被取消了。前者是事物之独立存在的消解，或者表明事物之为他物而存在的被动性，后者是事物的自为存在。我们可以看到，这些环节如何表现其自身于它们的本质——无条件的共性之内。很显然，首先由于它们只是存在于这无条件的共性之内，一般地它们不复处于彼此外在的情况中，而本质上它们本身毋宁都是一些自身扬弃的方面，被建立起来的只是它们彼此的相互过渡。

〔一、力与力的交互作用〕

于是其中的一个环节表现为被抛在一边的本质、为共同的媒介，或者为独立的质料之持存。但这些质料的独立性不是别的，只是这种媒介；换言之，这个共相完全是这样一些不同的共相之复多性。但是说共相本身与这种复多性有不可分离的统一，就意味着：这些质料每一个都是由于他一个之存在而存在；它们是互相浸透的，但彼此又没有接触，因为反过来说，那具有诸多差别的东西，也同样是独立的。因此同时这些质料之纯粹可浸透性，或它们之被扬弃的事实也就是肯定的了。再则它们的被扬弃或者这种差异性之归结为纯粹的自为存在，也不外是这媒介本身，而媒介又不外是诸多不同的成分的独立性。换句话说，那被设定为独立的成分直接地过渡到它们的统一性，而它们的统一性直接地过渡到展开为复多，而复多又被归结为统一。但是这种运动过程就叫做力：力的一个环节，即力之分散为各自具有独立存在的质料，就是力的表现；但是当力的这些各自独立存在的质料消失其存在时，便是力本身，或没有表现的和被迫返回自身的力。但是第一，那被迫返回自身的力必然要表现其自身；第二，在表现时力同样是存在于自身内的力，正如当存在于自身内时力也是表现一样。

当我们这样把两个环节保持在它们直接的统一性时，真正讲来这乃是知性的作用：力的概念是属于知性的，而知性亦即把不同的环节作为不同的环节而统摄起来的概念；因为这些不同的环节就它们本身来说，是没有区别开的，所以它们的差别只存在于思想内。换句话说，上面所建立起来的，只是力的概念，不是力的现实性。但是事实上力就是那个无条件的共相，这个共相当它为他物而存在时，也正是为自己而存在；或者说，这个共相具有差别性于自身之内，因为它不是别的，只是那为他物而存在的东西。因此真正的力必须完全从思想中解放出来，并被建立为诸多差别的实体，这就是说，首先必须把实体设定为本质上自在自为地持存着的整个力，其次必须把力的诸多差别设定为实质性的或者为自身持存着的诸环节。力本身或者被迫返回到自身的力因而自为地就是一个排他的单一，对它说来那诸多质料的展开只是另一个持存的东西；这样就有两个不同的独立面被建立起来。但是力又是全体，换言之，它老是按照它的概念持存着；这就是说，它的差别老是纯粹

的形式,表面的消失着的环节。那被迫返回自身的真正力的诸差别和那诸独立质料的展开同时将不会存在,如果它们不能持存的话,或者说,力将不会存在,如果它不是以对立的方式存在着;但是说力以对立的方式存在也不外说两个环节本身同时独立存在着。所以我们所考察的就是这种两个环节之经常独立存在化和自身扬弃其独立存在的过程。

大体讲来很显然,这种运动也即是知觉的过程,这里能知觉者和被知觉者两个方面就其同属于认识真理的过程而言,是同一而不可分的,而在这一过程中,每一方面都同样返回到自身,换言之,又各是自为的。在这里,这两方面就是力的两个环节;这两个环节既在这统一性中,也同样即是这统一性,这统一性对那自为存在着的两极端显得是中项,它总是分裂其自身成这两极端,由于这种分裂过强,这两极端才存在。因此这个以前被表明为矛盾着的概念之自身毁灭的运动在这里就具有对象性的形式,并且就是力的运动,而且由于力的运动的结果,那无条件的共相作为事物之非对象性的或内在的东西就出现了。

像这样规定的力,既然它是被认作力本身或者返回到自身的力,这乃是它的概念的一方面,不过是被设定为一个实体化了的一面,并且具有单一的规定性一面。由于这样,那些展开了的质料之持存就被排除在它外面,成为在它外面的他物。既然力本身必然要成为这种持存,或者它必定要外在化它自己,于是它就以为它自己的外在化或表现好像是上述的那个他物,这个他物从外面到它这里,并且对它起诱导作用。但是事实上力既然必然地外在化它自己,则它在自身中已具有那被设定为他物的东西了。我们必须撤销以前的那种设定,以为力是一个单一体,而力的本质、力的表现,乃是一个他物,乃是从外面到它这里来的。可是力本身毋宁就是那些作为质料的诸多环节借以持存的共同媒介;换句话说,力已经外在化它自己,而那据说是从外面诱导它的他物,实际上就是力自身。所以力现在作为发挥了的质料之媒介而存在。但是它立刻本质上又具有持存着的质料之被扬弃的存在形式,换言之,它本质上是单一的,这种单一性因而现在就是力的他物,因为现在力是被设定为诸多质料的媒介,而力的这个本质就外在于力了。但是力必然要成为它还没有被建立成为的那个东西,所以就有这个他物前来,诱导它返回它自身,或者扬弃它的外在化。但是事实上力本身就是这种返回到自身或这种外在化的扬弃过程。单一性当它一出现时,立即就消失成为一个他物了,力就是这个他物本身,力就是返回到自身的力。

那作为他物而出现的并且作用于它既诱导它外在化自己又诱导它返回到自己的东西,像刚才所表明那样,就是力的本身;因为他物同样表明其自身为共同的媒介和单一的东西,所以每一个这种形态都同时只表现为消失着的环节。因此由于力就是一个它为他物、他物为它的东西,一般讲来它就还没有从它的概念里发挥出来。但这里同时有了两种力,这两种力的概念诚然是同一的,但是却从它的统一性过渡到它的二分性。这对立本质上并不是仍然完全只属于一个环节的地位,而它似乎通过这种二分裂为已经成为完全独立的力,并且不受统一性的支配。至于这种独立性所造成的情况是什么样子,我们将进一步较确切地看到。首先那作为能诱导的第二种力,亦即按它的内容说作为共同的媒介的东西走出来与那个被认作被诱导的力相对立；不过，既然第二种力本质上是这两个环节的交替，而且本身即是力，所以事实上只有当它同样是被诱导来作为共同媒介时，它才是共同的媒介；并且同样它之所以是消极的统一性，能诱导力返回自身，也只是因为它是被诱导到那样做的。由于这样在那能引诱的与那被诱导的两个环节之间发生的差别也就起了变化，两者间的规定性都发生相互的转换。

这样一来，这两种力的交互作用包含着：两者的这种相反的规定、两者在这种规定中的彼此互为对方而存在，以及这些规定之绝对的直接的转换——亦即包含着这样一种相互的过渡，只有通过这种过渡，使得两种力看起来好像是独立的那些规定才有其存在。譬如，那能诱导的力被设定为共同的媒介，而反之那被诱导的力被设定为被迫返回自身的力；但是前者之所以是共同的媒介，只是由于它的对方是被迫返回自身的力；换句话说，对前者说来，后者毋宁是能引诱的力，并且只有它才使得前者成为共同的媒介。前者只有通过它的对方才获得它的规定性，并且前者之所以是能诱导者只因为它被对方诱导到那样，亦即由于它被诱导到成为能诱导者；它同样立即丧失掉这种被给予的规定性，因为这个规定性要过渡到对方，或者毋宁它已经过渡到对方了，那异己的（fremd）能诱导者出现为共同的媒介，但这只因为这能诱导者是被力诱导到这样做的。但是，这就是说，是力使它能够诱导的，而力本身毋宁本质上就是共同的媒介，力所以能使那能诱导者具有这样的规定，乃是因为这个另外的规定在本质上是属于力的，这就是说，因为这个另外的规定毋宁就是力本身。

为了使我们对这一过程的概念得到更完备的理解，还必须注

意:差异的本身表现出双重的形式,一方面表现为内容的差异,因为一个极端是返回自身的力,而另一极端是诸质料的共同媒介;另一方面表现为形式的差异,因为其一是能引诱的,其他是被诱导的;前者是能动的,后者是被动的。按照内容的差异来看,它们是一般的或者对我们来说有差异的;但按照形式的差异来看,它们是独立自存的,它们之间存在着相互离异、相互对立的关系。至于说这两方面的极端不是本身固定不移的,反之这据说是包含着本质差别的两方面仅仅是行将消失的环节,而且每一方都要立刻过渡到它的反面的,——这是知觉那力的运动过程的意识所可觉察到的。但是,像上面所说那样,就〔分析这一过程的〕我们来说,还必须注意到这点,即作为内容的差异与形式的差异之差异本身却消失了,并且就形式的一面按本质来说,那能动的、能诱导的或者自为存在着的力与就内容的一面作为被迫返回自身的力其实乃是同一的;那被动的、被诱导的或者为他而存在着的力就形式方面说与那就内容方面说作为诸多质料的共同媒介的力表明为同一的东西。

由此足见,力这一概念是通过分为两种力而成为现实的,我们并且看见了它成为现实的过程。这两种力作为自为存在的东西而存在;但是它们的存在是这样一种相互间的辩证运动:它们的存在纯粹是一种被对方所建立起来的存在,这就是说,它们的存在纯粹具有消失的意义。它们作为两极端,并不是本身固定不移的东西,它们只是通过外表的接触凭借共同的媒介相互把一个外表的特质转移给对方;而它们之所以存在,只因为它们存在于这种媒介中,存在于它们的这种相互接触中。在这里立刻同时就有了力之被迫返回自身或自为存在以及力的表现，能诱导的力以及被诱导的力。因此这些环节并不是分割为两独立存在的极端，每一极端与对方只是处于尖锐的对立；反之，它们的本质纯全在于：每一方都通过对方而存在，而每一方这样通过对方而达到的存在，却立即又不再存在，因为每一方也就是对方。因此，事实上它们并没有任何原来支持或保持它们的特有的实体了。而力这一概念只有在它自己的现实性〔或外在化〕本身中才保持其自身作为本质；那作为现实的力只纯全在于表现中，而力的表现不是别的，只是自身的扬弃。这种被表象为没有表现的、自为存在的现实的力就是那被迫而返回到自身的力；但是这一规定性本身事实上被证明为仅仅是表现的一个环节。因此力的真理只不过是力的思想或观念；力的诸环节的现实性，它们的实体性和它们的运动不停顿地一起冲向一个无差别的统一性中，这个统一性不是被迫返回自身的力（因为这种力本身只不过是那统一性的一个环节），而这个统一性却正是力的概念本身或真正概念。因此力的实现同时就是实在性的散失；在实现的过程中力毋宁完全成为另外一个东西，即成为这个共性，知性首先或者直接地就把这个共性看作力的本质，而且这个共性自身也在应当是力的实在性中、在力的现实的实体性中表明它是力的本质。

〔二、力的内在本质〕

我们既然把那第一个共相看作知性的概念，在这里力还不是自为的存在，那么那第二个共相现在就是力的本质，就力之被表明为自在自为的存在而言。或者反过来，如果我们把第一个共相看做直接的东西，这东西应该作为意识的现实的对象，那么这第二个共相就应该被认作那感性的、客观的力之否定；它就是力的真实本质，只是作为知性的对象的力；前者就会是被迫返回自身的力或者作为实体的力；而后者就是事物的内在核心，这内在核心与概念本身是同一的东西。

〔Ⅰ.超感官世界〕——〔1.内在核心，外表现象，知性或理智〕现在事物的真实本质就这样被认作不是意识的直接对象，而意识对于它的内在核心有一间接的关系，并且意识作为知性通过力的交互作用的媒介，深入观认到事物的真实背景。那把知性和事物的内在核心两个极端结合起来的媒介或中项，是力之发展了的存在，这种存在对知性本身说来现在和今后都是一个消失着的过程。因此它就被称为现象，因为一个本身直接就是一个非有的有或存在，我们便叫做假象。但是它不仅仅是一个假象，而乃是现象、是假象的整体。这个作为整体的整体或共相就是构成事物内在核心的东西，亦即通过力的交互作用而返回到自身的力。在这整体里，意识以客观的方式把知觉的对象设定为它们本身那样，亦即把它们设定为没有停息地、和没有独立存在地直接转化到对方的环节，单一直接转化到普遍，本质的东西直接转化为非本质的东西，反之亦然。因此力的交互作用就是发展了的否定；但是力的交互作用的真理却是肯定，亦即共相，那自在地存在着的对象。

这个对象的存在对意识说来是通过现象的运动而间接达到的，在现象的运动中知觉的存在内容和感性的对象事物一般说来只有否定的意义，因而意识便由此返回到自身，当作返回到真理；

但是就意识作为意识来说,它又把这真理当作对象事物的内在核心,并且把事物的返回自身和它自己的返回自身区别开,——正如那中介的运动对于意识仍然同样是一个客观过程一样。因此对意识说来,这内在核心是与它相对立的一个极端;但是正因为如此,内在核心对于意识是真理,因为它在内在核心中就像在事物自身中,它同时获得了对它自己的确定性,或者认识到它自己的自为存在那一环节;但是它还没有意识到它的自为存在的根据,因为那被当作具有内在核心于自身内的自为存在并不是别的东西,只是否定过程;不过这否定过程对意识说来,还只是对象性的、消逝着的现象,还不是它自己特有的自为存在;因此对意识说来,事物的内在核心诚然是概念,但是它还不认识概念的本性。

这个内在真理、这个绝对普遍的东西消除了普遍与个别的对立,并且成为知性的对象,在它里面现在首先启示了超出感官世界和现象世界之外有一个超感官世界作为真的世界,超出消逝着的此岸,有一个长存着的彼岸,——一个自在的世界,这个世界是理性的第一次表现因而亦即不完善的表现,换言之,它只是真理借以表现其本质的纯粹素质。

因此现在我们的对象就是一个三段论式的推论,这个推论以事物的内在核心和知性为两极端(两项),而以现象界为中项;不过这个推论的过程又提供了知性通过中项深入观察内在核心的进一步规定,并且提供了知性对于推论中诸环节相互结合、相互推移的关系的经验。

〔2.超感官世界即现象界〕　事物的内在核心对于意识还是一个纯粹的彼岸,因为意识在内在核心里还不能找到它自己;它〔内

在核心〕是空的，因为它仅仅是现象的否定，就肯定方面说，它只是一单纯的共相。这种关于内在核心的想法显然立刻可得到某些人的赞同，当这些人说，事物的内在核心是不可认识的；不过他们提出这种说法的理由我们必须从别的意义上去了解。关于刚才这里所说的内在核心诚然还没有知识出现，但是这并不是由于理性太短视了，或者受到限制了，或者任何别的理由（关于这一点现阶段知道得还很少，因为我们还没有深入到这点），而是为了对象本身性质的单纯，即因为在空虚中什么也不会被知道，或者从另一方面说来，就因为它恰好被规定为意识的彼岸。——其结果真正讲来是一样的，如果你把一个盲人放进一个内容丰富的超感官世界里（如果超感官世界有了这样丰富的内容，不管这内容是它自己所有的独特的内容，或者意识本身就是这内容），并且如果你把一个有视觉的人放进绝对黑暗之中，或者，听你的便，把他放进纯粹光明之中，并假定超感官世界就是这种纯粹光明或绝对黑暗。这个有视觉的人在纯粹光明中与在绝对黑暗中，皆同样什么也看不见，那么情形与此完全相同，一个盲人站在一个内容丰富的世界前面，也同样什么都看不见。如果通过现象意识对于事物内在核心和与它内在联系着的东西什么也看不见，那么它就只好停止在现象前面，这就是说，把现象当作某种真的东西，而对于这东西我们又知道它不是真的；换句话说——由于这样意识仍然陷于空虚之中，当然这空虚首先是被看成空无客观事物的空虚性，但是由于它是自在的空虚性，所以它就被认作空无一切精神的关系的意识本身的种种差别的空虚性，然而在这种完全空虚并被称为圣洁的世界里，却又不能不有某种东西，——于是意识就用它自身所制造出来的种种梦想、幻象去充满它；这个超现象的空虚世界不得不满意于它所受到的这样恶劣的待遇，既然梦幻都比它这个空虚世界要更好一些，那么它还配享什么更好的待遇呢！

但是那内在世界或者那超感官的世界是出现了，它是从现象界出来的，而现象界就是它出现的中介；换句话说，现象界就是它的本质，并且事实上就是它的充实。超感官界是被设定为感官事物和知觉对象的真理，但是感官事物和知觉对象的真理却是现象。那超感官界因此乃是作为现象的现象。但如果就这样想，以为超感官世界因此就是感官世界或者就是直接感官确定性和知觉所认识的世界，那么这就未免错误理解上面这段话的意思。因为现象界并不是感性认识和知觉的世界被设定为存在着的世界，而乃是把它设定为被扬弃了的世界或者真正的内在世界。人们常常说，超感官界不是现象界；但这里所了解的现象界不是现象界，而毋宁是当作本身真实的现实性的感官世界。

〔3. 规律作为现象的真理〕　知性——这是我们这里考察的对象——现在正处于这样的地位，对于它那内在世界虽说出现了，但首先只是作为一般的、还没有实现的自在性；力的交替作用也仅有这种消极的意义，即不是自在的东西，如果它有积极的意义，那就仅在于它是中介的东西但却在知性之外。但是知性通过中介对内在世界的关系，就是它自己的运动，通过这种运动这内在世界就充满了内容。——力的交替作用对知性是直接的；但是对于知性那单纯的内在世界才是真的；因此力的运动同样只是作为单纯的东西一般地才是真的。不过从这种力的交替作用我们已经看见它有这样一个特性：那被另一个力所诱导而运动的力，也同样对另一个

力来说是诱导者，那个能诱导者只有通过被诱导才成为能诱导者。这里就同样有了那规定性之仅仅的直接的交替或绝对的交换，这种规定性构成出现着的力的唯一内容，这内容不是共同的媒介就是消极的统一。在它以特定的形式出现时，它本身立即停止它出现时的原有形式；通过它的特定形式的出现，它诱导对方，而对方就通过它的诱导而表现它自身，这就是说，后者现在立刻就具有前者原来具有的形式。这两方面，诱导的关系与特定的相反的内容的关系，每一方面本身都是绝对的颠倒和交换。然而这两种关系本身又是同一的；而它们形式上的差别，作为被诱导者与能诱导者的差别，和内容上的差别，作为被诱导者亦即被动的媒介与那能诱导者、那能动的、否定的统一或单一之间的差别也是同一的。这样一来那出现在这个运动中的特殊的力，一般讲来相互间的一切差别便都消失了，因为这种特殊的力只是建筑在那些差别上面的。而且随着这两种关系的差别之消失，那两种力的差别也同样仅只混而为一了。因此既没有力、没有能诱导和被诱导的力、也没有规定性、没有作为持存着的媒介和作为返回自身的统一的规定性，既没有某种独立的个别的东西，也没有种种不同的对立，而那存在于这种绝对变化之中的只有那作为普遍差别的差别，或者那许多对立都已经消除了的差别。所以这种普遍差别是力的交替作用本身中的单纯成分，而且是力的交替作用中的真理；这就是力的规律。

这绝对变化着的现象界通过它与内在世界的单纯性和知性所认识的单纯性的联系便成为单纯的差别。这内在世界最初只是潜在的共相；然而这潜在的单纯的共相本质上同样是绝对地普遍的差别；因为它是变化本身的产物，换言之，变化就是它的本质，——

但是当变化被设定为在内在世界之内作为真正的变化时，于是它就被吸收进内在世界之内作为同样绝对的、普遍的、静止的、自身等同的差别。换句话说，否定是共相的主要环节；否定或中介过程在共相中因而就是普遍的差别。这普遍差别就用规律的形式表达出来作为不稳定的现象界之持久的图像。于是那超感官的世界就是一个静止的规律的王国，当然是在知觉世界的彼岸，——因为知觉只是通过经常的变化来表达规律，——然而却同样现存于知觉世界之中，作为它的直接的、静止的模写。

〔Ⅱ.规律作为差别与同一〕——〔1.特定的规律与普遍的规律〕　这一规律的王国诚然是知性所能认识的真理，这真理又以包含在规律中的差别为内容；不过同时这规律的王国只是知性的初步真理，并没有充实那现象界。规律虽体现在现象界中，但却没有全部体现出来；它在不同的情况下老是有不同的体现或现实性。因此现象仍保留有一个独立自为的一面，这一面还不在内在世界之中；换句话说，现象界真正进来还没有被建立为现象界，为扬弃了的自为存在。规律的这种缺点也必须在规律自身中揭示出来。规律所包含的缺点正在于它所具有的差别只是一般性的、不确定的差别。但是只要它不是一般的规律，而是一个特定的规律，则它必定包含有规定性在内；这样就会出现诸多不确定的规律。然而这种复多性本身就是一个缺陷；因为它违反了知性的原则，对于作为认识那单纯内在世界的知性来说，只有那自在的普遍的统一性才是真理。因此知性必定要让诸多法则结合为一个法则，例如，石头往下落所依据的规律和天体运动所依据的规律必须被理解为一个规律。不过由于诸多规律彼此合并为一个规律的情形，规律便

失掉了它的确定性;规律就永远成了空泛表面的东西,因而事实上我们所得到的,不是这些确定的规律之统一,而乃是一些丧失了确定性的规律;这正如把物体下坠到地上的规律和天体运动的规律联合在一起的一个规律事实上就不能表明两个法则那样。把一切法则联合成万有引力规律除了只表示本身的单纯概念并认这概念为存在着的外,并不更表示别的内容,万有引力律只不过说,一切东西对一切别的东西都有一个恒常的差别。知性以为通过这一概念就发现了可以表示普遍现实性本身的一个普遍的规律;然而它所发现的事实上只是规律概念本身,虽说借此它同时可以宣称:一切现实事物本身都是合乎规律的。因此万有引力这一术语就它足以反对那无思想性的表象而言,是有其很大的重要性的,因为从表象看来,一切东西都表现为偶然性的形态,一切规定性都采取感性的独立性的形式。

所以万有引力的规律或纯粹概念与特殊的规律相对立。只要这纯粹概念被认作本质或真的内在核心,那么特殊的规律的特殊规定性便仍然属于现象界或毋宁属于感性的存在。但是规律的纯粹概念不仅超出了规律(这规律由于本身是一特殊的规律与别的特殊规律相对立),而且超出了规律本身。这里所提到的规定性真正讲来本身只是一个消失着的环节,它在这里已不复能够作为纯本质(Wesenheit)而出现,因为它在这里只是出现为当作为真理的规律;但是规律的概念却转而反对规律本身。这就是说,在规律中差别本身直接地被认识到,并且被包括进共相之中,这样一来就使得各个环节(这些环节的关系便是那规律所要表示的)持存着作为各不相干的和独立存在的纯本质。但是规律中差别的这些部分同时本身就是特殊的方面；那作为万有引力的规律的纯粹概念其真正意义必须这样加以理解，即：在这种纯粹概念中存在于规律本身内的诸差别，作为绝对单纯的东西，又回到那内在世界作为单纯的统一性；这个统一性就是规律的内在必然性。

〔2. 规律与力〕　由此规律就表现为两重的方式：一方面表现为法则，在其中诸差别被表明为独立的环节；另一方面表现为单纯的回返到自身的存在，这种存在又可以叫做力，不过这并不是那被迫返回到自身的力，而是一般的力，或者力的概念，一种引力，——一种把能吸引和被吸引的东西的差别都消融在自身内的力。这样例如单纯的电力就是一种力，然而要表示电力的差别却属于规律范围：这差别就表现为阳电和阴电。在下落物体的运动里力就是单纯的因素，重力，重力的规律是：在运动中的不同物体的体积与所费的时间和所经过的空间的相互关系是方根与平方的关系。电力本身并不包含差别，换言之，在它的本质里电力并不包含阳电和阴电双方面的存在在内；因此人们常说，它具有以这样的方式存在的规律，或又说，它具有这样表现它自身的特质。这种特质诚然是这种力的本质的或独特的特质，换言之，这特质对力来说是必然的。但是必然性在这里只是一个空名词：力必定要那样双重地表现它自身，因为它必定要那样。当然如果阳电被设定了，则阴电本身也必然存在着；因为阳电只是作为与阴电相关联而存在的，换句话说，阳电在自身内就包含着自己和自己的差别，正如阴电亦同样在自身内就包含着自己和自己的差别。但是电之区分为这两方面，本身并没有什么必然性。电作为单纯的力对于它的规律——亦即对于它是阳电和阴电是漠不相干的。如果我们把前者叫做它

的概念，而把后者叫做它的存在，那么它的概念对它的存在就是漠不相干的。它只是具有后者这种特质，这就是说，这对于它并不是本身必然的。这种漠不相干会采取另外一种形式，如果我们说，阴和阳是包含在电的定义之中，或者说，阴和阳简直是电的概念和本质。因为这就意味着，电的本身就是它的存在一般；但是在那个定义里并不包含它的存在的必然性；电的存在或者是因为人们发现它存在，这无异于说，它的存在是完全没有必然性的，或者是电的存在是由于别的力使然，这就无异于说，它的存在的必然性是一种外在的必然性。然而由于必然性具有为他物而存在这一规定性，于是我们又回返到特殊规律的复多性，这是我们为了考察作为规律的规律时所刚才离开了的课题。只有对于这种规律，我们才可以比较它的作为概念的概念或必然性，而这种必然性在所有这些形式中已经表明了还只是一个空名词。

规律与力、或概念与存在的漠不相干除了上面所提到的方式外，还有另外一种表现方式。例如在运动的规律里，运动之分割为时间和空间，或又分割为距离和速度，这是必然的。既然运动只是这些环节的关联，那么在这里运动、共相无疑地是在自身内分割成不同部分。但是现在这些部分：时间和空间或距离和速度在它们本身内并不能表示它们是从一个根源派生出来；它们彼此之间是漠不相干的；可以没有时间设想空间，可以没有空间设想时间，并且至少可以没有速度设想距离，——同样它们的大小也是彼此互不相干的，并且由于它们之间的关系不像阴与阳、肯定与否定那样，因此它们相互间没有本质上的联系。在这里，分割成为部分的必然性固然是有的，但是各部分本身之间却没有必然性。因而那前一种必然性(即分割的必然性)也就仅仅是一种虚构的虚假的必然性了。因为运动并没有被表象为单纯的东西或纯粹本质,而是被表象为已经分割了的东西;时间和空间被当做运动的独立自存的部分,或者自身存在的本质,或者把距离和速度看成存在的方式或表象的方式,其一没有其他也仍然能够存在,因此运动就被看成仅仅是它们的外表的联系,而不是它们的本质。如果把运动表象为单纯的本质或力,那么无疑地运动就是重力,但重力一般并不包含这些差别在内。

〔3.说明或解释〕　因此在两种情形下,差别都不是自己本身的差别。或者共相、力对于被分割成部分(这些部分就是规律里面所包含的差别)表示漠不相干,或者诸差别,规律中所包含的部分,彼此之间漠不相干。知性虽说具有这个差别本身的概念,正由于这样,规律才部分地是内在世界或自在存在着的东西,但是在它里面同时具有诸差别。至于这个差别所以是一种内在的差别,这乃由于规律是单纯的力,或者规律是作为差别的概念,因而亦即概念的差别。但是这种差别最初还只是知性所作出的,还没有建立在事情本身之内。知性所说出的必然性因而只是它自己的必然性,知性之所以作出这种区别,只是为了它同时可以用文字把它表达出来,并使得这种差别不是事情本身的差别。这种仅仅存在于字面上的必然性因而只是把构成必然性的整个过程的诸多环节加以列举;这些环节诚然是被区别开了,不过同时它们的差别已经被明白宣称并不是事情本身的差别,因而便立刻又被扬弃掉了。这种过程就叫做解释。这样,一个规律就宣告成立。规律的自在的普遍因素或根据亦即力就与规律区别开了;但是,关于这个差别,有

人说，这种差别没有差别，反而说根据是一种其性质完全与规律相同的东西。例如像闪电这样的个别事实被认作普遍的现象，而这种普遍的现象便被宣称为电的规律：这个解释因而就把规律归结为力，以力作为规律的本质。于是这个力的性质就是这样，即当它表现它自身时，就有相反的电出现，而又相互消失在对方中，这就是说，力的性质恰好与规律相同；因此有人说，两者完全没有差别。这差别的双方，就是力之纯粹的、普遍的表现，或者规律和纯粹的力；不过两者都具有相同的内容，相同的性质；因而内容上的差别或实质上（亦即事情本身）的差别也就又被抹杀了。

像上面所指出，在这种同语反复的过程里，知性坚持着它的对象之静止的统一，而这种同语反复过程只属于知性自身，不属于对象本身。这过程是一种说明，不过它不唯毫无所说明，而且很显然，它自诩要说出某些不同于已经说过的东西，而实际上毫无所说，只是重复那同样的东西。通过这种说明的过程，在事情本身内任何新东西也没有发生，它只是被当作知性的运动罢了。但是在这种说明的过程内我们现在正认识到我们在规律中所没有认识到的东西，即绝对转化的本身；因为如果加以仔细考察，这个过程直接地就是它自己的对立面。因为它建立一种差别，这个差别不唯对于我们没有差别，它自身反而取消了这个差别。这和上面所表明的力的交替作用的转化乃是同样的变化。在力的交替作用里有能诱导的力与被诱导的力的差别、有表现自身的力与被迫返回自身的力的差别，——但是这些差别事实上并不存在，而且这些差别自己也就因而立即又取消了它们自身。这不仅是因为有了单纯的统一性，所以没有差别可以建立起来，而乃是因为这种说明过程，虽说无疑地作出一个差别，但是因为它不是差别，它又被取消了。——因此在这说明的过程里，那前此在内在世界之外，只存在于现象界的转化和变化现在就透进那超感官世界本身了。然而我们的意识却从作为对象的内在世界进到另一方面，进到知性，并且在知性中发现转化的过程了。

〔Ⅲ.关于纯粹差别的规律〕　这个转化因而还不是事情自身的转化，毋宁正表明其自身为纯粹的转化，因为转化的各个环节的内容仍然是一样的。但是知性的概念作为概念既然是和事物的内在核心是一样的，所以对知性说来这个转化就是内在世界的规律。于是知性就体会到这乃是现象界本身的规律：即建立差别实际上没有差别，换句话说，凡是自身同一的也就是自身排斥的，并且知性同样体会到，在现象界中真正讲来差别是不存在的，并且是自身扬弃的，换句话说，那自身不同一的东西却互相吸引。知性又体会出第二种规律，它的内容与前此所谓规律即不变的、长住的、自身等同的差别之规律正相反对；因为这个新的规律毋宁表明了等同者之成为不等同，不等同者之成为等同。概念要求那还没有达到思维阶段的意识把两个规律结合起来，并且要意识到它们的对立。这第二个规律当然也是规律，或者一个内在的自身同一的存在，但是也可说是一个不等同性之自身等同性、无永久性之永久性。在力的交替作用里，这一规律正表现为这种绝对的过渡和纯粹的转化。那自身同一的东西、力，分裂成为它的对方，它的对方首先表现为一个独立的区别于它的他物，然而两者的这个差别事实上被证明为没有差别；因为它是自身同一的东西，亦即是自己排斥自己的东西，因此这个被排斥的东西本质上又吸引自身，因为它是同一

的。这样作出来的差别，既然没有差别，因此它又取消了它自己。在这里，差别就被表明为事情本身的差别，或绝对差别，而这种事情本身的差别并不是别的东西，实即是那曾经自己排斥了自己的自身同一者，因此在这里差别这一概念只是建立了一个对立，而这个对立又不是对立。

通过这个原则那第一个超感官世界、那静止的规律的王国、那知觉世界的直接的模写就反而转到它的反面了。规律一般地和它的差别一样是被认作自身等同的。但是现在却设定了：两者都各自是它自身的反面；那自身等同的却排斥它自身，而那自身不等同的东西却被设定为自身等同的。事实上只因具有这种特性，差别才是内在的差别或自己本身的差别，因为那等同的是自身不等同的，那不等同的却是自身等同的。——按照这种方式，这第二个超感官世界就是颠倒了的世界，并且既然一方面已经出现在第一个超感官世界内，所以这第二个超感官世界就是颠倒了的第一个超感官世界。因此内在世界就是完成了的现象界。因为第一个超感官世界只不过是知觉世界之直接地提高到普遍的成分；它在知觉世界中有它的必然的相对应的图像，而知觉世界还独立地保持着转化和变化的原则；那第一个规律的王国却没有这个原则，但是它却保持这原则当作颠倒了的世界。

因此按照这个颠倒了的世界的规律，那在第一个世界内是自身等同的东西，就是不等同于它自身的，而在第一个世界中不等同的东西是同样不等同于它自身，或者它将成为等同于它自身。在一定的阶段里会得出这样的结果，即按照第一个世界是甜的东西，在这个颠倒了的自在世界里是酸的，在前一世界里是黑的东西，在

后一世界里是白的。就磁石来说，按照第一个世界的规律是北极，而按照另一个超感官的自在世界（即在地球里）来说则是南极；而在那个世界是南极的地方，在这个世界却是北极。就电来说，同样，按照第一个世界的规律是氧极，而在另一个超感官的本质世界中却是氢极；反之，在那个世界是氢极，在这个世界却是氧极。在另一个范围里，例如对于敌人的报仇，按照原始的朴素的规律，在受伤害的个人来说是最高的满足。然而这条规律对于那不把我当成独立的人对待的人，向他表示我自己是站起来了的人，并且把他作为人的资格予以取消，——然而这条规律却为另一个世界的原则所颠倒过来，变成与它自己相反的规律了，即已从为恢复自我而摧毁别人〔报复〕变成别人的自我摧毁〔惩罚〕了。现在如果把这种表现在惩罚罪行方面的颠倒过程制成规律，则这条规律也只是属于这样一个世界的规律，这个世界具有一个颠倒了的超感官世界和它相对立，在这个超感官世界里，凡是前一世界里受轻视的东西便受到尊重，而在前一世界受尊重的东西便遭受轻蔑。按照前一个世界的规律，惩罚使人耻辱，并且毁灭人，而在与它相反的世界里，惩罚便转变成一种宽恕的恩典，这恩典保存了他的性命并给他带来了光荣。

从表面上看来，这个颠倒了的世界正是前一个世界的反面，因为它认为前一世界在它的外面，并且把前一世界从它自身排斥开，并把它当作一个颠倒了的现实界，因为前一个是现象世界，另一个是自在世界，前一世界之存在是为另一世界而存在，反之另一世界却是自为的世界。这样试再用上面的例子来说，凡尝着是甜味的东西，真正讲来或者就内在本质说，在事物中是酸的；或者就属于

现象界的现实的磁针是北极的地方，而就内在的或本质的存在说就会是南极。凡在现象界的电里表明为氧极的东西，在非现象界的电里就会是氢极。或者说，一个行为在现象界里是犯罪，而在内在世界里却可以成为善良的行为（一个坏的行为也可以有好的动机），惩罚只是在现象界是惩罚，而它本身或者在另外一个世界里却可以对于那犯罪者是一件好事。但是像把内与外、现象界与超感官界当作两种现实性那样的对立这里却不再有了。那互相排斥的差别也不重新被分为两个那样的实体，每个都带着这些差别，并赋予它们以分离和独立的持久存在，以致知性将又从内在世界出来，退回到它原来的地位。一个方面或实体将又会是知觉的世界，在其中那两个规律中的一个将起着作用，而与它相对立的内在世界，和前一个世界一样正是一个感性的世界，不过是在观念中的世界；这个世界是不能够指明的、不能够看见的、听见的、尝到味道的感性世界，但是它却被设想为那样一个感性的世界。但是事实上如果那一个被设定的世界是一个知觉的世界，而它的自在世界作为它自身的颠倒或反面，同样是一个被设想的感性世界，那么酸的东西就会是甜的东西的自在物；黑的东西就会是白的东西的自在物，并且是真正的黑的东西；北极就会是南极的自在物，并且是在同一磁针内出现的北极；氧极，作为氢极的自在物，就是同一个化电堆的现存着的氧极。但是那现实的罪行有其颠倒了的一面和它的自在本性在动机本身内作为一种可能性，不过不是在一个好的动机内；因为动机的真理性只是在行为本身内。然而罪行按它的内容说来在现实的惩罚中回到它的本身或者回到它的反面或颠倒了的一面。在这里法律与它相反的现实性即犯法的罪行就得到了

调解。最后，现实的惩罚在这样意义下包含着和它正相反对的现实性在它里面，即因它是法律的一种实现，通过这种实现，那法律对罪行施加惩罚的活动就扬弃了它自身，于是那正在实施的法律就又成为静止的、有效的法律，而个人反对法律的活动和法律处罚个人的活动都随之消失了。

〔三、无限性〕

由此足见，颠倒这个观念构成了超感官世界的一个方面的本质，我们必须从颠倒这个观念里排除掉那把诸多差别固定化在一个不同的持存性的要素内的感性的看法，而差别的这个绝对概念作为内在的差别必须纯粹表明为并且理解为自身同一者本身与它本身的排斥和不等同者本身与它本身的等同。这里我们所必须加以思维的乃是纯粹的变化、自身之内的对立或矛盾。因为在一个作为内在差别的差别里，那对立的一面并不仅仅是两个之中的一个，——如果这样，那差别就不是一个对立的东西，而是一个存在着的东西了；——而乃是对立面的一个对立面，换句话说，那对方是直接地现存于它自身之内。当然我把对立面放在这里，而把和它对立的对方放在那里；因而我就把对立面放在一边好像没有对方而独立自存。但是正因为我在这里把对立面当作独立自存，它才是它自己的对立面，或者说，事实上它把对方直接地当作在它之内。——所以那颠倒了的超感官世界是同时统摄了另一世界的，并且把另一世界包括在自身内。它自己是意识到它自己是颠倒了的世界，这就是说，它意识到它自己的反面；它是它自己和与它对

立的世界在一个统一体中。只有在这个意义下,它才是内在差别的差别或自身差别,或者说它才是无限性。

通过无限性我们就看见规律完成其自身而达到内在必然性,而现象界的一切环节都被吸收到内在世界里面去了。说规律的单纯本质就是无限性或必然性,根据上面的分析看来,就是说:(甲)规律是一个自我等同的东西,但却包含差别在自身内,换言之,规律是自己排斥自己、自己分裂为二的自身同一的东西。那所谓单纯的力双重化它自身并由于它的无限性而是法则。(乙)那被分裂为二的(Entzweite)成分,亦即被表象为构成规律中的诸部分,便被表明为有持存性或实体性的东西;如果脱离了内在差别的概念来考察这些部分,那么那些表现为重力的诸环节:空间和时间或者距离和速度,它们彼此之间以及它们对于重力本身,都是漠不相干没有必然性,同样这个单纯的重力对于它们或者单纯的电对于阳电和阴电都是漠不相干的。(丙)但是由于内在差别的概念则这个不等同、不相干的成分,空间和时间等,就成为无差别的差别或者只是一个等同的东西的差别,而它的本质是统一性;它们便作为肯定与否定、阴与阳互相激励,而它们的存在毋宁在于设定自身为非存在并扬弃自身于统一体中。有差别的双方都持存着,它们是潜在的,它们是潜在的对立面,这就是说,它们是它们自身的对立面,它们拥有它们的对方于自身之内,并且它们只是一个统一体。

这个单纯的无限性或绝对概念可以叫做生命的单纯本质、世界的灵魂、普遍的血脉,它弥漫于一切事物中,它的行程不是任何差别或分裂所能阻碍或打断的,它本身毋宁就是一切差别并且是一切差别之扬弃,因此它自身像血脉似的跳动着但又没有运动,它

自身震撼着,但又沉静不波。它是自身等同的,因为它里面的诸差别是循环往复的;它们是差别,但是又没有差别。因此这种自身等同的本质只是与自身相关联。与自身;足见自身是一个他物须得加以关联,而与自身相关联毋宁也就是分裂为二(Entzweien);换句话说,这种自身等同性正是内在的差别。这些分裂开的成分因而都是独立自在的,每一个都是一个对立面——一个对方;所以只消提到一方,则它的对方同时必然已经包含在内。或者说,一方不是一个对方的对立面,而只是纯粹的对立面;这样每一方本身就是它自己的对立面。或者说,一般讲来每一方并不是一个对立面,而乃是一个纯粹的自为存在,一个纯粹的自身等同的本质,它里面不包含任何差别:那么我们就用不着问,更用不着把劳费精神于这样的问题看作哲学了,或者甚至把它认作哲学所不能回答的问题,——差别或他物如何会从这个纯粹本质中出来,或者差别和他物如何会从它里面派生出来。因为分裂的过程业已发生,差别已被排除于自身等同的东西之外,并且被放在它的另一边;那应该是自身等同的东西已经成为分裂的方面之一,而不是那绝对的本质了。因此那自身等同的东西分裂自身就同样意味着,它扬弃自身作为已经分裂的东西,它扬弃自身作为他物。人们常常说的,差别不能自其中产生出来的统一性事实上本身仅仅是分裂过程的一个环节;这种统一性不过是那与差别相对立的单纯性之抽象罢了。但是既然这种统一性是抽象,它只是相对立的双方的一方面,这就等于说,统一性是分裂为二的过程;因为如果统一性是一个否定性的东西,是一个对立的方面,那么它就恰好被设定为包含对立在自身内的东西。因此分裂为二过程和自身等同过程同样仅是一种自

身扬弃的过程；因为那最初自己分裂自己并过渡到它的反面的自身等同的东西既然只是一个抽象，或者本身已经是一个分裂了的东西，那么它的分裂过程因而就是它的分裂为二的存在之扬弃。那自身等同的过程同样是一个分裂为二的过程；那成为自身等同的东西因而就与那分裂为二的过程相对立；这就是说，它自己把自己放在一边，或者说，它毋宁成为一个分裂为二了的东西。

无限性或者这种纯粹的自身运动的绝对的非静止性，在某种方式下，被规定为，譬如说，存在，它毋宁可以说正是这个规定性的反面，诚然已经是一切前此所经历过各阶段的灵魂，然而只有在内心界中它自身才自由地出现。现象界或力之交替作用的世界已经显示了它的活动，但是它首先自由地出现为说明；并且由于它归根到底是意识的对象，意识能够认识它像它本来那样，于是意识就成为自我意识。知性的说明首先只是作出什么是自我意识的描述。知性扬弃了那些存在于规律之中、已经成为纯粹的、但仍然是各不相干的差别，并且把它们设定在一个统一体、力之内。然而这种等同化的过程同样直接地是一个分裂为二的过程；因为知性之所以能扬弃这些差别，并建立起力的单一性，只由于它造成一个新的差别，即关于法则与力的差别，然而这个差别却同时又没有差别。并且虽说两者的差别同时没有差别，知性仍然进行分析这个差别，并且又将这个差别加以扬弃，因为知性认为力的性质是和法则的性质相同的。但是这样的运动和必然性仍然是知性的运动和必然性，换言之，运动本身并不是知性的对象；反之它却以阳电和阴电、距离、速度、引力以及千百个别的东西作为它的对象，这些对象构成运动的各个环节的内容。也正由于这样，知性未免太自我满足

于它的“解释”了，因为在解释之中，也可以说，意识是在和它自己作直接的自我交谈，它只是欣赏它自己。诚然在解释中，意识仿佛是在认识某种别的东西，然而事实上它只是在认识它自己。

在那相反的规律里，亦即在前一规律颠倒过来的规律里，或者说，在内在差别里，无限性本身诚然是知性的对象，但知性仍然没有把握住无限性的真性质，因为它又把内在的差别，自身同一的东西之自身排斥，不等同的东西之相互吸引，分割成两个世界，或者两个实体性的要素。这种运动在这里，从知性看来，像它在经验中那样，只是一种发生着的事变，等同和不等同只是谓词，这些谓词的本质乃是一个存在着的基质。同一个东西在知性看来是一个具有感性外表的对象，而在我们看来，却是在它的本质形态下的纯粹概念。对于差别的这种理解像它真正那样，或者对无限性本身的这种理解是就我们对它看来如此或就它本身潜在地如此而言。对无限性这个概念的阐定属于科学〔逻辑学〕范围。但是意识，当它直接拥有这个概念时，又出现为意识特有的形式或新的形态，这个新的形式或形态在上面经历的过程里认识不到它的本质，反而把它看成某种完全不同的东西。

当这种无限性的概念成为意识的对象时，于是意识就是差别的意识同时又立即是扬弃了差别的意识。它是本身自为的，它是对无差别者划分差别，换言之，它是自我意识。我把我自己同我本身区别开，在这里我直接意识到，这种差别是没有差别的。我，自身同一者，自己排斥自己；然而这个与我相区别的东西，这个被建立起来的不等同于我的东西当它被区别开时，即直接地对我没有差别。一般讲来，这样的对于一个他物、一个对象的意识无疑地本身必然地是自我意识、是意识返回到自身、是在它的对方中意识到它自身。这种从前一种意识的形态的必然进展,(前一种意识形态以自身以外的一个事物、一个他物为它的真实内容,)正表明了不仅对于事物的意识只有对于一个自我意识才是可能的,而且表明了只有自我意识才是前一个意识形态的真理。但是只有就〔考察这一认识过程的〕我们看来,这个真理才是现实了的,对于意识说来,它还不是如此。而自我意识总是首先成为自为的,它还没有成为与一般意识的统一。

我们看见,在现象界的内在核心里,真正讲来知性所认识的除了现象本身外,并没有某种别的东西,不过不是现象界作为力的交替,而是力的交替在它的绝对普遍的环节里和在这些环节的运动里,事实上知性所认识的只是它自己。一经提高到知觉之上,意识通过现象作为中介便被表明为和超感官界结合起来了;通过现象,意识就可以直观进现象界背后的超感官界。这两个极端,一端是纯粹的内在世界,另一端是直观这纯粹内在世界的内在世界,现在合拢在一起了,它们两方面作为两个极端以及作为不同于它们两极端的中介,现在都消失了。这个遮蔽着内在世界的帘幕因而就撤销了,而出现的乃是内在世界对于内在世界的直观,但是这种直观那无差别的自身等同的东西的过程(这种无差别的自身等同的东西自己排斥自己,把自己建立为有差别的内在世界)对于那有差别的内在世界而言,同样直接地就是两者的无差别,——这就是自我意识。这就表明了,在这个据说遮蔽着内在世界的所谓帘幕之后,什么东西也看不见,除非我们自己走进它的后面,同样也要有某种的确可以看得见的东西在它后面,我们才可以看得见。然而

同时也很明显，人们并不是不经历任何困难笔直就可以走进那后面去的。因为这种关于什么是现象界观念和它的内在世界观念的真理的知识，本身是经历过长远曲折的途程所达到的结果，通过这个过程，意识的诸方式：意谓、知觉和知性都逐渐消失；并且同样也很明显，要认识当意识知道它自身时，它知道什么，还需要更多的条件、更长远曲折的途程，这就是下面所要讨论和发挥的。

乙、自我意识

第四章　意识自身确定性的真理性

确定性前此的各个方式对意识说来其真理都是意识自身以外的某种东西。但这个真理的概念在我们经验到、认识到它的过程中便消失了。就对象是直接地**自在**而言——不论这对象是感性确定性的存在知觉的具体事物、或知性的力——它毋宁被表明为真正地并不存在，而这种**自在**反而证明它自身仅仅是为他物而存在的一个方式；这种抽象的、自在的对象的概念扬弃其自身于现实的对象中，或者说，那最初的直接的观念扬弃其自身于经验到、认识到它的过程中；而这种确定性消失其自身于真理性中。但是在前此各个阶段所没有的情况，现在却发生了，即现在我们达到了一种确定性，这种确定性和它的真理性是等同的；因为确定性本身就是它自己的对象，而意识本身就是真理。无疑地这里面也还是有一个他物；因为意识区别出这样一种东西，这东西对于它同时又是没有差别的。如果我们称知识的运动为**概念**，而称那作为静止的统一或自我的知识为**对象**，那么我们就会看见，不仅就我们说来，而且就知识本身说来，对象都是符合于概念的。或者用另一个方式来说，如果我们称自在的对象为概念，而称那与主体相对立或者为一个对方而存在的东西为对象，那么很明显，那自在的存在和为他物而存在乃是同一的；因为那自在的就是意识；而意识同样又是这样的东西，对于它一个他物（即自在的东西）存在着；并且只是对于意识说来，对象的自在和对象为他物而存在才是同一的；自我是这种关系的内容并且是这种关联过程的本身；自我是自我本身与一个对方相对立，并且统摄这对方，这对方在自我看来同样只是它自身。

〔Ⅰ.自我意识自身〕　到了自我意识于是我们现在就进入真理自家的王国了。我们要看一看，自我意识这一形态最初如何出现。如果我们把知识的这种新形态，即对于自己本身的知识，与前面的那种知识，即对于一个他物的知识联系起来考察，那么诚然可以说对于他物的知识是消失了，不过这种知识的各个环节同时却仍然保存着，而损失在于它们只是潜在地现存在这里。意谓阶段的单纯的存在，知觉阶段的个别性和与个别性相对立的普遍性，以及知性的对象空虚的内在世界都不复被当作本质，而只是作为自我意识的诸环节，这就是说，作为一些抽象的东西或有差别的东西，这些东西对意识本身同时是没有存在的或者没有差别的和纯粹消失着的东西。由此看来只是那主要环节本身，亦即对于意识的单纯的独立长存性是失掉其存在了。但是事实上，自我意识是从感性的和知觉的世界的存在反思而来的，并且，本质上是从他物的回归。作为自我意识它是运动；然而由于它只是把自己本身同自己区别开，所以对于自我意识这个作为一个他物的差别立刻就被扬弃了；差别是不存在的，自我意识只是“我就是我”的静止的同语反复；因为在自我意识看来，如果差别也不具有存在的形态，则

它就不是自我意识。因此对自我意识来说,他物也被当作一个存在,或者当作一个有差别的环节。但是自我意识本身和这个有差别的环节的统一对它说来也是第二个有差别的环节。就具有前一环节而言,自我意识就是意识,感性世界的整个范围都被保持着作为它的对象,不过同时只是作为与第二个环节,即意识与其自身的统一相联系。因此感性世界对自我意识说来是有持存性的,不过只是现象或异于自我意识而本身没有存在的东西。然而自我意识的这种现象和真理性的对立只是以真理性,亦即以自我意识和它自身的统一为它的本质。自我意识必须以这种统一为本质,这就是说,自我意识就是欲望一般。意识,作为自我意识,在这里就拥有双重的对象:一个是直接的感觉和知觉的对象,这对象从自我意识看来,带有否定的特性的标志,另一个就是意识自身,它之所以是一个真实的本质,首先就只在于有第一个对象和它相对立。自我意识在这里被表明为一种运动,在这个运动中它和它的对象的对立被扬弃了,而它和它自身的等同性或统一性建立起来了。

〔Ⅱ.生命〕 但是对自我意识是否定的东西的那个对象就它那一方面说来,在它本身或者对于我们而言同样是返回到它自身,正如就另一方面说来,意识是返回到它自身一样。通过这种返回到自身,对象就成为生命。那被自我意识当作异于自己而存在着的东西,就它之被设定为存在着的而言,也不仅仅具有感性确定性和知觉的形态在它里面,而它也是返回到自身的存在,并且那当下欲望的对象即是生命。因为知性对事物的内在本性的关系之真正性质或一般结果就是对不能区别的东西加以区别,换言之,就是有差别的东西的统一。这个统一,像我们所看见那样,同样是自己对自己的排斥；于是这个概念就分裂为自我意识与生命的对立：前者是这样的统一：诸多差别的无限统一是对它而存在着的；而后者则仅仅是这个〔无限〕统一本身，所以这个统一同时不是自为地存在着。因此意识具有多少独立性，它的对象自身也同样具有多少独立性。一个绝对自为地存在的自我意识，立刻就会赋予它的对象以否定的特性，或者说，如果自我意识首先是欲望，因而它就会经验到它的对象的独立性。

生命这一规定，像我们于进入这一阶段时从生命的概念或一般结论所得来的，已可以充分表明它的本性，用不着进一步予以发挥了。生命的发展过程包含如下诸环节。它的本质是扬弃一切差别的无限性，是纯粹的自己轴心旋转运动，是作为绝对不安息的无限性之自身的静止，是运动的各个不同环节在其中消融其差别的独立性本身，是时间的单纯本质，这本质在这种自身等同性中拥有空间的坚实形态。但是这些差别在这个简单的普遍的媒介中同样保持其差别，因为这个普遍的流动性具有否定的本性，只由于它是诸多差别的扬弃。但是如果它没有持存性，它就不能扬弃那些差别。这个流动性，作为自身等同的独立性，本身正是诸多差别环节的持存或实体，在这里而它们因而就是有差别的关节和有自为存在的部分。在这里，它们的存在已不复是抽象意义的存在，它们的各个环节、纯粹的本质性也不带有抽象普遍性的意义了；反之它们的存在正是那在自身内的纯粹运动之简单的流动的实体。然而这些关节相互间的差别作为差别一般地不包含任何别的规定性，只包含无限性的诸环节或纯粹运动本身的规定性。

这些独立的关节是各个自为的；不过这种自为存在既同样直

接地是它们的返回到统一,也是统一之分裂为两个独立的形态。这个统一是分裂为二了,因为它是绝对地否定的或无限的统一;又因为它是持存的,所以差别也只有在它之内才有独立性。各个形态的这种独立性好像是一个特定的、为他的东西,因为它们是分裂出来的,又因为这种二元性的扬弃是要通过他物才能实现。但是,这种扬弃仍然同样是在它自身之内的;因为那种流动性正是各个独立形态的实体;但这个实体是无限的;因此各个形态即在它们的持存中,便包含着分裂或它们的自为存在之扬弃。

如果我们把这里所包括的诸环节加以较确切的区别,则我们就可看见,第一阶段我们就得到各个独立形态的持存,或者差别本身所具有的性质的压制,亦即各个形态之无自在性、无持存性的克服。但第二阶段就是各个形态的那种持存性之被克服在差别的无限性之下。在第一阶段里,那持存着的形态:作为自为存在着的或者在其规定性中的无限实体,它走出来反对那普遍的实体,它否认这实体的流动性和它同这实体的连续性,并且坚持它自己不被消融在这个普遍的实体之中,反而企图通过脱离它的这种无机的本性,并通过消耗它的这种无机本性以保持其自身。生命在这种普遍的流动的媒介中静默地展开着形成着它的各个环节,它正是通过这一过程成为这诸多环节或形态的运动或者过渡到作为过程的生命。这种单纯的普遍的流动性是自在之物,而那有差别的诸多形态则是他在之物。但是这个流动性本身将会通过这种差别成为他在之物,因为它现在是为那差别而存在着,而这差别本身却是自在自为的东西,因而是无限的运动(那个静止的媒介是为这无限的运动所消耗着),——亦即是作为活生生的过程的生命。——但是

这种颠倒过程因而也就是〔事物的〕颠倒性本身；那被消耗了的是这样一种本质，即个体性，这个个体性牺牲普遍性来保持它自身，并获得一种与它自身相统一的感情，正由于这样，它取消了它同它的对方的对立，而唯有通过它的对方它才是它自己。个体性所获得的与它自身的统一恰好是诸差别的流动性或者诸差别的普遍的解体。但是，与此相反，那个体的实体性的扬弃却正是个体的持存性的创获。因为那个别形态的本质、那普遍的生命、和那自为存在的东西自身既然是简单的实体，所以当个别的形态扬弃了那建立对方于自身内的简单的实体性或者扬弃了它的本质时，这就意味着，它分裂了那简单的实体性，而这种对无差别的流动性的分裂却正是个体性的建立。生命的这种简单的实体性因此就是把它自身分裂成诸多形态并且同时就是这些持存着的诸差别的解体；而分裂过程的解体也同样是一种分裂或肢解的过程。这样一来，那被区别开的整个运动的两个方面，即那在有独立性的普遍媒介中静止地彼此并列着的各个形态与生命的过程就合而为一了。后者——生命的过程——固然是扬弃个别形态的过程，也同样是个别形态形成的过程；前者固然是区别开个别形态的过程，也同样是扬弃个别形态的过程。那流动的、连续的成分本身只是本质的一种抽象，换句话说，它只有作为一个形态才是现实的；当它分化它自身时，它又是那些分化了的环节之分裂或解体。这整个圆圈式的途程构成了生命，生命既不是，像最初所表示的，它的本质之直接的连续性和坚实性，也不是那持存着的和自为存在着的各个分离的形态，也不是这些分离的形态之纯粹的过程，也更不是这些环节之简单地结合在一起。生命乃是自身发展着的、消解其发展过

程的、并且在这种运动中简单地保持着自身的整体。

〔Ⅲ.自我与欲望〕 既然我们从最初的直接的统一出发，通过形态的形成和运动的诸环节而达到这两个环节的统一，于是又返回到那最初的简单的实体，那么这个返回了的统一是不同于那最初的统一的。这第二个统一既然与那直接的统一相反对，或者作为一个已经表示出来了的存在，就是一个普遍的统一，这个普遍的统一包含所有这些环节作为被扬弃了的成分在它之内。它是简单的类，这个类在生命自身的运动过程中不是作为这种简单的类而独立存在；而是在这个结果中，生命指向着一个它自身以外的他物，亦即指向着意识，对于意识生命是作为这种统一或类而存在着。

但是这另一个生命（类的本身是对它而存在，而它本身也是类，即自我意识），最初只是作为这种简单的本质而存在，而且以纯粹的自我作为对象；在它的经验中（这经验就是我们现在所要考察的），这个抽象的对象对于它将要更加丰富，并且将要得到一种开展，像我们在生命那里所看见的那样。

这简单的自我就是这个类或简单的共相，对于它诸多差别是不存在的，只由于它是那些被形成的独立的环节之否定的本质；因而自我意识只有通过扬弃它的对方（这对方对于它被表明是一个独立的生命）才能确信它自己的存在；自我意识就是欲望。确信对方的不存在，它肯定不存在本身就是对方的真理性，它消灭那独立存在的对象，因而给予自身以确信，作为真实的确信，这确信对于它已经以客观的方式实现了。

但是在自我意识的这种满足里，它经验到它的对象的独立性。欲望和由欲望的满足而达到的自己本身的确信是以对象的存在为条件的，因为对自己确信是通过扬弃对方才达到的；为了要扬弃对方，必须有对方存在。因此自我意识不能够通过它对对象的否定关系而扬弃对象；由于这种关系它毋宁又产生对象并且又产生欲望。欲望的对象事实上是不同于自我意识，欲望的本质；通过这种经验自我意识便认识到这个真理了。但是，同时，自我意识仍然是绝对自为的，而它要获得绝对的自为存在，只有通过扬弃对象，它的满足必须建筑在对象的扬弃上，因为这就是真理。由于对象的独立性，因此只有当对象自己否定了它自己时，自我意识才能获得满足；对象必须自己否定它自己，因为它潜在地是否定性的东西，并且它必须作为一个否定性的东西为对方而存在。由于对象本身是否定性的，因而它同时是独立的，所以它是意识。就意欲的对象——生命来说，否定或者是来自一个对方，亦即出于欲望，或者是以一个特殊形式与另外一个不相干的形态相反对，或者是以生命的无机的普遍本性的形式来否定生命。但是这个普遍的独立的本性，在它那里否定是绝对的，就是类的本身或作为自我意识的类。自我意识只有在一个别的自我意识里才获得它的满足。

自我意识的概念首先在这三个环节里得到完成：（甲）纯粹无差别的自我是它的最初的直接的对象。（乙）但是这种直接性本身就是绝对的间接性，它只是通过扬弃那独立自存的对象而存在，换言之，它就是欲望。欲望的满足诚然是自我意识返回到自己本身，或者是自我意识确信它自己变成了〔客观的〕真理。（丙）但是它这种确信的真理性实际上是双重的反映或自我意识的双重化。意识拥有一个对象，这对象自己本身把它的对方或差异者设定为不存在的，因而它自己是独立存在的。这个差异者也只能是一个有生命的形态，在生命本身的过程里诚然也要扬弃它的独立自存性，但是它同它的差异者已不复是原来的样子；而自我意识的对象在这种自身的否定性中同样是独立的；因此它自己本身就是类，就是它自己独立存在的独特性中之普遍的流动性或连续性；它是一个有生命的自我意识。

这里的问题是一个自我意识对一个自我意识。这样一来，它才是真实的自我意识；因为在这里自我意识才第一次成为它自己和它的对方的统一；那本来是它的概念的对象的自我，现在事实上不是对象了〔即不是与它相对立的现象了〕；但是欲望的对象之所以是独立的，只是因为这对象是普遍的不可磨灭的东西。既然一个自我意识是对象，所以它既是一个自我，也是一个对象。——说到这里，精神这一概念已经出现在我们前面了。意识所须进一步掌握的，关于精神究竟是什么的经验，——精神是这样的绝对的实体，它在它的对立面之充分的自由和独立中，亦即在互相差异、各个独立存在的自我意识中，作为它们的统一而存在：我就是我们，而我们就是我。意识在自我意识里，亦即在精神的概念里，才第一次找到它的转折点，到了这个阶段，它才从感性的此岸世界之五色缤纷的假象里并且从超感官的彼岸世界之空洞的黑夜里走出来，进入到现在世界的精神的光天化日。

一、自我意识的独立与依赖；主人与奴隶

自我意识是自在自为的，这由于、并且也就因为它是为另一个自在自为的自我意识而存在的；这就是说，它所以存在只是由于被

对方承认。它的这种在双重性中的统一性的概念，亦即在自我意识中实现着其自身的无限性的概念是多方面的，它里面的各个环节具有多层的意义：一方面，这个概念的各个环节彼此之间保持着严格的差别和界限；另一方面在这种差别中同时它们又被认作没有差别，或者总是必须从相反的意义去了解它们。有差别的方面的这种双重意义即包含在自我意识的本质里，而它的本质即是无限的，或者即是直接地被设定为自我意识的规定性〔或有限性〕的反面。对自我意识在这种双重性中的精神统一性概念的发挥，就在于阐明这种承认的过程。

〔Ⅰ.双重的自我意识〕　自我意识有另一个自我意识和它对立；它走到它自身之外。这有双重的意义，第一，它丧失了它自身，因为它发现它自身是另外一个东西；第二，它因而扬弃了那另外的东西，因为它也看见对方没有真实的存在，反而在对方中看见它自己本身。

它必定要扬弃它的这个对方；这个过程是对于第一个双重意义的扬弃，因而它自身就是第二个双重意义；第一，它必须进行扬弃那另外一个独立的存在，以便确立和确信它自己的存在；第二，由此它便进而扬弃它自己本身，因为这个对方就是它本身。

这个对于它的双重意义的对方之双重意义的扬弃同样是一种双重意义的返回到自己本身。因为第一通过扬弃，它得以返回自己本身，因为通过扬弃它的对方它又自己同自己统一了；第二但是它也让对方同样地返回到对方的自我意识，因为在对方中它是它自己，于扬弃对方时它也扬弃了它自己在对方中的存在，因而让对方又得到自由。

但是自我意识与另一自我意识相关联的这种运动在刚才这种方式下是被表象为一个自我意识的活动；不过一方面的活动本身即具有双重意义，它自己的活动也同样是对方的活动。因为对方同样是独立的、封闭在自身之内的，在对方里面没有什么东西不是通过它自己而存在的。那第一个自我意识所遇着的对象并不仅仅是被动的像欲望的对象那样，而乃是一个自为地存在着的独立的对象，对于这样一个对象，因此，如果这对象自己本身不做它（前者）对它所做的事，则它对它的对象再也不能为所欲为。所以这个运动纯全是两个自我意识的双重运动。每一方看见对方做它所作的同样的事。每一方做对方要它做的事，因而也就作对方所做的事，而这也只是因为对方在做同样的事。单方面的行动不会有什么用处的，因为事情的发生只有通过双方面才会促成的。

因此行动之所以是双重意义的，不仅是因为一个行动既是对自己的也是对对方的，同时也因为一方的行动与对方的行动是分不开的。

在这个运动里，我们看见，那表明为力的交替的过程又重复出现了，不过现在是在意识中出现罢了。在前一过程里只是〔就分析认识过程的〕我们看来如此，而在这里却是两个极端或对立的双方自己意识到如此。自我意识是中项，它自己分化成两个极端；每一极端都和对方交换它的规定性，并且完全过渡到它的对方。当然每一方作为意识都是在自身外的；然而在它的在自身外的存在中它同时即返回到自己，是自为的，而它的在自身外乃是对意识而言的。就意识看来，它立刻是、又不是另一个意识；并且同样，这另一意识是自为的，只因为它扬弃了它的自为存在，而且只有在对方有自为存在的情形下，它才有自为存在。每一方都是对方的中项①，每一方都通过对方作为中项的这种中介作用自己同它自己相结合、相联系；并且每一方对它自己和对它的对方都是直接地自为存在着的东西，同时只由于这种中介过程，它才这样自为地存在着。它们承认它们自己，因为它们彼此相互地承认着它们自己。

我们现在要考察承认的这种纯粹概念或自我意识在它的双重化的统一性中的纯粹概念，看它的这种过程如何表现在自我意识前面。首先我们要阐述双方的非等同性或者双方从中项走出过渡到极端的过程，而这两极端，作为极端相互对立着，一方只是被承认者，而另一方只是承认者。

〔Ⅱ.对立的自我意识的斗争〕　自我意识最初是单纯的自为存在，通过排斥一切对方于自身之外而自己与自己相等同；它的本质和绝对的对象对它说来是自我；并且在这种直接性里或在它的这种自为的存在里，它是一个个别的存在。对方在它看来是非本质的、带有否定的性格作为标志的对象。但是对方也是一个自我意识；这里出现了一个个人与一个个人相对立的局面。就当下出现的情况看来，它们彼此都以普通对象的姿态出现。它们都是独立的形态，是沉陷在生命的一般存在之中的意识形态，——因为在这里那存在着的对象是被规定为生命——这些意识形态彼此相互间还没有完成绝对的抽象过程的运动：没有根除一切直接的存在并且成为自我同一的意识之纯粹否定的存在，换句话说，它们相互

① “中项”是一逻辑名词，在这里初看很费解，把“中项”理解为“中介”、“媒介”或“桥梁”，意思就更清楚了。——译者注

间还没有表明它们为纯粹的自为存在或自我意识。每一方虽说确信它自己的存在,但不确信对方的存在,因而它自己对自己的确信也就没有真理性了。因为它的真理性将会仅仅是这样:即它自己特有的自为存在将会被表明为对它是一个独立的对象,或者同样的意思,对象将会被表明为它自身的这种纯粹确信。但是根据承认这一概念看来这是不可能的,只有对方为它而存在,它也为对方而存在,每一方自己本身通过它自己的行动并且又通过对方的行动完成了自为存在的这种纯粹抽象过程——只有在这种相互承认的条件下,这才是可能的。

但是要表明自身为自我意识的纯粹抽象,这在于指出它自身是它的客观的形式之纯粹的否定,或者在于指出它是不束缚于任何特定的存在的,不束缚于一般存在的任何个别性的,并且不束缚于生命的。这种表明过程是一个双重的行动:对方的行动和通过自身的行动。就它是对方的行动言,每一方都想要消灭对方,致对方于死命。但这里面又包含第二种行动,即通过自身的行动;因为前一种行动即包含着自己冒生命的危险。因此两个自我意识的关系就具有这样的特点,即它们自己和彼此间都通过生死的斗争来证明它们的存在。它们必定要参加这一场生死的斗争,因为它们必定要把它们自身的确信,它们是自为存在的确信,不论对对方或对它们自己,都要提高到客观真理的地位。只有通过冒生命的危险才可以获得自由;只有经过这样的考验才可以证明:自我意识的本质不是一般的存在,不是像最初出现那样的直接的形式,不是沉陷在广泛的生命之中,反之自我意识毋宁只是一个纯粹的自为存在,对于它没有什么东西不是行将消逝的环节。一个不曾把生命

拿去拼了一场的个人，诚然也可以被承认为一个**人**，但是他没有达到他之所以被承认的真理性作为一个独立的自我意识。同样每一方必定致对方于死命，正因它自己为此而冒生命的危险，因为它不复把对方看成是它自己〔的一部分〕；对方的本质在它看来乃是一个他物，外在于它自身，它必定要扬弃它的外在存在。对方是一个极其麻烦的、存在着的意识，它必须把它的外在存在看成纯粹的自为存在或绝对的否定。

但是这种通过生死的斗争来证明自身存在的过程既扬弃了由此所获得的真理，同样也因而又扬弃了对它自身一般的确信；因为正如生命是意识之**自然**的肯定，有独立性而没有绝对的否定性，同样死亡就是意识之**自然**的否定，有否定性而没有独立性，因而这种独立性就没有得到承认所应有的意义。通过生死的斗争无疑地获得了这样的确定性，即双方都曾经拼过性命，对于自己的性命以及对于对方的性命都不很重视；不过对于那亲身经历这场生死斗争的人说来却没有这样的确定性。它们扬弃了这种在异己的存在中，亦即在自然的存在中建立起来的它们的意识，换句话说，它们扬弃了它们自己，并且提高到各自寻求其自为存在的两极端。但是这样一来，由于变换的辩证过程，这本质的环节就消失了，并分裂成具有正相反对的规定性的两个极端，而中项就堕落成死气沉沉的统一体，这个统一体分裂为死气沉沉的、单纯地存在着而不对立着的两极端。并且这两方面并不相互地通过意识彼此有所予、有所取，反之只是各自让对方自由自在，互相漠不相干地把对方当作“物”。它们的行动是抽象的否定，不是意识的否定，意识的**扬弃**是这样的：它**保存**并且**保持住**那被扬弃者，因而它自己也可以经得

住它的被扬弃而仍能活下去。

在这种经验里自我意识就认识到，生命与纯粹的自我意识对它都有同等的重要。在直接的自我意识里那单纯的自我是绝对的对象，不过这种对象就我们说来或者就它本身说来是绝对的中介，并且以实体性的独立存在为它的主要环节。那种单纯的统一性之解体是初次经验的结果；通过这次经验一个纯粹的自我意识和一个不是纯粹自为的，而是为他物的意识就建立起来了，这就是说，作为一个存在着的意识或者以物的形态出现的意识就建立起来了。两个环节都是主要的，因为它们最初是不等同的并且是正相反对的，而它们之返回到统一里还没有达到，所以它们就以两个正相反对的意识的形态而存在着。其一是独立的意识，它的本质是自为存在，另一为依赖的意识，它的本质是为对方而生活或为对方而存在。前者是主人，后者是奴隶。

〔Ⅲ.主人与奴隶〕——〔1.统治〕 主人是自为存在着的意识，但已不复仅是自为存在的概念，而是自为存在着的意识，这个意识是通过另一个意识而自己与自己相结合，亦即通过这样一个意识，其本质即在于隶属于一个独立的存在，或者说，它的本质即属于一般的物。主人与这两个环节都有关联，一方面与一个物相关联，这物是欲望的对象，另一方面又与意识相关联，而这个意识的本质却是物或物性。由于主人第一作为自我意识的概念是自为存在的直接的关联，但第二现在同时作为中介或作为自为存在，而这种自为存在只是通过对方的媒介才成其为自为存在的，所以主人第一就直接地与双方相关联，第二间接地通过对方与每一方相关联。主人通过独立存在间接地使自身与奴隶相关联，因为正是在这种关系里，奴隶才成为奴隶。这就是他在斗争所未能挣脱的锁链，并且因而证明了他自己不是独立的，只有在物的形式下他才有独立性。但是主人有力量支配他的这种存在，因为在斗争中他证明了这种存在对于他只是一种否定的东西。主人既然有力量支配他的存在，而这种存在又有力量支配它的对方〔奴隶〕，所以在这个推移过程中，主人就把他的对方放在自己权力支配之下。同样主人通过奴隶间接地与物发生关系。奴隶作为一般的自我意识也对物发生否定的关系，并且能够扬弃物。但是对于奴隶来说，物也是独立的，因此通过他的否定作用他不能一下子就把物消灭掉，这就是说，他只能对物予以加工改造。反之，通过这种中介，主人对物的直接关系，就成为对于物的纯粹否定，换言之，主人就享受了物。那单纯的欲望所未能获得的东西，他现在得到了，并把它加以享用，于享受中得到了满足。光是欲望并不能获得这些，因为物亦有其独立性。但是主人把奴隶放在物与他自己之间，这样一来，他就只把他自己与物的非独立性相结合，而予以尽情享受；但是他把对物的独立性一面让给奴隶，让奴隶对物予以加工改造。

在这两个环节里，主人是通过另一意识才被承认为主人的，因为在他们里面，后者是被肯定为非主要的，一方面由于他对物的加工改造，另一方面由于他依赖一个特定的存在，在两种情况下，他都不能成为他的命运的主人，达到绝对的否定性。于是在这里关于承认就出现了这样的一面：那另一意识〔奴隶〕扬弃了他自己的自为存在或独立性，而他本身所做的正是主人对他所要做的事。同样又出现了另外的一面：奴隶的行动也正是主人自己的行动，因为奴隶所做的事，真正讲来，就是主人所做的事。对于主人只有自为存在才是他的本质,他是纯粹的否定力量,对于这个力量,物是无物。因此在这种关系中,他是纯粹的主要的行动,而奴隶就不是这样,他只是一个非主要的行动。但是为了达到真正的承认还缺乏这样一面:即凡是主人对奴隶所做的,他也应该对自己那样做,而凡是奴隶对自己所做的,他也应该对主人那样做。由此看来这里就发生了一种片面的和不平衡的承认。

在这种情况下,那非主要的意识是主人的对象,这对象构成他对他自身的确信的真理性。然而显然可见,这个对象并不符合他的概念,因为正当主人完成其为主人的地方,对于他反而发生了作为一个独立的意识所不应有之事。他所完成的不是一个独立的意识,反而是一个非独立的意识。因此他所达到的确定性并不是以自为存在为他的真理;他的真理反而是非主要的意识和非主要的意识之非主要的行动。

照这样看来,独立的意识的真理乃是奴隶的意识。奴隶意识诚然最初似乎是在那独立的意识自身之外,并不是自我意识的真理。但是正如主人表明他的本质正是他自己所愿意做的反面,所以,同样,奴隶在他自身完成的过程中也过渡到他直接的地位的反面。他成为迫使自己返回到自己的意识,并且转化自身到真实的独立性。

〔2. 恐惧〕 我们只看见了奴隶对主人的关系。但是奴隶是自我意识,现在还要进一步考察一下奴隶自在自为地是什么。首先就奴隶来说,主人是本质。因此独立的自为存在着的意识是他的真理,不过这个真理对奴隶说来还不是本身固有的。但是事实上奴隶却包含有这种纯粹否定性和自为存在的真理在自身内,因为

他曾经在自身内经验到这个本质。因为这种奴隶的意识并不是在这一或那一瞬间害怕这个或那个灾难，而是对于他的整个存在怀着恐惧，因为他曾经感受过死的恐惧、对绝对主人的恐惧。死的恐惧在他的经验中曾经浸透进他的内在灵魂，曾经震撼过他整个躯体，并且一切固定规章命令都使得他发抖。这个纯粹的普遍的运动、一切固定的持存的东西之变化流转却正是自我意识的简单本质、是绝对的否定性、是纯粹的自为存在，这恰好体现在这种意识里。纯粹自为存在的这一环节也是这种意识的对象，因为主人是以纯粹自为存在为他的对象的。再则，这种奴隶意识并不一般地仅仅是这种普遍的转化，它乃是在服务中现实地完成这种转化的。在这种过程中在一切个别的环节里他扬弃了他对于自然的存在的依赖性，而且他用劳动来取消自然的存在。

〔3. 培养或陶冶〕　但是一般的绝对权力之感以及特殊地表现在服务中的绝对权力之感只是潜在的消融，虽说对于主〔或主人〕的恐惧是智慧的开始，但在这种恐惧中意识自身还没有意识到它的自为存在。然而通过劳动奴隶的意识却回到了它自身。当行动符合于主人的意识的时候，对于物的非主要的关系这一面诚然显得是落在服役者的意识身上，因为在这一关系里物仍然保持其独立性。欲望却为自身保有其对于对象之纯粹的否定，因而享有十足的自我感。但是也就因为这样，这种满足本身只是一个随即消逝的东西，因为它缺少那客观的一面或持久的实质的一面。与此相反，劳动是受到限制或节制的欲望，亦即延迟了的满足的消逝，换句话说，劳动陶冶事物。对于对象的否定关系成为对象的形式并且成为一种有持久性的东西，这正因为对象对于那劳动者来说

是有独立性的。这个**否定的**中介过程或陶冶的**行动**同时就是意识的**个别性**或意识的纯粹自为存在，这种意识现在在劳动中外在化自己，进入到持久的状态。因此那劳动着的意识便达到了以独立存在为**自己本身**的直观。

但是对于事物的陶冶不仅具有肯定的意义，使服役的意识通过这种过程成为事实上**存在着**的纯粹的**自为存在**，而且对于它的前一个环节，恐惧，也有着否定的意义。因为在陶冶事物的过程中，它意识到它特有的否定性、它的自为存在是它的对象，只因为它扬弃了与它相对立的存在着的**形式**。但是这个客观的与它相对立的**否定物**正是那异己的存在，在这个异己的存在面前它曾经发抖过。但是现在它摧毁了这个异己的否定者，并且在持久的状态下把**自己**建立为一个否定者，由此它**自己本身**便成为一个**自为存在着**的东西。在主人面前，奴隶感觉到自为存在只是**外在的东西**或者**与自己不相干的东西**；在恐惧中他感觉到自为存在只是潜在的；在陶冶事物的劳动中则自为存在成为他**自己固有的**了，他并且开始意识到他本身是自在自为地存在着的。奴隶据以陶冶事物的形式由于是**客观地被建立起来的**，因而对他并不是一个外在的东西而即是他自身；因为这形式正是他的纯粹的自为存在，不过这个自为存在在陶冶事物的过程中才得到了实现。因此正是在劳动里（虽说在劳动里似乎仅仅体现**异己者的意向**），奴隶通过自己再重新发现自己的过程，才意识到他自己**固有的意向**。——在这自己返回自己的过程中，两个环节：恐惧的环节和一般服务以及陶冶事物的环节是必要的，并且同时两个环节必须以普遍的方式出现。没有服务和听从的训练则恐惧只停留在外表形式上，不会在现实

生活中震撼人的整个身心。没有陶冶事物的劳动则恐惧只停留在内心里，使人目瞪口呆，而意识也得不到提高与发展。如果没有最初的绝对的恐惧，意识就要陶冶事物，那么它只能是主观的、虚妄的偏见与任性；因为它的形式或否定性并不是否定性**自身**或真正的否定性，它对于事物的陶冶因此并不能给予意识自身以意识的本质。如果意识没有忍受过绝对的恐惧，而只是稍微感到一些紧张或惊惶，那么那否定的存在对于它还是一个外在的东西，它的整个灵魂还没有彻头彻尾受到对方的感染或震撼。它的自然意识的全部内容既然没有动摇，则它**本身**仍然还有一种特定的存在，〔也就还有任性和偏见，而〕任性和偏见就是自己个人主观的意见和意向，——是一种自由，但这种自由还停留在奴隶的处境之内。对于这种意识，纯粹形式不可能成为它的本质，特别是就这种纯粹形式之被认作弥漫于一切个体的普遍的陶冶事物的力量和绝对的概念而言，不可能成为它的本质；反之这种意识毋宁是一种小聪明，这种小聪明只对于某一些事象有一定的应付能力，但对于那普遍的力量和那整个客观的现实却不能掌握。

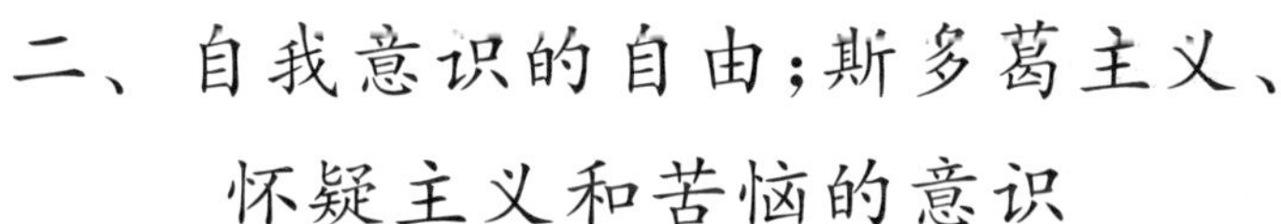

二、自我意识的自由；斯多葛主义、怀疑主义和苦恼的意识

一方面只有纯粹抽象的自我才是独立的自我意识的本质，另一方面，当这个抽象的自我发展它自己并分化它自己时，则这种分化出来的东西不会成为自我意识的客观的**自在**的真实本质。因此这个自我意识不会成为一个在它的单纯性里真实地分化其自身的

自我,或者不会成为一个在这种绝对的差别中能保持自身等同的自我。反之那被迫而返回到自身的意识在陶铸事物的过程中却以自身为对象,这就是说,它以被陶铸的事物的形式为对象,同时在主人身上他看见自为存在的意识。但是对于服役的意识本身而言,如下这两个环节是分裂开的:即以它自己本身为独立的对象这一环节和以这个对象为意识,因而为自己固有的本质这一环节。不过既然形式和自为存在不论就我们说来或者就它本身说来都是一样的,并且既然就独立的意识这一概念说来,自在的存在就是意识,所以在劳动中接受陶铸所加给它的形式的自在存在或物,除了是意识外更不会是别的实体了。这样,一种新形态的自我意识、一种以无限性或者以意识的纯粹运动为本质的意识就出现在我们前面了。这是一个能思维的或自由的自我意识。因为思维并不是指抽象的自我,而是指这样的自我,它同时具有自在存在的意义,它以它自身为对象,换句话说,它与客观存在有这样的联系,即后者具有以它为对象的那个意识的自为存在的意义。在思维里,对象不是以表象或形象的方式而是以概念的方式被把握,这就是说,在思维里,对象是以一个异于意识的自在存在的身份直接地作为意识的对象,但又与意识没有差别。那被表象的东西、形象化的东西、存在着的东西所具有的形式一般是某种异于意识的东西。然而一个概念同时就是一个存在着的东西,概念与存在的差别,就其是意识自身所作出的差别而言,即是概念自身一定的内容。但是在这里,由于这内容同时是一个被概念把握了的内容,意识自身就直接意识到它和这个确定的、有差别的存在着的东西的统一性;但是在表象里情形就不是这样,在表象里意识所首先特别感觉到的,

就是表象乃是它的(存在着的东西的)表象;而概念对我说来直接地就是我的概念。在思维里,我是自由的,因为我不是在他物中,而纯全保持在我自身中,并且那对我是客观存在着的对象也是为我而存在的,与我有不可分离的统一。在概念思维中的我的运动即是在我自身中的运动。——所以在这一形态的自我意识的规定主要地是必须牢记:它是一般的思维意识,或者说它的对象是自在存在与自为存在之直接的统一。那自身同一并自己排斥自己的意识现在成为自在存在着的因素了。不过这种因素本身只是最初大体上作为一般的存在而出现,还没有作为客观的存在之多方面丰富内容的发展和运动而出现。

〔Ⅰ.斯多葛主义〕　自我意识的这种自由,就其出现在人类精神的历史上作为一个自觉的现象而言,大家都知道,叫做斯多葛主义。它的原则认为:意识是能思维的东西,只有思维才是意识的本质,并且认为:任何东西只有当意识作为思维的存在去对待它时,它对于意识才是重要的或者才是真的和善的。

生命之多方面的自身分化的广大领域以及生命之个体化、复杂化的过程是欲望和劳动的活动所对付的对象。这种多方面的活动现在缩小成为在思维的纯粹运动中所找到的简单的差别。有实在性的东西,在它看来,不是特定事物,或一个特定的自然存在的意识,也不是对特定事物和自然存在的情感、欲望或目的,——不论这些东西是由自己的意识或由一个异己的意识建立起来的差别都是没有实在性的,反之只有思想内的差别或者与自己没有直接差别的差别,才被认为是有实在性的。因此这个意识对主人与奴隶都采取消极的态度。在主人地位时,它的行动也不以奴役奴隶而获得真理性，在奴隶地位时，它的行动也不以听从主人的意志、替主人服务而获得真理性，反之不论在宝座上或在枷锁中，在它的个体生活的一切交接往来的依赖关系之中，它都是自由的、超脱的，它都要保持一种没有生命的宁静，这种没有生命的宁静使它经常脱离生存的运动、脱离影响他人与接受影响的活动而退回到单纯的思想实在性之中。主观的刚愎任性是这样一种自由，它执著于个别的东西，并且仍然停留在奴隶意识之内，但斯多葛主义的自由却不是这样，这种自由是直接从奴隶意识超脱出来的，已经返回到思想的纯粹普遍性，并且作为世界精神的普遍形式，它只有在存在着普遍的恐惧和奴役的时代才能够出现，而且也要在一个有普遍教养——而且这教养已经提高到思想的水平——的时代才能够出现。

虽说这个自我意识现在并不以它自身以外的他物为本质，亦不以纯粹抽象的自我为本质，而乃是以一个包含对方在内——不过这对方是一个与它有差别的思想性的东西——的自我为本质，所以在它的对方中它立刻返回到它自己；然而它的这个本质同时只是一个抽象的本质。自我意识的这种自由对于自然的有限存在是漠不关心的，因而它同样对于自然事物也听其自由，不予过问；这样，自身返回就成为双重的。单纯思想中的自由是只以纯粹思想为它的真理，而纯粹思想是没有生活的充实内容的，因而也只是自由的概念，并不是活生生的自由本身。因为这种自由首先只是以一般的思想为本质，这只是一种〔抽象〕形式，它脱离了独立存在的事物而返回到自己本身。但是既然作为有行动的个人应该表现得活泼泼地，换言之，作为能思维的个人应该把活生生的世界理解

为一个思想的体系，那么在思想本身内就应该具有这样广阔的内容，对于生活方面善的东西，对于世界里面真的东西都具有思想的形式，这样一来，所有一切意识的对象就彻头彻尾地除了概念——而概念是意识的本质——以外就没有别的内容了。但是概念在这里既然是抽象的，它就脱离了事物的多样性，它本身内就没有内容，而只有一个被给予的内容。意识的内容既然是思维的对象，当然它取消了作为异己存在的内容，不过这概念既是特定的概念，而概念的这种特定性就是它里面所包含的异己成分。因此斯多葛主义对于回答什么是一般真理的标准(像这个名词当时所表示那样)，亦即真正讲来什么是思想本身的内容这一问题时，就处于困惑的境地。对于什么是真的和善的这个问题，它也只能以没有内容的思想本身作为回答说，真和善是包含在合理性中的。但是思想的这种自身同一又只是一个纯粹的形式，里面什么确定的东西也没有。因此斯多葛主义所宣扬的一些普遍名词：真与善，智慧与道德，一般讲来，无疑地是很高超的，但是由于它们事实上不能够达到任何广阔的内容，它们不久也就开始令人感到厌倦了。

这种能思维的意识，就其具有抽象的自由的特性而言，因而就只是对于外在存在之不完全的否定。脱离了有限存在而仅仅退回到自身，它并不曾在自身内完成了对有限存在的绝对否定。内容诚然被它认作只是思想，不过内容又认作是特定的思想，因而同时就带有一种特定性或局限性。

〔Ⅱ.怀疑主义〕　怀疑主义就是那在斯多葛主义那里仅仅是概念的东西之实现，并且是什么是思想的自由之现实的经验；它本身是否定的，并且必须表明其自身为否定的。随着自我意识之返回到单纯的对它自身的思想，与此相反，事实上独立的有限存在或持存的特殊性就脱离了无限性。在怀疑主义里，现在这个有限存在或特殊性的一面对意识说来就成为完全没有重要性和独立性的东西了；思想完全成为一种否定的思维，否定了那多方面地有规定性的世界，而自由的自我意识的否定性在生活的这种多样性形态中成为真实的否定性。

由此可以明白看见，正如斯多葛主义与表现在主人和奴隶关系里的独立的自我意识的概念相符应，所以怀疑主义就与主人和奴隶关系之实现于对对方、对欲望和劳动采取否定的态度相符应。但是如果欲望和劳动不能为自我意识发挥其否定作用，则这种对多样性的独立存在的事物采取攻击或否定的态度反而会得到成功，因为它是以预先就完成了的自由的自我意识的身份转而去反对它们的，确切点说，因为它在自己本身内就拥有思维或无限性，从思维或无限性的原则看来，那些与它有差别的种种独立事物，都只是行将消逝的东西。那些有差别的事物，在自我意识的纯粹思维里仅仅是有差别的事物的抽象，而在怀疑主义这里却成为一切的差别事物，并且一切有差别的存在都成为自我意识的一个有差别的存在。

这样一来，大体上对怀疑主义的行动和怀疑主义的形态就有了明确的规定。怀疑主义指出了由感性确定性、知觉到知性的辩证运动，它又指出那在主人和奴隶关系中被抽象思维本身认为是确定了或固定了的东西之非本质性。主人与奴隶的关系自身同时包含着一个确定的〔意识〕形态，按照这种形态说来这里也有道德律作为主人的命令；但是抽象思维中的规定本来是科学的概念，而形式的、没有内容的思维却伸展进这种概念，事实上，它只是以一种外在的方式，将一种独立于概念的存在赋予概念，而只认特殊的确定的概念为有效准，虽说这些概念仍然是一些纯粹抽象的东西。

辩证法作为否定的运动，像它直接地存在着那样，对于意识说来显得首先是意识必须向它屈服而且它是不通过意识本身而存在着的东西。反之在怀疑主义里，辩证法是自我意识的一个环节，自我意识在这种否定过程里不仅发现它的真理性和实在性消失了，而不自知其如何消失的，而且于确信它自己的自由时，使得那给予的被认作真实的他物也随之消失，换言之，在怀疑主义面前，所消失的不仅是客观事物本身，而且自我意识认客观事物为客观的和有效准的根本态度也消失了，这也就是说，它的知觉，以及它对于它有失掉的危险的东西加以稳定下来的努力，它的诡辩，和由它自身规定的并固定下来的真理也都一起消失了。通过这种自觉的否定过程，自我意识为它自身争取到它的自由的确定性，创获到达到那种自由的经验，并且从而把这种经验提高到真理的地位。凡是确定的或有差别的东西，不管这些东西以什么方式、由什么原因而被肯定为固定不变的东西，都一概消失了。确定的、有差别的东西本身没有永久性，必定要在思维面前消失净尽，因为有差别的东西正是不在自身之内，而它的本质只是在他物之内；而思维就是洞观到有差别的事物的这种本性；思维是单纯事物的否定的本质。

于是怀疑的自我意识就在一切想要在它面前固定其自身的事物之迁流变化中经验到它自己特有的自由，并把这自由认作是它自己给予的和凭借它自己而获得的；这样的自我意识本身就是思维自身中的这种宁静，它自己本身的不变的真正的确定性。这种

确定性并不是由一个外在的异己的把它的多面的发展包藏在自身中的东西所产生出来的结果，而这结果又是脱离了它的生成发展的过程的抽象结果。而那意识本身毋宁就是绝对的辩证的不安息，一种感觉和思维的表象的混合体，这些表象的差别会混而为一，而这些表象的同一又同样会分解其自身为多，因为这种同一与不同一对立起来，本身就是一种规定性，换言之，它并没有把不同一包摄在它自身内。事实上这种意识在这里不唯不是一个自身同一的意识，而只是一个纯全偶然的混沌体，一种永远在制造紊乱的摇摆不定的东西。真正讲来，这就是它的本来面目；因为它自己带来并保持着这种自相矛盾的紊乱。因此它自己也承认这一事实，它自己承认它是一个完全偶然的、个别的意识，——一个这样的经验的意识，它所追求的是对它没有实在性的东西，它所听从的是对它没有本质性的东西，它所做的和它所实现的是对它没有真理性的东西。但是同样，在这种方式下，一方面它承认个别的偶然的甚至事实上动物的生活和丧失了自我的意识为有价值，另一方面它又对所有一切的事物予以漫无差别的看待。因为它是对所有一切个别事物和所有一切差别事物的全盘否定。从这种漫无差别、等同一切的态度或者毋宁说在它自己本身内，它又退回到前面提到的那种偶然性和紊乱里面，因为这种自身运动着的否定过程所对待的只是个别事物，所周旋的只是偶然性的东西。因此这种形态的意识乃是一种无意识的摇摆不定，从自身同一的自我意识一端到偶然的、紊乱模糊的意识一端，往来反复摇摆不定。它自己对它自己本身这两个思想就始终结合不起来：一方面它认识到它的自由在于超出有限存在中的一切紊乱和一切偶然性，而另一方面它又同样自己承认自由在于退回到非本质的东西并徘徊周旋于这些非本质的东西里面。它让非本质的内容在它的思想内消失掉，但是正由于这样，它就成为一种非本质东西的意识。它口头上宣称一切事物的绝对消失，然而这种口头上的宣称存在着，而这种意识就只是口头上所宣称的消失：它口头上宣称所看见、所听见的东西不存在，然而它自己本身却看见了、听见了；它口头上宣称伦理原则不存在，然而它自己却仍然把这些伦理原则当作支配它的行为的力量。它的行为和它的言词永远是矛盾着的，而它自身内也具有自身同一和不变与偶然性和不同一性两重矛盾着的意识。但是它把它自身这种矛盾的两方面分离开，而它对于这种矛盾的态度，完全像对待它在纯粹的否定运动里那样。对于这种怀疑的自我意识，如果你向它指出事物的同一性，那么它就会向你指出其不同一性；对于它刚才所宣称的不同一性，如果现在你再向它提出来，那么它立刻就会转而指出其同一性。它所说的话事实上就好像顽皮任性的小孩子的吵闹，一个说甲，另一个就说乙；一个说乙，另一个就说甲，而他们通过这样的互相反对争辩，借以获得彼此处于矛盾争辩状态中的乐趣。

在怀疑主义里，意识真正讲来经验到它自己是一个自身矛盾着的意识。从这种经验出发，它又进展到一个新的形态，这个新的形态把怀疑主义分离开了的两个思想结合起来了。那对自身缺乏〔辩证〕思想的怀疑主义必定要消逝，因为事实上它是包含着这两种方式在自身内的一个意识。因此这个新的形态自己意识到它是双重的意识，一方面意识到它是自己解放自己的、不变的、自身同一的意识，另一方面又意识到它是绝对自身紊乱的和颠倒错乱的意识，亦即意识到自己的矛盾的意识。

在斯多葛主义里，自我意识是单纯的自身自由。在怀疑主义里，自由得到了实现，自我意识否定了另一方面即确定的有限存在这一面，但是这正所以双重化自身，而它自身现在就成为两面的东西。这样一来，那过去划分为两个个人——主人与奴隶——的两面性，现在就集中在一个人身上了。于是现在就出现了自我意识在自身之内的二元化，这种二元化在精神的概念里是本质的，不过这两方面的统一却还没有达到，——这就是苦恼的意识，苦恼的意识就是那意识到自身是二元化的、分裂的、仅仅是矛盾着的东西。

〔Ⅲ.苦恼的意识，坏的主观唯心主义〕 这个苦恼的自身分裂为二的意识，因为它的本质的这种矛盾是包含在一个意识里，于是在一个意识里必定永远也有另外一个意识，所以当每一方面自以为获得了胜利、达到了安静的统一时，那么，它就立刻从统一体中被驱逐出来。但是苦恼的意识之真正回返到自身或者它同它自己的和解，将要表明那具有生命并且进入现实存在的精神的概念，因为在它本身内已经包含着它是一个未经分裂的意识这种双重的形态。它自己本身就是一个自我意识之直观到另外一个自我意识，而它自己兼有两方面，而两者的统一也是它自己的本质；不过就它自己本身说来，它还没实现它的这种本质，它还没有实现这两方面的统一。

〔1.变化的意识〕 由于它最初只是两方面之潜在的直接的统一，因而对它说来这两方面并不是一样的，而是互相反对的，所以它就认其中的一个方面，即单纯的不变的那一方面为本质，而认另一方面，即杂多的变化的一面为非本质的。在它看来两方面都是

彼此外在的生疏的存在。因为它自己本身是这种矛盾的意识，于是它就把自己放在变化的意识那一方面，而自认自己是非本质的，然而就它作为不变的、单纯的本质而言，它自己同时必须进而把它自己从非本质的一面，亦即从它自己本身中解救出来。因为虽说，在它自己看来，它诚然只是变化的一面，而那不变的一面对它是生疏异己的东西，然而**它本身**究竟是简单的从而亦即不变的意识，并且意识到这不变的意识是**它的**本质，但是尽管如此**它本身**究竟还不是这个本质。因此它所给予两方的地位是不能彼此漠不关心的，这就是说，它自己是不能对那不变的意识漠不关心的；而它自己本身同时就是两方面，不过就它看来，**两方面的关系**是本质与非本质的关系，所以后者是应该加以扬弃的。但是既然就它说来两方面都是同等重要并且是矛盾着的，那么它就只是一矛盾着的运动，在这个运动里对立面在它的对立面里是不能得到安息的，而只有作为对立面在它的对立面里重新创造自己。

这里于是就出现一场对敌的斗争，在这场斗争里对敌的胜利毋宁是一种失败，获得一个东西毋宁意味着与它的对方失掉了同一的东西。对于它的生命、它的存在和活动的意识只是对于这种存在和活动感到痛苦，因为在这里它只意识到它的反面才是它的本质并且意识到它自己的虚妄不实。于是它就超出这种境地过渡到不变的意识。但是这个提高仍然是这个意识本身；因而这种提高立刻就是对于对方的意识，亦即意识到它自身的个别性。正因为如此，那进入意识的不变的东西同时就为个别性所感染，而且只是以充满着个别性的形态而出现。在不变的意识里个别性不唯没有被取消，而它只是在那里继续不断地出现。

〔2. 不变的形态〕 但是在这运动里意识就正好经验到个别性出现在不变者之中和不变者出现在个别性之中。于是意识就大体上认识到个别性在不变的本质之内，并且同时在不变的本质之内认识到它自己的个别性。因为这个运动的真理正是这种双重意识的统一。不过这种统一最初对于它仍然是这样一种统一，在其中两方面的差异性还占着统治地位。由于这样，在意识前面，个别性与不变的本质相结合就有了三种不同的方式：第一，意识本身又表现为与那不变的本质相对立，并且退回到斗争开始的情况，这种斗争始终是整个关系的主要原则。第二，意识又发现那不变的本质以个别性的形式出现在它里面，于是个别性就成为不变的本质的形态，从而整个存在的方式或形态都转变为不变的了。第三，意识发现它自身是不变的本质中之个别东西。那第一个不变的本质对意识说来只是异己的本质，它对于个别性采取裁判的态度。由于在第二方式里，不变的本质只是个别性的一个形态，像意识自身那样，所以在第三方式里，意识就发展为精神，它以在精神中发现它自身为愉快，并且意识到它的个别性和普遍的东西得到了统一。

这里所陈述的不变的意识的形态和关系事实上就是那分裂为二的(entzweite)自我意识在它的苦恼中所经历过的经验。现在这种经验当然不是它的单方面的运动，因为它自己本身就是不变的意识，而不变的意识同时也是个别的意识，并且这个运动也同样是不变的意识的运动，这个不变的意识和它的对方——个别的意识都同样多地出现在这个运动里。因为这个运动是通过这样三个环节而进行的：首先不变的意识与一般的个别意识相对立，其次个别意识本身与另外一个个别意识相对立，而最后个别意识与不变的意识合而为一。不过这种看法，就它是我们的看法而言，在这里是不适时的，因为直到现在为止，我们所讨论的不变只是关于意识的不变，这种不变还受一个对立面的牵制，因而还不是真正的、自在自为的不变。因此我们还不知道那自在自为的不变是什么情形。我们这里所获得的结果仅仅是这样，即就我们所研究的对象意识说来，上面所指出的这些特性是表现在不变的意识里了。

因此基于这种理由，那不变的意识在它所表现的形态中本身也保有分裂为二的存在与自为的存在的特性和基本特征以与个别的意识相反对。所以从个别意识一般看来，说不变的意识也具有个别性的形态，乃是一种重要的事变；这正如个别意识也只是〔偶然〕发现它与不变的意识相对立，因而认为由于本性它具有这种关系；最后，它在不变的意识中发现了自己，这事在它看来一部分无疑地是由它自己本身做出来的，或者这事之所以发生是因为它本身是个别的，但是它之所以获得这种统一，无论就这种统一的起源或存在来说，一部分又是属于那不变的意识；并且这个对立仍然存在于这种统一自身内。事实上由于不变的意识表现为具体形态，彼岸这一环节不唯仍然保持着，却毋宁反而还更固定了。因为一方面那渺远的彼岸世界既然取得了个别现实性的形态，它似乎诚然是距个别意识更近了，但另一面它今后却以一个暗淡的感性的单一体的身份，并且具有现实事物的整个坚实性来与个别意识相对立。要想和这样的单一体合而为一的希望必定会永远只是一个希望，这就是说，永远也得不到满足或实现。因为在希望和希望的满足之间恰好存在着绝对的偶然性或不可动摇的漠不相干，这种偶然性或漠不相干性即包含在特殊形态本身内，而这种特殊形态

的本身正是引起希望的基础。由于这个存在着单一体的本性，由于这个单一体既披上了现实性的外衣，那么它必然要在时间中消逝，要在空间中变得很遥远，并且永远保持遥远的距离。

〔3. 现实与自我意识的统一〕　如果最初那分裂的意识的单纯概念具有这样的特性，即它要扬弃它自己作为个别的意识，并且要想成为不变的意识，那么它今后努力的方向可以说是在于扬弃它对那未表现为具体形态的纯粹的不变意识的关系，而只是效忠诚于对那已表现成形态的不变意识的关系。因为个别意识与不变意识的统一是它今后的本质和对象，正如在它的单纯概念里它的主要的对象只是无形相的抽象的不变意识；它的单纯概念所包含的这种绝对分裂的关系，现在正是它所要避免的。但是最初把表现成形态的不变意识当作一个异己的现实东西的那种外在关系，它必须把它提高到绝对的合而为一。

那非本质的意识努力以求达到统一的运动，按照它与那表现为形态的彼岸的三重关系，本身也具有三个环节：第一，作为纯粹的意识；第二，作为个别的存在，这存在以欲望和劳动的形式对待现实性；第三，作为对它自己的自为存在的意识。现在我们就要看一看，它的存在的这三种形态如何表现在那个总的关系中，并且具有什么样的特性。

〔(1)纯粹的意识〕　首先就它被认作纯粹的意识而言，那表现为形态的不变意识，由于它是纯粹意识的对象，似乎是被建立像它自在自为的本身那样。但是它自在自为的本身是什么样子，像已经提到过那样，这是还没有实现出来的。如果它自在自为的本身是在意识内，那这无疑地必须从那不变的意识出发，而不是从意识出发。但是尽管如此，它在这里的这种出现最初只是片面地通过意识而出现，正因为这样所以它是不完善的、不真实的，而总是为不完善性或为一个对立物所重压着。

但是虽说苦恼意识不享有真实的、完善的、不变的意识之出现，而它同时却已经超出了纯粹思维，因为纯粹思维是完全脱离了个别性的、抽象的斯多葛主义的思维，并且是怀疑主义的单纯的不安息的思维——事实上怀疑主义只是把个别性当作无意识的矛盾和这种矛盾之不停息的运动的思维。所以苦恼意识超出了这两派思想，它把纯粹思维和个别性结合起来并保持起来了，不过还没有提高到那样一种思维，在它那里意识个别性和纯粹思维本身得到了和解。它可以说是站在一个中间地点，在那里抽象思维接触到意识的个别性本身了。它本身就是这个接触点；它是纯粹思维与个别性的统一；它又意识到这个思维的个别性或纯粹思维，并且意识到那不变的意识本身本质上乃是个别性。但是它还没有意识到，它的这个对象，那在它看来本质上具有个别性形态的不变意识即是它自己本身，即是它自己这种意识的个别性本身。

因此就它被我们认作纯粹意识的这第一种形态而言，它对它的对象的态度不是思维的，但是由于它自身当然潜在地是纯粹思维着的个别性，而它的对象正是这种纯粹思维，然而它们本身彼此的关系又不是纯粹思维，因此可以说，它不是在思想，而只是在默想，——它是虔敬默祷的默想。它的思维不过是无形象的钟声的沉响或一种热熏熏的香烟的缭绕，换言之，只不过是一种音乐式的思想，而没有达到概念的水平，只有概念才是唯一的、内在的、客观的思维方式。这种无限的、纯粹的、内心的情调当然有它的对象，不过这个对象不是以概念的形式出现，而是以一个外在的、异己的东西出现。于是这里我们就有了纯粹心情的内在运动，这种心情感觉到自身，不过感觉到自身处于痛苦的分裂状态中，而它的运动是一种无限的仰慕之情，这种仰慕之情确信它的本质是那样一种纯粹的心情、纯粹的思维，它把自己设想为个别的东西，——这种仰慕之情并且确信它会被这个对象所认识并承认，正因为它把它自己设想为个别的东西。但同时这个本质是一个不可企及的彼岸，这个彼岸当你到达时，它立即就飞离开，或者毋宁说，当你达到时，它已经飞离开了。因为一方面它自身就是被设想成个别东西的不变意识本身，因此当意识在不变的意识里直接地达到它自身时，它却发现它自身与那不变的意识正相对立，意识不唯没有把捉住本质，它仅仅感觉到，并且堕回到自己原来的境地，既然意识之达到自身并不能免除这种对立，所以它不唯没有把捉住本质，而只是抓住了非本质的东西。正如意识一方面虽努力要达到本质，但只抓住了自己分裂了的现实状态，所以另一方面它就不能够掌握住对方〔即本质〕作为个别的东西或现实的东西。它在哪里去寻求本质，本质就不能在那里被它找到；因为本质已经被认作彼岸，被认作不能够找到的东西。如果把本质当作个别东西去寻求，那么它就不是一个有普遍性的、被思维的个别性，不是概念，而是作为对象的个别东西，或现实东西，直接的感性确定性的对象，正因为如此，所以它只是这样一种已经消逝了的东西。因此意识只能够达到它自己的生命的坟墓。但是因为生命的坟墓本身是一种现实性，要想现实性提供一种永久性的财产，那是违反它的本性的；所以即使坟墓的到达，也只应是艰苦费力的斗争的结果，而这个斗争注定是要失败的。但是既然意识通过经验认识到(1)它的现实的不变的本质之坟墓并没有现实性,(2)那消逝了的个别性,既然是消逝了的,就不是真正的个别性,那么它就会放弃把不变的个别性当成现实的东西去寻求,或者它就会不再坚持那已经消逝了的不变的个别性了。只有这样它才能够找到真正的个别性或具有普遍性的个别性。

〔(2)个别的本质与现实性,虔敬的意识的活动〕　但是首先心情之返回到自身必须认作是具有现实性的个别存在。它是纯粹的情调,这种情调就我们或就它本身来说,都得到了实现和满足;因为虽说它在它的情绪中意识到它同本质分离开了,但这种情绪本身就是自我情绪,它曾经感觉到它的纯粹情绪的对象,而这个对象就是它自身;因此在这里它就作为自我情绪或独立存在着的现实的东西而出现。这种返回到自身在我们看来就是它的第二种态度,即欲望和劳动的态度,劳动对于意识证实了对它自己本身的内在确定性,这种确定性,我们看见,是通过扬弃和享受异己的存在,亦即通过扬弃和享受以独立事物的姿态出现的异己的存在而达到的。但是苦恼的意识发现它自己只是在欲求着和劳动着;它自己并没有意识到,发现它自己在这样欲求着和劳动着的境地即包含着它的内在确定性的根据,而它对本质的情绪即是这种自我情绪。由于它自己本身没有意识到这种确定性,所以它的内心生活仍然对它自身还保持着一种苦恼失望的确定性;它通过劳动和享受所可获得的证实,因而也同样是苦恼失望的证实,换句话说,它自己本身必须否定这种证实,以便在其中发现这种保证诚然是一种保证,但只是关于它的自为状态亦即关于它之分裂为二的证实。

欲望和劳动所指向的现实性，对这个意识来说，已不复是一个本身虚无的东西，对它只消加以扬弃和消灭就行，而是一个像意识本身一样的东西，一个分裂为二的现实性，这种现实性只在一方面是本身虚无的，而另一方面却又是一个神圣的世界。这种分裂为二的现实性是不变的意识的一个形态，因为不变的意识曾经保有个别性在自身内，并且因为它是不变的所以它就是普遍的，它的个别性一般讲来都具有一切现实性的意义。

如果意识是自为的独立的意识，而现实性对它是自在自为地虚无的，那么在劳动和享受中，它就可以达到独立性之感，从而它自身就会是能够扬弃现实性的东西。但是这种现实性既然被意识认作是不变的本质的一个形态，那么它就不能通过它自身扬弃这种现实性。反之既然意识能够消灭这现实性并加以享受，那么，对它说来，这主要是由于那不变的本质自己放弃了它的形态，任凭意识去享受它。在这里，意识就它那方面说，同样作为现实的东西而出现，不过同时作为内在地破裂了的现实东西而出现，而这种分裂为二在它的劳动和享受之中，分裂为对现实性或自为存在的态度和一个自在存在本身。前一种对现实性的态度是改变或行动的态度，是一种属于个别意识本身的自为存在。但是在这里它也是自在存在；而自在存在这一面属于不变的彼岸；这一面包含才能和能力，这些东西是被认作由不变的本质授予意识的一种外来的恩赐，以供意识使用的。

照这样看来，意识在它的行动里首先就有了两个极端相反的态度；一方面它采取能动的此岸的态度，有一个被动的现实性与它相对立，两者有着相互关系，但是〔另一方面〕两者又都回到不变的

本质，并坚持其自身。因此从两方面都只是分离出了一个表面的部分彼此互相反对，而每一方的表面部分于矛盾运动的过程里，走向与对方的表面部分相对立。现实性的这一面被能动的那一面所扬弃，但是现实性这一面之所以能够被扬弃，只有因为它自己的不变的本质把它扬弃了，它的不变的本质自己排斥自己，并把那排斥掉的东西授予那能动的一面。这能动的力量看来就是现实性赖以解体的威力；由于这样，这种表现在能动性方面的威力是意识——这意识以自在存在或不变的本质为外在的他物——自己的彼岸。因此通过意识的行动，不唯没有返回到自身、不唯没有对自己证实自己的存在，它反而把这种行动的运动反射到对立方面，这方面从而就被认为纯粹普遍的东西、为绝对的威力，从这个威力出发向各方面展开运动，这威力并且是那自身分裂的两个方面的本质——既是它们最初出现的阶段，也是它们矛盾、变化过程的本质。

当不变的意识否定并放弃它自己的表现形态时，而个别的意识便表示感谢，这就是说，它否认它获得自己独立性的意识的满足是由于它自己的努力，并且把它自己行动的本质归功于彼岸，通过两方面相互放弃其自身给对方的这两个步骤，于是无疑地就产生了意识与不变的本质的统一。不过这种统一同时包含着分裂，在自身内又分裂为二，于是从这个统一中又发生普遍与个别的对立。因为意识在表面上诚然不承认它的自我情绪的满足，但是它获得了自我情绪的真实满足，因为它经历过欲望、劳动和享受诸过程；作为意识，它曾经欲求过、工作过和享受过。同样，它对对方的感谢，承认对方是它的本质，并且扬弃自己，这本身就是它自己特有的行动，这个行动平衡并补偿了对方的行动，并且对于对方所赐予的福利以一种对等的行动去报答它。如果前者(不变的本质、彼岸)只把它表面的东西授予意识,而意识也一样地感谢它,犹如对方放弃了它的本质那样,因此真正讲来意识比那只放弃表面部分的对方,在行动上有了较多较好的表现。所以整个运动之返回到个别性这一方面不仅在现实的欲求、劳动和享受之中,而且甚至在对那看来不值得感谢的赐予表示感谢之中。在这里面意识感觉到自己是这种个别的东西,也不让自己为它的自身否定的假象所欺骗,因为它的自身否定的真理即在于它并没有放弃它自己。这里所发生的情况,只是两个对立方面之各自返回其自身;其结果就是把相反对的不变的意识与同它相对立的意识,亦即意志、工作、享受和自身否定或否定其一般自为存在着的个别性意识的分裂过程重演一遍。

〔(3)自我意识达到了理性〕 于是我们就进入意识的运动的第三种态度,这个意识继第二种态度而出现,它已经通过它的意志和工作证明自己真正是独立的。在第一态度里它只是现实意识的概念或者是在行动和享受方面还没有实现的内部心情。在第二态度里,这种心情已经实现为外部的行动和享受。但是由这个阶段它就返回到这样一种意识,这个意识经验到自己是现实的并起着作用的意识,或者是自在自为地真实的意识。但是在这里敌人现在就以它最特殊的形态出现了。在心情的斗争里,个别意识只是一个音乐式的抽象的环节。在劳动和享受里,它只是这种非本质的存在之实现,它可以立刻忘掉它自身,并且在这种实现的过程中,它的这种意识到的特性,由于它以感谢之忱承认对方的赐予就被否定了。但是这种否定真正讲来乃是意识之返回到它本身,并且是返回到它的真实的现实性的自身。

这第三种态度，在其中这种真实的现实性成为一个〔与普遍本质对立的〕对立面，对于这种现实性与普遍本质的关系的看法，在于认现实性只是虚幻不实。对于这种关系的发展过程，我们还须加以考察。

首先就意识的对立关系而论，在这个关系中意识把它的实在性直接地认作虚幻不实，因而它的实际的行动也成为毫无行动，它的享受也成为对它自己的苦恼的感觉。这样一来，行动和享受就失掉了一切普遍的内容和意义，因而它们就会具有自在存在和自为存在的性质，并且双方面都会退回到一种意识企图要加以扬弃的个别性。意识发现它自己作为这种现实的个别性，是在动物性的活动之中，这些动物性的活动并不是不自觉地或自然地做出来，当作一种本身虚幻不实的、对精神没有什么重要性和本质性的东西，由于在这些动物性的活动里表明了敌人特有的形态，于是它们就反而成为意识严肃地费力对待的对象，并且恰好成为最重要的东西。但是既然这个敌人是在它被打倒的情况下创造出来的，并且由于这个敌人是意识自身确立并固定下来的，所以意识不唯不能驱除敌人，反而老是和敌人纠缠在一起，并且看见自己不断地为敌人所玷污，同时它努力从事的内容不唯不是有重要性的东西，反而是最卑贱的东西，不唯不是有普遍性的东西，反而是最个别的东西，所以我们往这里只是看见这样一种人格，它局限在自己狭隘的自我和琐屑的行动中，它老是怀念忧虑着自己不幸的和贫乏得可怜的处境。

但是意识对于两者，对它自己苦恼不幸的情绪和它的行动的

贫乏可怜，都同样把它与不变的本质的统一相联系起来。因为它所企图的对它的现实存在加以直接的毁灭是以不变的本质的思想为中介的，而且是在这种中介的关系中才做到对它的现实存在的毁灭。这个中介的关系构成意识自己反对它的个别性之否定运动的本质，但是它的个别性作为自在的关系同样是肯定的且并将为它自身实现它的这种统一。

因此这个中介的关系是一个推论（Schluss），在这个推论里，那最初确立起来认为与自在的本质相对立的个别性，只是通过一个第三者才与它的对立面结合起来。通过这个中项或第三者，不变的意识那一个极端也是为它的另一极端非本质的意识而存在，而同时非本质的意识也同样只是通过这个中项为不变的意识而存在。于是这个中项就成为把两个极端互相介绍给对方，并且是依次代表每一方向另一方交涉的服务员。这个中项本身就是一个有意识的存在，因为它是一个对意识本身起中介作用的行动；这个行动的内容是意识对它的个别性所采取的否定或消灭的过程。

因此在中项里意识就不把行动和享受看作它自己的行动和享受；它不承认它的意志的本质是自为存在着的一项，并且把它的独特和自由的决定归给中项或服务员身上，从而也就把它的罪过归给中项或服务员。这个中介者，由于和不变的本质有直接的联系，便尽义务劝导人关于什么是正当的。这样产生的行为既然是出于听从他人的劝导，就主观方面亦即就行动和意志方面来说，便停止其为它自己的行为了。但是它的客观方面，亦即劳动的成果和享受却仍然留给那非本质的意识。对于这些成果和享受，意识因而亦同样加以排斥，正如它放弃了它的意志那样，它同样也否定或放弃它在劳动和享受中所获得的现实性。它放弃这些东西一部分是把它们当作它自身意识到的独立性所达到的真理而放弃，因为它所作为的都是一些对它极其生疏不相干的东西，它所想的和所说的都是对它没有意义的东西；一部分是把它们当作外在的财产而放弃，因为它是把它通过劳动赢得的财产丢掉一些；另一部分是放弃它所获得的享受，因为当它在绝食和苦行中它也是弃绝这种享受的。

通过这些步骤：首先放弃自作决定的权利与自由，其次放弃从劳动得来的财产和享受，最后通过一个肯定的步骤，做自己所不懂得的事，说自己所不懂得的话，意识可算得真正地、完全地放弃了它内心的和外在的自由或者放弃了作为它的自为存在的现实性。意识已经确信真正地外在化它的自我，并且把它的直接的自我意识弄成一个事物、一个对象性的存在。

只有通过这种真实的自我牺牲，意识才能保证对它自身的否定与弃绝。因为只有这样才可以消除一种存在于通过心情、意向和语言以表示对于感谢之内心承认中的欺骗性：当意识这样承认感谢时，它无疑地否认自己有独立存在的任何力量，并且把它自己的力量归诸上天的恩赐，但是欺骗性即包含在这种否认本身中，因为在它所没有放弃的财产中，它保持着自身的外在特性，并且在它所作出的决定的意识中，以及在它自身规定的内容的意识中（而这内容不是由外来的异己的东西所给予的，也不是为毫无意义的观念和言语所充满的）它还保持着自身的内在特性。

在这种实际的完成了的牺牲里，意识一方面扬弃了它个别的独特的行动，但另一方面意识也就自在地消除了它的苦恼。至于这种苦恼之自在地消除，乃是出于这个推论中的另一项的行动，即自在存在着的本质的行动。但是同时非本质的那一项的那种牺牲却不是单方面的行动，而包含着对方的行动在自身内。因为放弃自己的意志只是就一方面说是消极的，但是按照它的概念说或就它本身说，它同时又是积极的，因为在放弃意志的过程中同时就肯定意志作为一个他物，肯定意志的本性不是个别的而是一个有普遍性的东西。就这个意识看来，那消极地设定的个别意志之积极的意义乃是另外一个方面的意志，这个意志由于是意识的对方，它不是通过自身，而是通过第三者、中介者，以劝导的形式出现。因此对意识来说，它的意志无疑地是一种普遍的和自在地存在着的意志，但是它自己本身不是这种自在存在。放弃它自己的个别的意志，在它看来，本质上还不是普遍意志之积极的环节。同样它对财产和享受的放弃也只有相同的消极的意义，并且那对它成为中介者的普遍的东西，在它看来，也不是它自己特有的行动。这种客观存在和自为存在的统一虽说是包含在行动的概念之内，并且因而也将成为意识的本质和对象，——但是由于意识没有把这个统一认作它的行动的概念，所以这个统一也没有成为意识的对象——直接地或通过它本身。它反而让那起中介作用的服务员说出它这种本身还摇动着的确信，即确信：它的苦恼自在地正是它的反面，这就是说，它的苦恼在它的行动中自在地会带来自我满足的行动或幸福的享受，同样它的贫乏可怜的行动也自在地是它的反面，亦即绝对的行动，并且确信，按照概念来说，一个行为只有当它是某种个别的行动时一般讲来才是真正的行动。但是就苦恼意识自身来说，行动和它的实际行动仍然是贫乏而无意义的，它的享受仍然是一种痛苦，并且对这些情况加以扬弃，就其积极意义来说，仍然是达不到的彼岸。但是在这个对象里，在它看来，作为这种个别意识的它的行动和存在，是自在的存在和行动，于是对它说来就出现了理性这一观念，出现了意识确信在它的个别性里它就是绝对自在的存在，或者它就是一切实在这一观念。

丙(甲)、理性

第五章 理性的确定性与真理性

当意识获得了个别的意识自身即是绝对的本质这样的思想时,意识便返回到了它自身。对于苦恼的意识来说,自在的存在乃是它自己的彼岸。但是这个意识的运动已经使它在自身中得到了这样的变化:它将充分发展了的个别性,或者说,将现实的意识这个个别性,当作它自己的否定物,即当作和它对立的极端;或者说,它将自己的自为的存在发挥出来作为一个客观的存在;并且,就在它的这个运动中,意识也自觉它与这个共相或普遍的东西已形成了统一,这个统一在我们看来,不再落于意识以外,因为被扬弃了的个别的意识就是这个普遍的东西,同时,因为意识既然保持自己于它的这个否定性之中,这个统一对意识自身而言就是它的本质,意识的真理性即是在具有绝对分立的两极端的推论过程里表现为中项的那个东西,它对不变的意识表示个别的意识已经否定了自己,而对个别的意识则表示不变的意识已不再是它的一个极端,而已与它和解为一。这个中项就是直接认知两极端并联系两极端的统一,它对意识因而对自己所表述的关于两极端的统一的意识,就是它自己即一切真理这个确定性。

〔Ⅰ.唯心主义〕　自我意识既然就是理性，那么它一向对于他物〔或对方〕的否定态度就转化而为一种肯定态度。在过去，自我意识一向所关涉的仅是它的独立和自由，为了拯救和保持其自身，曾不惜以牺牲世界或它自己的实在性为代价，将这两者都当作它自己的本质的否定物。但是，现在作为理性，本身既有了保证，它就感觉到自己与它们之间有了和平，能够容忍它们；因为它现在确知它自己即是实在，或者说，它确知一切实在不是别的，正就是它自己；它的思维自身直接就是实在；因而它对待实在的态度就是唯心主义对待实在的态度。当它采取这种态度以后，仿佛世界现在才第一次成了对于它的一个世界；在此以前，它完全不了解这个世界；它对世界，有所欲求，有所作为，然后总是退出世界，撤回自身，而为自己取消世界，并将作为意识的它自身也一并取消——将关于世界即本质的意识以及关于世界的虚无性的意识，一并予以取消，予以否定。现在，在它的真理性丧失了坟墓，在它的实在性否定了它对自己的否定，而意识的个别性成了它自身的绝对本质以后，它才第一次发现世界是它自己的现实世界，它才对世界的持续存在感觉兴趣，至于以前，它的兴趣只在于世界的消失。因为世界的持续存在对于它来说现在成了它自己的真理性和现在性；它确知只在这里才经验到自己。

理性就是意识确知它自己即是一切实在这个确定性；唯心主义正就是这样地表述理性的概念的。作为理性而出现的意识直接地自身具有这种确定性，同样地，唯心主义也直接地表述着这种确定性：我即是我，意思就是说，作为我的对象的“我”是唯一的对象，

是意识到再没有其他任何对象存在的对象，它即是一切实在与一切现在；它既不是一般的自我意识里的那种对象，也不是自由的自我意识里的那种对象，前者只是一个空虚的一般对象，后者只是一个从其他还与它并存着的对象那里退回自身的对象。但是自我意识不仅自为地是一切实在，而且自在地是一切实在，它之所以既是自为的又是自在的实在，是因为它变成了这个实在或更确切地说证明了自己是这样的实在。它循着这个道路证明了自己：首先，作为自在的存在的他物，消失自己于意谓、知觉和知性的辩证运动之中；然后，仅为自我意识而存在的他物，为自我意识而消失自己于通过主奴意识的独立、自由思想、怀疑的解除、分裂的意识的绝对解放斗争种种过程的一种运动之中。于是有两个方面先后出现，在一个方面中，本质或真理对于意识具有存在的规定性，在另一方面中，本质具有只为意识而存在的规定性。但是这两者归结为一个真理，即：存在的或自在的东西只于它为意识而存在时存在，而那为意识而存在的东西也就是自在的存在。达到了这个真理的意识是已经走过这条道路的，而当它直接地出现为理性时，它却已经忘记这条道路，或者说，这个直接出现的理性只作为这个真理的确定性而出现。它只保证它即是一切实在。但并不理解这个保证，因为那条被遗忘了的道路正就是对于直接表述了出来的这个保证或肯定的理解。同样地，没走过这条道路的人，尽管在具体的经验中他自己也会作出此种肯定，而当他听到这个〔抽象的〕单纯形式下的肯定时是不能对它理解的。

因此，凡本身并不表述达取此种肯定的那条道路而只从这个肯定开始的那种唯心主义，也就是一个既不了解自己又不能使自已为别人所理解的单纯的保证而已。它所表述出来的是一个直接的确定性,与这一个直接确定性对立着的还有其他的只在那条证明道路上才自己消失掉的直接确定性。因而除了那个确定性的保证之外,还有其他确定性的保证也同样有权要求自己与它并存。理性的基础在于各个意识的自我意识:我即是我,我的对象和本质就是我;没有哪一个意识将会否认理性有这个真理性。但是既然它凭借这个根据而承认这一个真理性,它也就承认其他确定性的真理性,即是说,它也承认:对我有他物存在;我以外的他物是我的对象或本质,或者说,我之所以是我自己的对象和本质,只因为我从他物一般中将我撤回而作为一个实在出现于他物一般之旁。——只有理性超脱这个对立的确定性而作为一种反思出现的时候,它的自我肯定才不仅仅是确定性和保证,而是真理;才不是与其他真理并存的,而是唯一的真理。真理的直接出现乃是它的现成的存在的抽象,而此现成存在的本质和自在存在,则是一个绝对的概念,即是说,是它的形成的存在的形成运动。——意识将以不同的方式决定它自己与他物或其对象之间的关系,其决定全看它正处于在发展过程中逐渐意识着它自身的世界精神的哪一阶段上。在每个阶段上,世界精神怎样直接发现和决定它自己和它的对象,或世界精神怎样自为地存在着,视它已经成为了什么或它已经自在地是什么而定。

〔Ⅱ.范畴〕　理性就是确知自己即一切实在这个确定性。但是这种自在或这种实在,还完全是一个一般的东西,还是实在的纯粹抽象。它是自在的自我意识所自为地成为的第一个肯定性,所以自我只是存在物的纯粹本质性或单纯范畴。范畴本来的意义是指存在物的本质性,但并不确定是一般存在物的还是与意识相对的存在物的本质性,而现在则成了只作为思维着的现实的那种存在物的本质性或单纯统一;或者说,范畴意味着:存在与自我意识就是同一个东西;而所谓同一个东西,并不是比较的相同,而是就其本身说根本是一个东西。只有坏的、片面的唯心主义才重新将这个统一作为意识摆在一边,而另将一个自在摆在另一边与它对立起来。——但是这个范畴,即这个自我意识与存在的单纯的统一,现在在其自身就有差别,因为范畴的本质正就在于:它于他物中或绝对差别中直接与自身相同。因此,差别是存在的,但又是完全透明的,它同时是一个差别而又不是一个差别。它呈现为范畴的一种众多性。唯心主义将自我意识的单纯统一表述为一切实在,并直接将它作为本质,而没有先将它当作绝对否定的东西来理解(唯有这个绝对否定的东西自身才具有否定性、规定性或差别),如果说这是不可理解的,那么更不可理解的则是唯心主义认为范畴的诸区别或诸类属存在于范畴之中的论点。它的这个〔关于范畴〕一般的保证,如同关于任何某几种范畴的保证一样,是一个新的保证,但这个新保证自身就意味着人们不应该再将它认为是一个保证。因为既然在纯自我里,在纯粹知性自身,就已开始了差别,那就等于确认在这里直接性、保证和〔对现成事物的〕发现已经被放弃而概念的理解已经开始。但是唯心主义无论以哪种方式重新将诸范畴的众多性当作一种发现物看待,比如说,当作从不同的判断中得来的发现物看待,并以这样地看待它而自满,这实际上应该说是对于科学的一种诽谤;知性即是纯粹的必然性,如果说知性在其自身还不能表现出一种必然性来,那么它在什么地方还能表现呢?

因为照这样说来,事物的纯粹本质性以及它们的差别既然都属于理性,那么真正说来我们就根本不能再谈到事物,就根本不能再谈到只是意识自身的否定物这类东西了。因为诸多范畴都是纯粹范畴的类属。即是说,纯粹范畴还是诸多范畴的种或本质,而不是与它对立的东西。但是它们本身就已经是歧义的东西,它们在其众多性中同时就含有与纯粹范畴相对立的他物。由于这个众多性,它们事实上就与纯粹范畴互相矛盾,而纯粹的统一就必须在自身中扬弃这个众多性并从而将自己构成为诸差别的否定的统一。不过,作为否定的统一,它既排斥诸差别于自身以外,亦排斥最初的直接的纯粹的统一于其自身以外,那么这个作为否定统一的纯粹范畴即是个别性。——一个新的范畴,这是一种排斥的意识,即是说,有在它以外的一个他物存在这样的意识。个别性是范畴从它的概念转化为一个外在实在的过渡,纯粹的图式。它既是意识,又是对于一个他物的指示,因为意识就是个别性和排斥的"单一"。但是这个新范畴的这个他物只是最初的那些其他范畴,即,纯粹本质性和纯粹差别。在这个范畴中,即恰恰在他物的建立中,或者说,在这个他物自身中,意识也就是他物自身。这些不同环节中的任一环节都指示着另一环节,但同时它们自己又不成为一个他物。纯粹范畴指示着类属,类属转化为否定范畴或个别性,但后者又转回头来指示着前者:因为它本身是纯粹意识,它在每个类属中总意识到与它自身的明确统一,但是这个统一同样地又指示着一个他物,这他物当其存在时已消失而当其消失时已再生。

〔Ⅲ.空虚的主观唯心主义的知识〕 我们在这里见到双重意

义下的纯粹意识:在一种情形下,它是往复运行于它的一切环节中的不安静的运动。在这些环节中它见到浮现于其面前而于把捉过程中又被扬弃了的他物;在另一种情形下,它是确知它的真理性的静止的统一。对于这个统一来说,那个不安静的运动是他物;而对于那个运动来说,这个静止的统一又是他物。意识和对象就在这两种相互规定中彼此更替。因此,有的时候意识自身是往复不已的寻求,它的对象是纯粹的自在和本质;而在另外的时候意识是单纯范畴,对象是差别的运动,但是作为本质的意识乃是这整个运动的过程自身;它从作为单纯范畴的自身出发向个别性和对象过渡;又在对象中直观这个过程,将对象作为一个区别物予以扬弃而吸收为己有;并且宣布自己为这个确定性:它自己即是一切实在、既是它自身又是它的对象。

意识的第一个陈述仅仅就是这末一句抽象的空洞的话:一切都是它的。因为确信自己即是一切实在这个确定性最初是个纯粹的范畴。空洞的唯心主义所表述的正就是在对象中认识其自身的这个最初的理性,因为它仅仅将最初的理性作为理性;而由于它指明在一切存在中有这个意识的纯粹我性(Mein)并从而将事物表述为感觉或表象,于是他就自以为已经指明了我性即是完全的实在。所以这种唯心主义就不得不同时是一个绝对的经验主义。因为,为了充实这个空虚的我性,即为了空虚的我性的差别、发展及其体现,它的理性就需要一种外来的冲击,因为感觉或表象的多样性是寄托在外来的冲击里的,这个唯心主义于是就正如怀疑主义一样是一种自相矛盾的歧义的东西,所不同者,怀疑主义是以否定的方式表示自己而唯心主义是以肯定的方式表示自己而已;但是它恰恰和怀疑主义一样，完全不能综括它那些关于纯粹意识为一切实在而外来的冲击或感觉与表象又同样为一个实在等等矛盾思想，它徘徊摇摆于两者之间，终于陷入于坏的、即感性的无限之中。既然它之认为理性即一切实在是指抽象的我性而说的，而他物是与我性不相干的客体，那么它在这里所确认的正就是那种属于理性的一个他物的知识，即属于前面出现过的那些意谓（Meinen）、知觉和概括所见与所知的知性的知识，但按照这种唯心主义的基本概念自身来说，这样的一种知识是被肯定为不是真实的知识的；因为只有统觉（Apperzeption）的统一才是知识的真理性。因此，这种唯心主义的纯粹理性，由于要达取他物，由于要达取那个对它来说是本质的，即自在的，但又非它自身所具有的他物，就被它自身摒斥为一种不是真实知识的知识了；它就这样明知而甘愿地判定自己为一种不真的知识，而不能摆脱对它来说毫无真理性的意谓和知觉了。它在肯定一种双重的根本对立的东西为本质的时候，即肯定统觉的统一和事物两者为本质的时候，它自陷于直接矛盾之中，因为无论事物被叫做外来的冲击，或经验性的东西或感性或物自身，按照它的概念来说，事物总是事物，它总是外来的不属于那个统一的东西。

这种唯心主义是摆脱不了这种矛盾的，因为它肯定理性的抽象概念是真理。这样一来，在它面前，一方面有实在直接地出现在那里，而它却不是属于理性的实在，另方面又以为理性即是一切实在；理性于是始终成了一个永不安静的寻求，而在寻求历程自身之中它又宣称求而有获是不可能的。——但是，现实的理性并不是像所说的这样的毫无成果，当它首先仅仅是确信自己即一切实在这个确定性时,它在这个概念中意识到,作为确定性,作为我它还并不真正地即是实在,因而它已被迫将它的确定性提高为真理性,并已被迫将空虚的我性予以充实。

一、观察的理性

我们看到,这个意识,即存在因它而取得一"他性"的这个意识,不错,现在又重新进入了意谓和知觉,但意谓和知觉却不是确信有一个他物而已的那种确定性,而毋宁是,这个意识已经具有确知它自己即是这个他物的确定性了。在此以前,去知觉和经验事物里的一些东西,对于意识而言,只是适逢其会的或偶然的事情,而现在,它自己运用起观察和经验来了。以前,只就我们来说意谓和知觉是被扬弃了的,而现在乃是就它们自身来说它们是被意识扬弃了;理性的任务,在于知道真理,在于将意谓和知觉所当作一种事物的东西作为概念把它寻找出来,即是说,它要在事物性中仅仅寻找出它自己的意识。因此,理性现在对世界感到一种普遍的兴趣,因为它确知它自己就在世界里,或者说,它确知世界的现在是合乎理性的。它寻找它的他物,因为它知道在他物中所有的不是别的,正是它自身;它只是在寻找它自己的无限性。

理性起初仅仅揣测它自己在实在中,或仅仅一般地知道实在是属于它的,现在在这种意义下它就进而普遍地占领本来就已知道是属于它的那些财产,而满山遍谷插上它的所有权的标志了。但是这个表面的我性还不是它最后的兴趣所在;当它这样兴高采烈地进行普遍占领的时候,它发现在它财产里还有外来的他物,还

存在着抽象理性在其自身中所没有的他物。理性揣测自己是比纯我之为纯我更加深刻的一种东西，因而它必须要求将差别、丰富多样的存在变成属于纯我自己的东西，因而它必须要求，将纯我自身作为现实而予以直观，并发现其自身即是现存着的形象和事物。但是，如果理性掘开事物的一切内脏，打开其一切血管，希望自己能够跳出事物以外来，它就将达不到这个幸运的目的；相反地，它必须首先在其中完成它自己，以便随后能够经验到它自己的完成。

意识进行观察，这意味着什么呢？这是说，理性要想发现它自己就是存在着的对象，就是在现实的、感性现在的方式下存在着的对象，并自认为是自己的这样的对象。这个观察的意识自以为而且自称它不是要想发现或经验其自身，而是相反地要想经验事物之所以为事物的本质。我们所以说这个意识是自以为和自称它不是要想经验其自身，乃是因为这个意识即是理性，而理性自身对于它来说还不是对象。假如意识已经知道理性既是事物的又是它自己的本质，知道理性只能够在意识里以它自己独有的形象而现在着，那么它就毋宁会沉入于它自身的深处，在那里寻找理性而不在事物里寻找了。假如它已经在它的自身深处找到了理性，那么它就会将理性重新从那里推向现实，以便在现实里直观理性的感性外表，而立即将这种感性表现基本上当作一种概念看待。可是，当理性只作为它即是一切实在这个意识确定性而直接地出现的时候，理性是将它的实在性当作存在的直接性看待的，同样它是将自我与这个客观的东西的统一视为一种直接的统一的。在这种统一中理性还没将存在的环节与我的环节分开以后再重新统一起来，或者说，它还根本没认识到这种统一。因此理性，作为观察的意

识，就走向事物，自以为它所认识的事物都是感性的，与我相对的事物；其实仅仅它的实际行动即已显然与这种自以为的想法互相矛盾，因为它认识事物，这就是它将事物的感性改变为概念，就是恰恰将它们改变为同时又即是我的一种存在，从而将思维改变为一种存在着的思维，或将存在改变为一种被思维的存在，并且事实上它肯定事物只作为概念才具有真理性。在这个历程中，就观察的理性看来，所认识的仅仅是事物，但就我们看来，所认识的是意识自身；而它的运动的结果，将是〔这个观察的意识〕从它是自在的变成是自为的。

那么我们现在可以在观察的理性的各运动环节里来考察理性的观察行动了，看它如何将自然、精神以至于自然与精神的关系都作为感性的存在来理解，并看它如何在这个运动历程中寻找作为存在着的现实的它自身。

(a) 对自然的观察

〔Ⅰ. 对无机物的观察〕〔1. 描写〕 如果无思想的意识表示观察和经验是真理的源泉，那么它这种说法很可能造成一种印象，仿佛这是说只有视听味嗅触是真理的源泉；其实在它匆忙地推崇视听味嗅触的时候，忘记了说明同样本质的一件事实，即当它感觉的时候，它已经在为它自己而规定这个感觉对象了。而且这种规定，对于意识来说，其重要性至少不在那种感觉之下。同时也必须承认，这个意识并非仅仅一般地知觉一下而已，比如我看见在烟盒旁的这把小刀，这样的感觉，并不算是一种观察。因为被知觉的东西，其含义应该至少是一个普遍(或共相)而不是一个感性的这个。

这个普遍因而首先只是持续自身等同；它的运动只是同一个行动的同样的反复。当意识只在对象里找到普遍性或抽象的我性时，它是必须将对象自己的运动由自身承当起来的，而因为它还不是对这个对象的理解，那么它至少必须是对这个对象的记忆，而所谓记忆，就是将那种在现实里只以个别的形式现成存在着的东西以普遍的形式表述出来。这种使感性的个别事物从个别性里摆脱出来的超脱，以及仅止容纳了感性物而并未使感性物本质变成普遍物的那种同样表面的普遍性，即，这种对于事物的描写，还并不是一种在对象自身里的辩证运动；这运动毋宁只存在于这种描写里。因而对象一旦被描写了，它就丧失了兴趣；于是描写了一个之后，就必须再去描写另一个，并且永远寻找对象，以便永不休止地描写下去。当不容易发现整个的新事物的时候，就必须回到已经发现过了的事物上来，将它进一步分割拆散，以便在它们身上再发掘出事物性的新的方面来。这个永不休止永不安静的本能，是永远不会缺乏材料的。当然，如果能发现一个新的突出的种，或者甚至于能发现一颗新的星体（星体虽是一个个体，却有普遍或共相的性质），那不能不承认是好运气。但是，就像大象、槲树、黄金等等所标明的那些种和类，它们的界线也是通过许多层次，通过对于混乱一团的动物、植物、矿物以及经人工技术提炼而成的金属与土壤等等的无穷分化而过渡的。在这个普遍的无规定性的广大领域里，分化又重新接近于个别化，有时也重新完全下降于个别化，而在这个广大领域里，蕴藏着有观察和描写的无尽宝藏。但是就在观察和描写面临着一片茫无涯际的原野时，即当描写站立在普遍的边界上时，描写所能够发现到的却并不是一宗不可衡量的财富，

而只是自然和它自己行动的局限;它不再能够知道那看起来好像是自在存在的东西究竟是否不是一个偶然;至于事物形象自身还带有混乱的或不成熟的、软弱和尚未摆脱其初步的无规定性标志的东西,那就连被描写也无权要求的。

〔2.特征〕 如果这种寻求和描写看起来好像仅只与事物有关涉,那么我们须知,寻求和描写并不是顺着感性知觉的道路一直走下去,就观察和描写来说,事物所赖以被认知的东西毋宁比其余的那些感性的属性还更为重要;其余的那些感性属性,诚然是事物自己所不可缺少的,但不是意识所绝对必要的。通过对于本质的与非本质的这个区别,于是就从感性的茫然无绪中涌现出了概念来,而认识就从而宣称,认识它自己至少与认识事物是同样本质的。面对着这个双重的本质性,认识乃陷于一种徬徨状态,不知究竟对于认识是本质而必要的东西是否对于事物也是同样的。一方面,特征应该只为认识服务,使它据以区别事物;但另一方面,所认识的应该不是事物的非本质的东西,而应该是事物自己赖以将自身从一般存在的普遍连续性中分离出来的东西,应该是事物赖以将自己从他物中分离出来而成其为自为的存在的东西。特征应该不仅与认知有本质的关系,而且也应该与事物的本质规定性有关;而且,人为的系统应该符合于自然的系统,并且只表述自然的系统。按照理性的概念来说,这一点是必要的;而理性的本能(因为在这种观察里理性仅仅是以本能自居的),在它的系统里也已经获得了这种统一,即是说,在系统里面,理性所构成的对象,在它们自身中都具有一个本质性或一个自为的存在,而不仅仅是此时或此地的偶然。比如说,动物的特征在于爪牙,这是因为事实上不仅认识要

依靠爪牙的不同来区别此一动物与彼一动物，而且动物自己也赖此以分隔其自身；动物全靠这种武器以自为地保持其自身，并从普遍中分化出来。至于植物，根本还不成为一种自为的存在，而仅只接触到了个体性的边缘，在这个边缘上，它表示出了两性差异现象，因而也就靠这个性别来被认识和被区别了。但是更低级一些的东西，就再也无法从别的同类中区别出自己；它在进入对立以后，就完全泯没消失了。静止的存在与在关系中的存在是互相对立互相争斗着的；在关系中的事物与静止着的事物有所不同，因为所谓个体，就是在与其他事物的关系中保持其自身的那种事物，但是，凡不能这样在关系中保持其自身的事物，凡在经验的方式下是一事物而在化学的方式下变为另一不同事物的事物，就使认识陷于混乱，发生争斗，不知究竟自己应该坚持于哪一方面，因为事物本身既然不是保持等同的东西，就有两个方面从它那里分裂出来。

因此，在普遍的自身等同的这样一种系统里，自身等同具有双重含义。它既是认识或知识的自身等同又是事物的自身等同。不过，每个保持等同的规定性，固然都在从容地描写着它的发展顺序，以便各得其所，各随其性，但本质地说来，这些保持等同的规定性，经过这样一扩张，就一定要转入它们的反面，导致这些规定性陷于混乱。因为特征，普遍的规定性，乃是对立物的统一，是规定了的东西与自身普遍的东西的统一，因此，它必然地分裂开来成为这个对立。如果现在按照一方面说，规定性战胜了它自己的本质之所寄的那个普遍，那么反过来，在另一方面，普遍同样地也继续在统治着规定性，将规定性推向它的边缘，使它的差别与本质性在那里归于混淆。观察自以为是将差别与本质性清清楚楚分别开来的,并自以为在它们那里找到了什么固定不移的东西,现在却发现一个原理又套上另一个原理,重重叠叠,到处是互相过渡,到处是零乱混淆;并且发现在它们那里本来以为分离了的,现在联结到了一起,本来可以联结着的,现在分离了开来;而这样一来,这种对于静止的、自身等同的存在的规定和坚持,在这里,就恰恰在它最普遍的规定里,比如在动植物的本质特征里,不得不感到随处遭受驳斥;因而它的一切规定都被剥夺了去,它先前所取得的普遍性被迫而归于沉默,而它自己则被逐回而重新成为无思想的观察和描写。

〔3.规律的发现〕〔(1)概念与规律经验〕 这样的观察,既然只以简单的东西为对象,或者说,既然它以普遍来约束感性上的杂乱现象,那么它就一定在其所观察的对象中发现它自己的原理是混乱的,因为被规定的东西由于其本性如此,是一定要消失在它的反面之中的;因此,理性毋宁要离开那种看起来保持不变的惰性的规定性,进而在它的真理性中即在它与其反面的关联中对规定性进行观察。至于那些所谓本质标志,都是静止的规定性,而静止的规定性既然表示自己是简单的而且也被理解为简单的,就根本不代表那种构成它们的本性的东西,按照它们的本性来说,它们都是返回自身的辩证运动的一些趋向于消失或保持不住的环节。现在理性本能既然着手探索那种不失其本性的规定性,即寻找那种本质上不是自为的而是向其反面过渡的规定性,那么它所寻求的就是规律和规律的概念了;当然它在寻求规律及其概念时也把它们当作存在着的现实来寻求,但事实上存在着的现实将在理性本能面前趋于消失,规律的各个方面将变成一些纯粹环节或抽象,因而规律就具有着概念的性质,而概念则是已经把无关重要的感性现

实的存在从自身中清除了的。

在观察的意识看起来，规律的真理性也像感性存在之是为意识的对象那样，存在于经验里，而不是自在和自为的东西。但如果说规律的真理性不存在于概念里，那么规律就是一种偶然的东西，而不是一种必然性，因而事实上就不是规律了。但是，我们说规律本质上就是概念，这不但与它之为观察对象不相冲突，反而恰恰因此而具有必要的现实存在，成为观察的一种对象。所谓是理性普遍性的那种普遍或共相，也就是概念本身所含的那种普遍，即是说，普遍是为意识的、作为现在的和现实的东西而呈现着的，或者换句话说，概念是以事物的和感性存在的方式而呈现着的；只是并不因而丧失其本性，以至堕落为惰性的常住不变或毫不相干的连续出现而已。凡普遍有价值的，也是普遍有效率的；凡应该存在的，事实上也是存在的，但仅只应该存在而并不存在的东西，就没有任何真理性。理性本能之坚持于这一点，那是具有充分理由的；理性本能不为思想里的事物所迷惑，因为思想里的事物仅仅应该存在并且作为应该而应该具有真理性，而事实上却并不存在，是在经验里找不到的东西；理性本能决不让自己受各种假设以及从应该里滋长出来的一切其他非现实的东西所误导，因为理性恰恰就是相信自己具有实在这个确定性，凡对意识来说不是一个自我本质(Selbstwesen)的东西，即是说，凡不自我显现的东西，在意识看来就根本什么也不是。

说规律的真理性本质上即是它的实在性，这对于这个停留在观察阶段上的意识说来又成了一种与概念和自在的普遍互相对立的说法，或者换句话说，在这个意识看起来，像它的规律一类的东

西不是一种理性的本质,它认为在这里面含有某种外来的东西。但是,意识自己所表现的事实就驳斥了它这种见解,因为事实上意识本身也并不认为为了证明规律的真理性必须一切个别的感性事物都在它面前显示了规律现象,这才算是具有普遍性。比如说,被举离地面的石头松手以后坠落地面,这条规律决不要求把所有的石头都拿来做过这个实验以后才成立。意识也许会说,这条规律的成立,必须至少先用大量的石头做过了实验,然后才能根据最大的或然性或充分的权利以类比法推论其余的石头也是如此。但是类比法不仅不给予任何权利做此推论,而且由于它的本性的关系它时常反对以类比法来做推论,类比法毋宁是不容许据以得出任何结论的一种方法。类比法的结果,归根到底只是或然性,但无论较大的或然性也好,较小的或然性也好,一旦与真理性对待起来看,其大点小点就可说毫无差别了;不管它有多大,只要它是或然性,它与真理性比较起来就算不得什么了。然而事实上理性本能是把这样或然的规律当作真理看待的,它只于找不到规律中的必然性时,才来这样地加以区别,把事物的真理性本身降为或然性,用以表示还没认识到纯粹概念的意识所承认的那种真理性是不完全的;因为对于还没认识到纯粹概念的意识来说,普遍性就只是简单的、直接的普遍性而已。但同时正是由于这种简单的直接的普遍性,规律才对意识具有真理性;因为石头坠地之所以对意识来说是真的,乃是因为石头对它而言直接是重的,这就是说,石头在其重量自身就具有着它自己与地面的本质关系,重量里自在自为地就包含着"坠地"。因此,意识经验到规律就是存在,但同样地也经验到规律就是概念,而只在这两种情况相结合时,即既是存在又是概念时，规律对于意识才是真的；规律所以为规律，因为它既显现为现象，同时自身又是概念。

〔(2)实验〕　由于规律同时也自在地就是概念，这种意识的理性本能就必然地但不自觉地要去纯化规律及其环节，使之成为概念。理性本能对规律进行实验。最初显现出来的规律是很不纯粹的，是纠缠在个别的感性存在里的，构成着规律的本性的概念是沉浸在经验材料里面的。理性本能在做试验的时候，要想发现在什么情况下会发生什么现象，因此从表面上看，好像规律只会因实验而愈来愈深地沉入于感性存在里去；但感性存在毋宁在实验过程中消失了。因为，这种实验的内在意义在于发现规律的纯粹条件，而所谓发现规律的纯粹条件是什么意思呢？尽管说这句话的意识可能以为这句话另有含义，但实际上这只不过是说，实验是要把规律整个地纯化为概念形式的规律并将规律的环节与特定的存在之间的一切关联完全予以消除而已。举个例子，阴电当初被认为是什么树脂电，阳电被认为是玻璃电，经过实验以后，树脂电和玻璃电的原意完全丧失，变成不再属于任何一种特殊物体的、纯粹的阴电和阳电了；同时也不能再说有专属于阳电的物体和另外专属于阴电的物体了。同样地，酸性和碱性的关系及其相互运动所构成的规律，也是一条以物体来表现其对立关系的规律。不过，被分解出来的这两类东西并没有现实性；我们可以用暴力把它们分离开来，但不能阻止它们不立即重新出现于一个化学过程；因为它们仅仅就是这个对立关系；它们不能像一颗牙齿或一只脚爪那样自为地存在着，我们也无法这样地指示出它们来。它们以直接过渡为一个中立性产物为它们的本质，这就说明它们的存在是一种自身

扬弃了的存在或一种普遍的存在;而酸性和碱性只作为两个普遍的存在才具有真理性。所以,正如树脂和玻璃都既能是阳电的又能是阴电的一样,酸性和碱性也都不是附着于任何一种现实的属性,任何东西都只相对地是酸的或碱的;我们以为绝对酸性的东西或绝对碱性的东西,在所谓掺合作用[1]里对于另外一种东西来说可以具有完全相反的性质。——这样,实验的结果就把作为一定物体的属性的那种环节扬弃了,就使宾词从它们的主词那里解放出来了。按照它们的真实情况来说,这些宾词都仅只是作为普遍的东西而存在着的;由于它们具有这种独立存在,它们就获得了一种称号;不叫物体,也不叫属性,而叫物质;像氧气(酸性的物质)这类东西,以及阴电阳电和热等等,人们通常都避免把它们称为物体。

〔(3)物质〕 与物体对照着说,物质不是一种存在着的东西,而是一种像共相那样的存在或像概念之为存在那样的存在。理性作了这样一个正确的区别。可是当还没超过本能阶段的理性作此区别的时候,它并没意识到,它利用一切感性存在来试验规律,结果它所扬弃的竟恰恰是规律的感性存在,它也并没意识到,由于它把规律的环节理解为物质,这些环节的本质性已经变成了普遍或共相,而既然称为共相,就可以说是一种非感性的感性存在,一种非物体性的却倒是对象性的存在。

---

① 掺合作用(Synsomatien),是化学家文特尔(Winterl)在十九世纪初年表示介乎物理的混合与化学的化合两者之间的那种拼合现象时所用的名词。这种所谓掺合作用,使物体发生颜色、密度以至重量上的变化,这些变化都是在混合作用里不发生的,但还不能算是化学变化。比如水和酒精的掺合,就是掺合现象的常见的例子。——译者注

现在我们可以看到，理性本能的活动结果产生了什么样的转变以及它的观察是以什么样的新形态出现了。我们看到，这个从事于实验工作的意识，它的真理性就是要从感性的存在中解放出纯粹的规律来，我们看到，规律就是概念，就是寄寓于感性存在之中却又在其中独立自存、自由活动的概念，就是沉浸于感性存在之中而又不受其约束的那种简单的概念。这个真正是结果和本质的东西，现在自己出现在意识面前了，但它是作为一种对象而出现的，而由于这种对象在意识看来不是结果，与意识以前的活动没有关系，所以它是作为一种特别类型的对象而出现的；意识对这特种对象的关系就成了另外一类的观察。

〔Ⅱ. 对有机物的观察〕〔1. 一般规定〕　一种对象，如果在它自身中具有着概念的单一性过程，这样的对象就是有机物。有机物可以说是一种绝对的溶液，在这种溶液中，一个对象会因之而只成为为他存在的那种规定性就完全消融了。所以如果说无机物以规定性为它的本质，因而它只与一个另外的事物一起才构成概念环节的完整性，因而它一进入运动就自行消灭，那么相反，在有机物那里，一切使它成为敞开的为他存在的规定性，全都在有机的单一的统一性之下联结起来了；而凡是自由地与他物发生关联的规定性，就不是本质的规定性；所以说，有机物在它与外物的关联中保持着它自身。

〔(1)有机物与自然元素〕　根据上面的规定，可见理性本能在这里进行观察的两个规律方面，首先就是互相联系着的有机自然和无机自然这两个方面。无机自然，与有机自然的单一的概念相反，其特征在于它的规定性自由散漫，这些自由散漫的规定性，就是个体自然一方面自身消融于其中而同时又按照它们的因果联系而分离出来成为自为存在的那些规定性。空气、水、土、地区和气候,都是像这样的一般元素,这些元素构成着个体的无规定的单一本质,而个体又同时在这些元素中返回于自身。无论是个体,还是元素,都不是完全自在自为的;它们虽然在观察时看来仿佛是自由地互相对立着,却同时在独立自由中又表现彼此有本质上的关系;不过它们虽然彼此有本质关系,而其主导情况仍是各自独立互不相干,这种各不相干的情况只是部分地转入抽象了。因此,在这里所观察到的规律就是自然元素对于有机物之形成的关系,有机物有时将自然元素置于自己之外与自己对立起来,有时又将自然元素呈现在它自己的有机反映或有机结构里。但是像这样的规律,比如说空中的动物具有鸟的性质,水里的动物具有鱼的性质,北极圈里的动物都生有厚毛等等,像这样的规律都具有一种贫乏性,这种贫乏性与有机物的多样性是很不相称的。我们且不说有机物是有自由的,能够躲开这些规定,自由地形成它们的形态,从而给这些规律或规则——随便人们叫它什么都可以——到处造成例外;事实上即使对于那些服属于这些规律之下的动物来说,这也还是一种非常肤浅的规定,肤浅到这样程度,以至于就连规律的必然性这个名词也不能不是肤浅的,也不能不仅仅表示自然元素对有机物具有巨大影响而已;况且我们根本不知道哪些会产生哪些不会产生这种影响。所以,像有机物与自然元素之间的这类关系,事实上就不能称为规律,一方面这固然因为这样的一种关系,如上所述,就其内容而言决不穷尽有机物的关系的全部,但另一方面,也因为这种关系的两个环节自身是互不相干的因而并不表示必然性。在酸性概念里含有着碱性概念，在阳电概念里含有着阴电概念，但厚毛的兽皮与北极，鱼的身体结构与水，鸟的身体构造与空气，像这样的两端环节不论是怎样地时常在一起出现，究竟北极概念里并不含有厚毛兽皮的概念，海水概念里并不含有鱼的身体结构概念，空气概念里也并不含有鸟的身体结构概念。由于关系的双方各自保有这种自由，所以也有陆上的动物具有着空中动物鸟的或水中动物鱼的本质特性。必然性既然不能被理解为内在于事物的必然关系，它也就不再具有感性的现实存在，不再能够根据现实而予以观察，相反，它已离开了现实。既然它不存在于现实事物自身，那么它就成了在关系者之外的因而毋宁是与规律的性质正相反对的一种关系，这种关系就是平常所说的目的性的关系。这是一种完全摆脱了必然性的思想，这种思想超脱了必然性，而自为地翱翔于其上方。

〔(2)理性本能所理解的目的概念〕　如果说前面接触到的那种有机物对自然元素的关系并不表示有机物的本质，那么相反，有机物的本质可以说就包含在目的概念里。诚然，照观察的意识看来，目的概念不是有机物自身的本质，而是在有机物以外的，因而只是上述的那种外在的、目的论的关系。但是，根据前面对有机物所下的定义来看，有机物事实上正就是实在的目的自身，因为它既然保持自身于其对他物的关系中，它就恰恰是这样的一种自然事物：在这种自然事物里自然是通过概念来反思自身，而从必然性里分解出来的原因与效果、施为与忍受等等环节也都在这里合而为一，因而在这里出现的就并不仅仅是必然性的结果而已，而相反，由于结果是返回于自身，那么结果，或者说最后的，也就是最初的，就是产生运动的起因,就是它所实现了的目的。有机物并不产生什么东西,它仅仅是自我保持,或者说,它所产生出来的东西,既是产生出来的,也是本来已有的。

我们必须进一步详细讨论这种规定,看它自在着是个什么和为理性本能又是个什么,以便了解理性本能如何在这种规定中发现它自己而又在其所发现的之中认识不出它自己。目的概念既然已被观察的理性所达到,于是它就既是理性所意识了的概念,同样又是呈现于理性之前的一种现实的东西,并且不仅是现实东西的一种外在关系,而且是它的内在本质。这种现实的东西本身就是一个目的,所以它按照目的与概念发生关系,这就是说,它与概念的关系是一种偶然的关系,是一种按照双方之直接是什么而发生的关系;而双方直接是什么呢?它们是彼此独立各不相干。但是,它们的关系的本质却与表面看起来的这个样子完全是另一回事,它们的行动或作用也具有另一种意义,不同于感性知觉所直接看到的那样;必然性在发展历程中是隐藏着的,只在终点才显现出来,但这样,正是这个终点,表明必然性也曾经是起点。终点为什么表明它自己也就是起点呢?这是因为行动所造成的变化并不产生什么与原来不同的东西出来。或者,如果我们从起点开始,那么这个起点也只是在终点上或在它的行动的结果上返回其自身而已;而唯其如此,起点就表明自己是一种以其自身为终点的东西,因此,它作为起点就已经是回到了自身的,或者换句话说,它是自在而自为的。因此,它通过它的行动的运动而达到的不是别的,只是它自己;而它仅仅达到它自己,这就是说它感觉它自己,这就是它的自我感觉。这样一来,诚然是出现了它现在是什么与它所追

求的是什么之间的差别，但是这只是一种差别的假象，因而它可以说自身就是一个概念。

但自我意识也是以同样方式产生出来的：它将自身跟它自身加以区别，而同时又产生不出任何区别来。自我意识在观察有机物时所发现的因而不是别的，就是这种东西（Wesen），它发现自己是一种事物，是一个生命，却还在它自己与它所发现的之间建立起一种不是区别的区别来。动物的本能，寻找食料和吞食食料，并不因此产生出别的东西而只生长它自己，同样，理性的本能在它的寻找中也只能找到它自己。不过，动物终止于自我感觉，而理性本能则同时又是自我意识；但由于理性的本能只是本能而已，于是就被放置在意识的一旁，与意识对立起来。由于这个对立，理性本能的满足就被分成两半，理性本能既发现了自身，即，发现了目的，又发现这个目的是事物；但是第一，这个目的在它看来是存在于显现为目的的那种事物之外的，第二，这个目的作为目的同时又是对象性的，因此，在理性本能看来，目的并不落在它的意识里，而是落在另外一种知性里。

如果仔细考察起来，我们会发现所谓它本身即是目的这一规定同样地也存在于事物的概念里。因为事物是保持自身的，这同时就是说，事物的本性，在于把必然性加以隐蔽而使之显现为偶然的关系；因为事物的自由或事物的自为存在，正就是说，事物违反着它自己的必然性而以一种漠不相干的偶然的东西自居的；事物把自己呈现为这样的东西，它的概念居于它的存在以外。同样，理性也必须把必然性，把它自己的概念视为是在它自身之外的东西，从而视为是事物，视为是一种这样的事物：理性对这种事物，以及这种事物对理性和对它自己的概念,通统是漠不相干的。理性作为本能也就继续停滞在这种存在或漠不相干之内,而在理性本能看来,表示概念的事物始终是概念的一个他物,而概念也始终是事物的一个他物。因此,对理性而言,有机物之所以是目的自身或在其自身中的目的,只是因为,由于行动着的有机物以一种漠不相干的自为存在自居,所以暗含在有机物的行动里的必然性是落于有机物自身以外的。——但由于这种作为在其自身中的目的的有机物不可能表现为别的,而只能成为一个有机物,所以它之即是在其自身中的目的,也就是显现着的感性现象,并作为现象而被观察。在被观察的时候,有机物表明自己是一种保持自身的、返回自身的并且回到了自身的存在。但是,在这种存在里,观察的意识看不到目的概念,或者说,它并不知道目的概念不在别处的一个什么知性里而正就在这里作为一个事物存在着。观察意识把目的概念作一方与自为存在和自我保持作另一方加以区别,作出一种不是区别的区别来。观察意识并不知道这不是一种区别,相反,它发现一方面有一种与行动的结果漠不相干或只有偶然关系的行动,而另一方面又有使行动与行动的结果两相结合的统一性,所以在意识看来,前一种行动和后一种目的,彼此无关完全不是一回事。

〔(3)有机物的行动及其内在与外在的方面〕 从这个观点看来,属于有机物自身的,就是那处于它的起点与终点之间的行动,因为这种行动本身具有个别的性质。但是如果一种行动具有普遍的性质,而且行动者与行动所产生的结果是同一的,则这种目的性的行动就不应该说是属于有机物的。而仅只是一种手段的那种个别行动,由于它具有个别的性质,乃是被一种完全个别的或偶然的必然性所决定着的。因此有机物为了保持其自身为一个个体或一个类属而发生的行动，按照这个直接内容来说，乃是完全无规律的，因为在这种行动里没有共相，没有概念。如果照这样说法，有机物的行动就简直成了在自身中空无内容的作用；而这种作用就会连一架机器的作用都不如，因为机器有一个目的，因而机器的作用还具有一定的内容。如果这样地全无普遍性，则它就是仅属于一个存在着的存在者的活动，即是说，它就是一种像酸性或碱性的作用那样并不同时反映于其自身之中的活动；这样空无内容的作用，就不能摆脱其直接的实际存在〔或实存〕，就不能扬弃对立关系中趋于消失的东西而又保持其自己本身。但是发生我们在这里所讨论的这种作用的存在，是一种能在它与其对立面的对立关系中保持自己的事物。活动本身不是别的，只是这种事物的自为存在的纯粹无本质的形式，而这种活动的实体不仅是特殊的存在而且是普遍的东西，所以这种活动的实体或目的不在它自身以外；它是在其自身中返回自己的活动，而不是被一个什么外来的东西导回自身的活动。

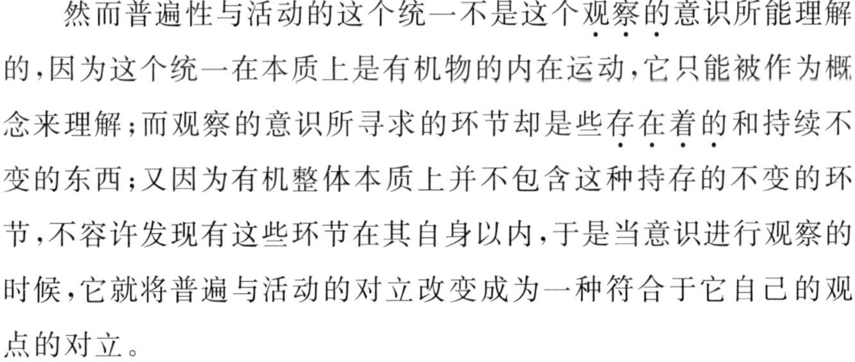

然而普遍性与活动的这个统一不是这个观察的意识所能理解的，因为这个统一在本质上是有机物的内在运动，它只能被作为概念来理解；而观察的意识所寻求的环节却是些存在着的和持续不变的东西；又因为有机整体本质上并不包含这种持存的不变的环节，不容许发现有这些环节在其自身以内，于是当意识进行观察的时候，它就将普遍与活动的对立改变成为一种符合于它自己的观点的对立。

这样，出现在观察意识面前的有机物就成了两个存在着的和固定不变的环节之间的一种关系或一种对立，这对立的双方，从形式上看好像是已经出现于观察意识面前了，而从其内容上看，它们所表示的是有机物的目的概念与现实之间的对立；但由于概念自身在这里已被消除了，它们所表示的目的概念与现实之间的对立只是模糊而肤浅的，因为在这里思想已下降成了表象。因此，我们在这里所见到的目的概念是指事物的内在；而现实则是指事物的外在而言；并且两者构成这样的规定：外在是内在的表现。

如果我们仔细考察事物的内在和外在以及两者的相互关系，我们就发现规律的两个方面不复是它们在以前的规律里那样了，首先，在以前的规律里它们都是独立的事物，各表现为一个特殊的物体；其次，在那里普遍或共相是存在于存在着的东西以外的一个什么地方的。与此相反，有机物这一个分不开的整体是内在与外在的内容，是两者的同一基础。因此，这里的对立只还是一个形式的对立。它的两个实在的对立面都以同一个自在为其本质，但同时，由于内在与外在又是两个相反的实在，在观察中又各呈现为一个不同的存在，于是在观察意识看来它们就好像各有自己独特的内容。但这种独有的内容既然就是同一个实体或有机统一体，事实上就只能是同一个实体或有机统一体的一个不同形式；而关于这一点，观察的意识已经以外在只是内在的表现这个规律，暗示出来了。——对立关系的这种性质，即差别物的彼此各不相干的独立性，以及在独立性中的那使差别物归于消失的统一性，我们在讨论目的概念时也已经见到过了。

〔2.有机物的形态〕——〔(1)有机属性与有机系统〕 我们现在应该进而看看内在与外在各具有什么样的存在形态。内在本

身，虽说是事物的内的方面，必须也有一个外表的存在和一个形态，正如外在本身之具有外表存在与形态一样，因为它是作为对象或甚至于作为存在着的东西呈现在观察面前的。

有机实体作为内在的实体乃是单一的灵魂，纯粹的目的概念或共相，即使当它分为不同元素时，也仍然不失其为普遍的流动性，因而在它的存在中它呈现为那趋于消失的现实的行动或运动。而另一方面，与这样存在着的内在相反，外在的实体乃是存在于有机物的静止的存在里的。因此，表述这种内在与这种外在的关系的规律，其内容一方面体现于普遍的环节或单一的本质元素里，另一方面又体现在实现了的本质元素或形象里，属于前一类的所谓单一的有机属性，——姑且这样称呼吧——是感受性、激动性和再生性。不过这些属性，至少其中的第一二两种，似乎并非属于所有的有机物，而只属于动物性的有机物。因为事实上植物性的有机物所表现的只是尚未充分发展其环节的那种简单的有机物的概念而已；因此，在考察这些有机环节的时候，如果说应该去考察它们，那么我们就必须只限于观察那种已经充分发展了这些环节的有机物。

谈到这些环节本身，它们都是直接从自身目的这个概念里产生出来的。因为感受性所一般表示的是有机的自身反映这一简单概念，或者说，这个概念的普遍的流动性。激动性所表示的，乃是在自身反映中同时进行着反应的那种有机的弹性和正与第一种安静的自身存在相反的实现化。就在这种实现化里，抽象的自为存在成为一个为他的存在。而再生性就是这个整个的反映于自身的、作为自身目的或类属的有机物的这样一种动作，通过它的这种动作或活动,个体从自己本身脱落出来,以便或者产生它的有机部分,或者重复地产生整个的个体。在一般的自我保存这个意义下,再生性所表示的,乃是有机物的形式概念或感受性。但真正地说来,它乃是现实的有机概念,或整体,这种整体如不是作为个体通过它自己的个别部分的产生而返回其自身,就是作为类属通过整个的个体的产生而返回其自身。

这些有机元素,在另一种意义下,即当其为外在的元素时,就是它们所体现的形体;在形体里,它们是作为现实的但同时也作为普遍的有机部分或有机系统而呈现着的;比如说,感受性相当于神经系统,激动性相当于肌肉系统,再生性相当于个体保存和种属保存的内脏系统。

依上所述,可见有机物所独有的关于有机物环节的关系的那条规律,乃是就这些环节的双重意义而言的,一种意义下的环节是有机形体的一个部分,另一种意义下的环节是通行于上述一切系统的那种普遍的流动的规定性。因此,在表示这样的规律时,比如,作为整个有机物的一个环节的某种感受性,也许是与表现在确定地形成了的神经系统里,也许表现在某种个体有机部分的再生或整个有机物的繁殖里,等等。这样一种规律的两个方面都是可以观察的。所谓外在,按其概念来说,是一种为他的存在;比如以感受性为例,其直接实现出来了的方式是能感觉的神经系统;但作为普遍的特质或属性的感受性,它同样也还有一个外在方面,同样也还是一个可以观察的对象。有机物的内在方面,也有它自己的外在方面,这个外在方面不同于有机物的整个的外在方面。

一条有机规律的两个方面,照上面的说法诚然可以说都是可以观察的,但表示两方面的关系的规律却不是观察之所能及的;有机规律之所以不能观察,并非由于观察意识过于眼光短浅,而规律不能根据经验只能从观念上出发等等;因为这样的规律,既然是一种实在的东西,仿佛事实上它就必须现实地呈现着;相反,这种规律之所以能进行观察,乃是由于关于这种规律的思想表明自己根本不具有真理性。

〔(2)内在方面的诸环节相互关联〕　前面说过,如果普遍的有机属性在一个有机系统里将自己变成事物,并在其中构成关于它自身的映象,因而它一方面呈现为普遍的环节,另一方面又呈现为具体事物,并且这两者在本质上是同一个东西,那么在这种情况下,两者所发生的关系,就是一条规律。但除此而外,内在的一方面本身也是一个多方面的关系,因而首先在这里就发生一种思想,仿佛普遍的有机活动或属性相互之间的关系也可以说是一条规律。究竟这样的一种规律是否可能,这就必须取决于这种属性的性质。但是这样的一种属性,既然是一种普遍的流动性,那么从一方面说,它就不一定要按照事物的方式,保持其所以构成有机形体的具体差别;比如说,感受性就是越出于神经系统之外而流行于有机物的一切系统之中的;从另一方面说,像感受性这样的属性乃是普遍的环节,它在本质上是与激动性和再生性没有分离也不可分离的。因为感受性既是自身反映,则在其本身之内本来就已包含着了反应。仅仅反映于自身,乃是一种被动性僵死的存在,不算是一种感受性;同样,一个动作或反应,如果没有自身反映,也就不是一种激动性。在动作或反应中的反映和在反映中的动作或反应,这两者的统一构成有机物,而这两者的统一就与有机物的再生性,

其含义完全相同。由此可见,在每一个方式的现实里,都必然具有同等数量的感觉性与激动性,——因为我们首先来考察感受性与激动性的相互关系,——而且任何一个有机现象都同样可以按照两者中的任一属性予以把握、予以规定,或如果我们愿意这样说,予以说明。同一个现实,这个人认为是高度感受性,另一个人可以很有理由地认为是高度激动性,而且是一个同样高度的激动性。如果我们称它们为因素,而如果这样称呼又不是一句无意义的空话,这就无异于说它们都是概念的环节,而以此概念为本质的实在的对象就同样地包含它们两者于其自身以内,所以一个对象按其一方面而被规定为很敏感的,则它同样地也可以按其另一方面而说是很易激动的。

如果说感受性与激动性是有区别的,而且这样区别是必要的,那么它们的区别是按照概念说的区别,它们的对立是质的对立。但除此真正的区别以外,它们还可以从另外观点上认为互不相同,那就是说,作为存在着的,对于思想而言,也是彼此不同的,比如它们就可能各为规律的一面;可是它们这样所表现的不同乃是量的不同。它们的独特的、质的对立,于是进入数量,因而发生比如说这样的一条规律:"感受性与激动性在分量上互成反比例,所以当一方增加另一方就减少",或者为了更清楚些而直接以分量自身为内容来说:"某物的大增加了,它的小就减少。"——但是,如果这条规律加上一定的内容,变成比如这样的规律:一个洞的填塞物愈减小则洞的面积愈增大,那么这个反比例就同样可以变成一个正比例,比如这样说:洞的大小与被挖出去的东西的数量成正比例地增加;——这是一个同语反复的命题,可以用正比例说,也可用反比例说，其结果只是说如果一个数量增加这个数量就增加而已。洞与洞的填塞物或挖去物是在质上对立着的，但两者的实际内容及其具体大小则是同一个东西，大的增加与小的减少也是同一回事情，所以它们毫无意义的对立就变成了一句同语反复。同样地，上述的两个有机环节在其实际内容上以及由此实际内容所代表的具体数量上也是不可分离的；这一个减少那一个才减少，这一个增加那一个才增加，因为这一个之所以有意义根本就是由于另一个的存在；或者还可以进一步说，将一个有机现象当作感受性或当作激动性，根本是无所谓不相干的事，一般地说是如此，就其大小分量上说也是如此：正如我们说洞的面积的增大是它的空虚处增大或它的挖去物增多是同样地无所谓不相干。或者，再举个数目做例子，比如说三，无论说正三或负三，三还是一样大，如果我把三增大为四，那么无论正的或负的都变为四，——这正如一个磁场的南极恰恰和它的北极同样强，或者一个阳电与它的阴电完全同样强，或者酸性和与它相对应的碱性恰恰同样强是一样的情形。——一个数量像上面说的数目三，或一个磁场等等，乃是一个有机的实际存在，可以增减，如果增加，它的一对因素都增加，就像磁场的两极或阴阳两电都跟着一个磁场或一个电流加强而加强一样。——说两者不可能在内涵与外延上彼此不同，不可能一方面在外延上减少而在内涵上增加而另一方面反过来在内涵上减少而在外延上增加，像这种说法，事实上都出于这同一个空的不实在的对立概念；实在的内涵总与外延一样大，反过来也一样。

照上面所阐明的看来，这样建立起来的规律，产生这样的情况：起初感受性和激动性构成具有一定内容的有机对立；但随后这

个内容丧失,而对立就变成数量的增减上或不同的内涵与外延上的形式对立。——这一种对立对于感受性和激动性的本性不再有什么相干因而也不再对它们有所表示了。因此,这样建立起来的规律,与有机环节不相关联,可以随便应用于任何地方任何事物,其所以搞出这种空无内容的游戏,根本是由于对这些对立的逻辑性质的无知。

最后,如果不用感受性与激动性来建立规律,而将再生性与感受性或激动性联结起关系来,可否建立规律呢?我们认为这根本无从谈起,因为再生性与这两种环节之间并不像它们彼此之间那样存在着对立,而建立这条规律既然以对立为根据,所以就连仿佛可以试图建立的假象也不存在的。

上面刚才讨论的那种规律里所包含的有机物的区别,是有机物的概念环节所表示的区别,所以这种规律真正应该说是一种先验的规律。但这里面本质上含有这样的思想:概念环节的差别也有外在呈现着的差别方面,而只会从事观察的意识则一定是观察这些差别的外在方面的。有机物的现实里必然也有它的概念里所表示的那样一种对立,这种对立可以规定为激动性与感受性的对立,也可以呈现为它们两者与再生性的对立。——我们在这里讨论有机概念的环节时所说的外在方面,乃是指有机的内在自己的直接的外在方面,而不是指整个的外在,整个的外在是有机物的形象,它以后将与内在联系起来加以考察。

但如果我们以概念环节的外在方面的对立为环节的对立,则感受性、激动性和再生性就下降而为普通的属性,成为像比重、颜色、硬度等等互不相干的普遍性了。在这个意义下,当然可以观察出一个有机物比另一个更敏感或更易激动或再生力更强，也可以观察到，某一类有机物的感受性等等与另一类有机物的感受性有所不同，某一类有机物对待某种刺激的行为与别类有机物对待该种刺激的行为不同，比如马对待燕麦与对待干草的行为不同，狗对待这两者的行为又不同；这种不同之能被观察，正如一个物体比另一个物体更为坚硬等等之可以观察一样。——然而像硬度、颜色这样的感性属性，以及对燕麦的感觉力对沉重负担的激动力〔反应力〕或能生育多少个和什么样的幼子的再生力，诸如此类的现象，如果被联系起来加以比较和观察，则我们须知这些属性和现象本质上是与规律不相容的。因为它们的感性存在的规定性，说明它们是完全互不相干地存在着的，说明它们所表述的毋宁是自然之摆脱概念羁绊的自由，而不是一种关系的统一，它们所玩弄的毋宁是概念环节同偶然的数量上的排比，而不是对这些环节本身的理性观察。

〔(3)内在与外在方面的关系〕　只有在另一方面把有机概念的简单环节跟有机形态的环节进行比较，只有按照这一方面，才会建立起真正的规律，以说明真实外在是内在的表现。——但由于那些简单环节都是到处渗透的流动的属性，所以它们在有机物体里没有一个分化出来的实在的代表，像可以称之为个别系统那样的东西。而且，如果说有机物这一观念真正可以用上面所说的那三个环节表示出来，因为它们都不是什么固定的东西，而仅仅是概念和运动的环节，那么情况相反，有机物的形态则不能依靠解剖学分解出来的那三个固定的系统来加以把握。而且尽管这些系统据说是从实际中发现出来的，已通过实际发现取得了它们的合法地位，我们却同时必须记住，解剖学所列举出来的并不止这三个系统而已，为数已比三个多得多了。——况且即使撇开这一点不谈，一般地说来，感觉**系统**根本不同于所谓**神经系统**，激动**系统**根本不同于**肌肉系统**，再生**系统**也与内部生殖**器官**完全不同。根据形态系统来理解有机物，乃是就其抽象的僵死的存在来理解的；在这样理解之下，有机物的环节是解剖学与僵死的尸体上的东西。在这样的形态系统里，有机环节毋宁已经停止存在了，因为它们已不再是历程。有机物的**存在**，从本质上说，乃是普遍性或反映于自身，所以无论它的整个**存在**或它的个别环节都不能是一个固定的解剖系统，它们所实际表现于外的，毋宁只是流行于形态各个部分中的一种运动，在这运动中，被割裂出来被固定为个别系统的都以本质上是流动性的环节而出现；因此，不是解剖学所发现的那种现实而是作为运动历程的那种现实才能说得上是它们的真实存在；事实上也只有在这种运动过程中各解剖部分才有意义。

由此可见，有机物的**内在**的诸环节本身根本不能成为一条关于存在的规律的诸方面，因为在这样的规律里它们就可能各被表述为一种实际存在，彼此不同，因而是不能互相换用名称的东西。此外，我们还看到，被放置在一方面的这些环节，并不能在另一方面的某一个固定系统里找到它自己的体现，因为固定的系统不但不是内在环节的表现，而且本身根本没有有机的真理性。因此我们可以说，有机的本质，要求有机环节是流行运动的过程，换言之，是在现实中普遍的东西，正如有机物自身之为普遍或共相那样，它并不企图在一个孤立的事物上给普遍〔或共相〕找到一幅固定的图像。

〔3.关于有机物的思想〕——〔(1)有机的统一〕　这样一来，在有机物里规律可以说根本不能设想了，因为规律想把对立理解和表述为两个静止方面的对立，并作为静止的对立面的相互关系来理解和表述它们的规定性。构成规律的两个相应方面，内在和外在，即，表现于历程中的普遍性和静止的有机形体的各个部分，如果这样分裂开来单独看待，就根本丧失了它们的有机意义。而规律观念的根据却正在于规律的双方各自有一个互不相干的持存，而同时又有彼此相应的关系，所以它们都有一种双重规定性。有机物的每一面，实际上可以说本身就是一切规定都消融于其中的那种简单的普遍性，同时又是这个规定性消融的运动过程。

如果我们看出这种规律与以前各式规律的差别，那么这种规律的性质就完全显露出来了。让我们回顾一下知觉过程和在知觉中进行自我反映从而规定其对象的知性过程。我们曾看到，知性不以存在于其对象中的普遍与个别、本质与外表等等抽象规定的关系为对象，知性自身是从一个规定到另一个规定的过渡。而这种过渡本身对知性来说并不成为对象性的东西。与此相反，这里所说的有机物的统一性，或者确切些说，那些对立物的关系，本身就是对象；而这种关系乃是纯粹的过渡。当这种过渡在其单一性中时，它直接就是普遍性；而当普遍性在规律所要表达的差别中时，那个过渡的环节就成了现在这种意识的普遍对象，而表示过渡的规律就叫做外在是内在的表现。知性在这里已把握到规律思想本身了，因为在此以前，知性只是一般地在寻找规律，浮现在知性面前的是作为一定内容的规律环节，而不是规律这个思想。——就内容来说，此处所说的规律，不应该是静止地把存在着的差别接纳于普遍性的形式中而已，而应该在这种差别里也直接掌握概念的不停活动，从而同时占有双方关系的必然性。然而正因为对象、有机统一体，直接联合着存在与静止的存在的无限扬弃或绝对否定，并且因为本质上环节都是纯粹的过渡，所以根本就找不出像规律所需要的那种存在着的方面。

〔(2)规律的扬弃〕 为了取得这样的方面，知性必须立足于有机关系的另一环节上，即必须根据有机物是自身反映了的存在这一事实。但是这种存在已完全反映到了自身，以致它连一点与他物相对的自己的规定性都没剩余了。直接的感性存在已与规定性本身直接地合而为一，因而其自身已经成了一种质的差别，如蓝与红，酸与碱等等。但返回到自身了的有机存在却是与他物完全漠不相干的、它的实际存在乃是简单的普遍性，观察不出它有任何持存不变的感性差别，换句话说，只能看到它的本质规定性是存在着的规定性的变动不居。因此，当差别表明自己为一存在着的差别时，它恰好表明了它是一种漠不相干的差别即数量〔或分量〕上的差别。而在这里，概念被消除了，必然性也消失了。——但如果我们把这种漠不相干的存在的内容，感性规定的变动与更替，通通归结于一个有机规定的单一性中，那么这就等于同时说，内容恰恰是没有这种规定性——直接属性的规定性，而质也就如上所述只好落入数量了。

虽然被理解为有机规定性的客观对象在其自身中含有概念，因而与知性的对象有所不同，因为知性在理解它的规律内容时所采取的方式是单纯的知觉，但是，这种把客观对象理解为有机规定的理解方式，最终也还是完全倒退到知性的那种单纯的知觉原则

和方式上去了，因为这样被理解的东西被应用为规律的环节了，而这样一来，被理解的东西就变成了一种固定的规定性，一种直接的属性或一种持存不变的现象，从而进一步被接纳于数量的规定之中，于是概念的本性就被压抑了。——因此从一个单纯地被知觉的东西换成一个已反映于自身的东西，从一个单纯的感性的规定性换成一个有机的规定性，这样的变换，也就重新丧失意义了，因为，知性还没有把规律扬弃掉。

为了用几个例子将这种变换加以比较，比如说我们可以把在知觉看来是一种具有强大肌肉的动物规定为一种具有高度激动力的动物有机物，或者把在知觉看来是一种高度微弱的状态规定为一种具有高度感受力的状态，或如果我们愿意的话，还可以把它规定为一种异乎寻常的激情，并且确切地规定之为感受力向更高强度的一种提高，一种“加方”或“升幂”（这个说法为的是不把感性的东西转译为概念而转译为一种条顿拉丁文）。说动物具有强大肌肉，也可以由知性改说为动物具有一种强大的肌肉力，同样，高度的微弱也可以改说为一种渺小的力。用激动力来进行规定比以力来进行规定优越，因为力只表示无规定的自身反映，而激动力则表示有规定的自身反映，肌肉所独有的力正就是激动力；而激动力这一规定性也比强大肌肉之作为规定性较为优越，因为在激动力里，如同在力里一样同时已经包含有自身反映了。同样地，微弱或渺小的力以及有机的被动性等等则都是感受力的一种特殊的或有规定的表示方式。但是，如果这个感受力这样自为地规定和确定了，并与数量的规定结合起来，成为较大的或较小的感受力，正如较大的或较小的激动力那样，则这样的感受力或激动力又完全降低为

感性因素变为一种普通形式的特质或属性,它们的关系就不是概念,而是数量,而对立关系既然陷入于数量,就变成一种无思想的差别了。如果说,在力、强、弱这类名词里本来就没有无规定性,可是现在较高的或较低的感觉力和激动力的相互对立,以及它们的互相消长,同样不是空虚无规定的玩意儿。较强的或较弱的感觉力和激动力,正如强与弱之为感性的无思想的规定那样,也是一种无思想地理解了并同样无思想地陈述了的感性现象。出而替换那些非概念性的名词的,不是概念,而是以规定充实了自己的强和弱,强和弱用以充实自己的规定,就其本身而言是以概念为根据并以概念为内容的,但它已完全丧失了它的这个原始性质。——这种内容是以简单性和直接性的形式被当作规律的一个方面的,而这样的一些规定性,其差别是由数量构成的;由于简单性和直接性的缘故,同时又由于数量的缘故,原来作为概念而存在着并被当作概念看待的东西,就保留着感性知觉的方式而距离〔理性〕认识很远,就像以力的强弱或以直接的感性特质来进行规定之远远不是认识那样。

〔(3)整个有机物,它的自由与规定性〕 现在有待于考察的还有有机物的外在自己本身是怎样的东西以及这个外在的内外两面怎样地彼此对立的问题;外在有内外对立,正如我们前此已经考察过的内在之有自己的内外关系一样。

就其本身来看,外在就是有机的一般形态,就是将自己变成存在元素之一部分的那个生命系统,而本质上同时也可以说就是有机物的为他存在,或在其自为存在中的对象性本质。——这个外在首先是作为它的外在的无机物而出现的。如果从一个规律的关系上考察，如上所述，这种无机物并不构成一个规律的方面以与有机本质相对立，因为有机物既是绝对自为的，同时又与无机物保有一种普遍的和自由的关系。

但如果就有机形态本身来详细规定这两方面的关系，则我们看到，有机物的形态一方面是与无机物相对立的，而另一方面又是自为的反映于其自身的。现实的有机物乃是一个中项，它将生命的自为存在与一般的外在或自在存在结合在一起。——但自为存在这一端是内在亦即无限的单一，它使形态的环节自身从它们的持存中亦即从环节与外在的联系中返回于它自身，同时自为存在这一端是无内容的东西，它在形态中取得它自己的内容并在其中表现为形态的运动过程。在这个极端里，亦即在简单的否定性或纯粹的个别性里，有机物是绝对自由的，由于它有绝对自由，它才自觉安全，而与为他存在和形态环节的规定性各不相干。这种自由同时也是环节自身的自由，有此自由，环节才有表现和被理解为客观存在着的东西的可能性；而且在这个自由中，环节与环节也就各自独立互不相干，如同它们之对待外在那样，因为这种自由的单一性就是存在，因而就是它们的单一的实体。不论形态或为他存在会怎样地变化多端，这个概念或这个纯粹的自由乃是一个而且是同一个生命；对这个生命之激流而言，究竟它所推动的是哪一种水磨，那是完全不相干的事。——现在我们首先必须注意，这个概念在此地不能被理解为过程或有机环节的发展，像在以前讨论有机物的内在时所理解的那样，我们要把它理解为单一的内在，这个单一内在就是与现实的生动的东西相对待的那个纯粹普遍的方面，或者说，我们要把它理解为有机形态的客观存在着的肢体之所

赖以持存的元素，因为我们在此处所讨论的是有机物的形态，对有机形态而言，生命的本质就是持续存在的单一性。其次，必须注意为他存在，或现实形态的规定性，当它被接纳到这个单纯的普遍性中亦即它的本质中时，它同样是一个单纯的普遍的非感性的规定性，这样的规定性可以说就是数。——数是有机形态的中项，它结合着无规定的生命和现实具体的生命，像前者一样的单纯又像后者一样的有规定。在整个有机物的内在里表现为数的这个方面，整个有机物的外在就必然会按照这里的方式表现为各式各样的现实，如生活方式，如颜色等等，总之，就必然表现为生命现象中所展示出来的全部差别。

如果我们比较整个有机物的两大方面的内在方面，有机物的一大方面是内在，另一大方面是外在，而内在与外在自身又各有一个内在方面与外在方面，我们就看到，内在的内在方面是活动不已的抽象，亦即概念，而外在的内在方面则是持存不变的普遍性和这普遍性里的持存不变的规定性，亦即数。因此如果说前者〔内在的内在方面〕，由于有概念在它那里发展着它的环节，好像环节之间的关系具有必然性，因而幻想着要去建立规律，那么后者〔外在的内在方面〕，由于数是它的规律的一个方面的规定性，就立即放弃这种想法。因为数恰恰是一种完全不动的、僵死的、漠不相干的规定性，在这里，一切运动和关系都已消灭，它已拆断了它通往情欲的生动表现、具体生活、和其他一切感性现实的桥梁。

〔Ⅲ.将自然当作一有机整体来观察〕〔1.无机物的组织：比重，凝聚性，数〕 考察有机物的时候，外部只考察其形态，内部只考察形态的内在方面，这样的考察办法，事实上已不复是一种对有机物的考察。因为，那应该具有相互关系的两个方面只被设定为各不相干的，因而使那构成有机物的本质的自身反映，被扬弃掉了。我们在这里要做的毋宁是把已经试验过的内外比较法应用到无机物上来；在无机物里，无限的概念只是内在的本质，它潜藏于内部，或者外落于自我意识之中，而不再像在有机物那里一样具有它的客观呈现了。因此，这种内在与外在的关系还应该在它自己的领域里予以考察。

首先，有机物的形象的内在方面，在一个无机物这里就是简单的个别性：比重。作为一种简单的存在，比重也像它的唯一规定性、数那样可以被观察，或者更明确地说，可以通过观察比较而被发现，因而似乎可以构成规律的一个方面。而形状、颜色、硬度、韧性以及无数的其他特质将会共同构成规律的外在方面，作为内在规律性、数的外在表现，这样，两方面就可以互为映象。

可是由于否定性在这里不是被了解为过程或运动，而被理解为静止的统一或简单的自为存在，所以这个否定性就毋宁呈现为这样的东西：事物因它而反抗运动，并因它而保持自己于其自身，与运动过程漠不相干。但是，由于这个单一的自为存在是一个与其他自为存在漠不相干的静止的东西，比重于是就成了与其他属性同时并存的一个属性；而既然同时并存，它与这些属性之间的一切必然关系或一切规律性也就一律不存在了。——比重作为这样的单一的内在，在其自身中是没有差别的，或者说，它只有非本质的差别；因为它的纯粹的单一性把一切本质的区别都取消了。因此，这种非本质的差别，亦即数量或大小，就必须在对方中即在其他属性的复多性中建立它的映象或他物，以便因此而成为一个区别。如果这个复多性本身综合起来被规定为对立的单一性,或凝聚性因而这个凝聚性成为在他物中的自为存在,就像比重之为纯粹的自为存在那样,那么第一,这个凝聚性乃是不同于前一规定性的、纯粹的、建立在概念里的规定性,而建立规律的办法因此也将是在前面讨论感受性对激动性的关系时已经谈到过了的那种办法。——其次,在这种情况下,这个凝聚性作为在他物中的自为存在的概念,仅只是与比重相对的那一方面的抽象,其本身并无存在。因为在他物中的自为存在是这样的一个过程:在这个过程里,无机物要把它的自为存在表示为一种自我保存,它就依靠这自我保存而不至于成为这个过程的一个产物。但这恰恰是违背无机物的本性的,它的本性里本来没有目的或普遍性。它的过程毋宁只是它的自为存在,是它的比重赖以扬弃其自身的那种特定的行为。而它的凝聚性会在其中达成其真实概念的这个特定的行为和它的比重的特定的大小或数量,这两者乃是完全互不相干的两个概念。如果我们完全撇开行为的种类不管而考虑数量观念,也许我们会想到比如这样的一种规定:作为一较高的自在存在、较大的比重比较小的比重更会拒绝参入于过程。但是相反的,自为存在的自由则只在轻便中才能与一切事物发生关系而又保持自身于事物的多样复杂之中。只有内涵而没有关系的外延,乃是一种空无内容的抽象,因为外延构成内涵的实存(或实际存在)。但无机物之保存自我于其关系中,前面已经说过,并不是自我保存的本性,因为无机物本身没有运动原理,或者说无机物的存在并不是绝对的否定性和概念。

反之,如果不把无机物的这另一方面视为〔运动〕过程而视之为固定不变的存在，那么这个另一方面就是普通所说的凝聚性。凝聚性是一种单一的感性特质，它的对方是松散了的环节，它分散而为许多互不相干的特质或属性，而又像比重那样归属于凝聚性之下；于是许许多多互不相干的属性结合一起就构成凝聚性的对方。但在这里，正如在别处一样，数是唯一的规定性，数这个唯一的规定性不仅不表示这些属性相互的关系和过渡，却恰恰表示根本就没有任何必然关系，按照它的本性说，它代表一切规定性的消灭，因为它所代表的规定性乃是一种非本质的规定性。因此，可以说，一系列的物体，如果它们之间的差别在于它们的比重上的数的差别，而另一系列的物体，其间差别在于属性的不同，那么这两系列的物体就决不互相平行，即使为了把事情化繁为简而只选取其中的一两个，情况也并无改变。因为事实上构成这个平行之另一面的，只能是这一整束的属性。为了把这一整束安排整齐，使之连成单一的整体，观察意识随手可以现成取得这些属性的数量大小不等的规定性，但这是一方面，另一方面呢，它们的区别又表现为质的区别。现在，在这一大团里，那应该被称为肯定的或否定的并且会互相扬弃的东西——一般即指公式的繁密结合在一起的内部组成与外在展开，——乃是属于概念的；而概念则恰恰通过属性因之而被视为单纯的存在物的那同一条道路已被排除掉了。在这种存在里，任何属性都不具有对其他属性的否定性质：每一个属性也都如其他属性同样地存在着，而且它也不以什么其他方式指明自己在整体内部组成上的地位。——在一个依照平行的差别排列起来的系列里（姑且设想其关系是两方面同时增加或者仅只一方增加而另一方减少），其中要紧的表现，只是这个集合体，即构成规律

之一方面以与比重相对待的那个整体的最后的那个简单表现。但是这一方面,就其为存在着的结果而言,也不过就是前已提到过的那种个别的属性罢了;比如说,就像普通凝聚性这样的东西,在这种个别属性之旁,还有包括比重在内的许多其他的各不相干的属性,它们之中的每一个都可以同样地完全有权,也可以说同样地完全无权被选为整个另一方面的代表,每一个都仅仅代表其本质,用德国话说,仅仅把本质呈现出来,而并不就是事情本身。因此,前面那种企图,想发现一些物体系列,其两个方面平行地前进,而又按照包括这两方面的一条规律来表述物体的本性,那样的企图,就必须被视为是一种不知道它自己的任务和达成其任务之手段的想法。

〔2.有机物的组织:类属,种,单一性,个体〕 前面我们曾把呈现于观察意识面前的有机形态的内外两面的关系立即转移或者说应用到无机物范围里去。现在我们可以较详细地说明所以这样做的原因,并从而看到这种关系的另外一种形式。在有机物里,根本就不像在无机物里那样,有什么好像令人可以进行这样一种内外关系之比较的东西。无机物的内在是一个简单的内在,它在知觉面前呈现为存在着的属性,因此它的规定性本质上就是数量或者说大小,它作为一种存在着的属性是与外在或许多其他的感性属性互不相干的。但有机物的自为存在却不像这样出现在它的外在的对面,而是在其自身以内就包含着他物或对方的原理。如果我们把自为存在定义为简单的保存其自身不变的自身关系(einfache sich erhaltende Beziehung auf sich selbst),则它的他物或对立就是简单的否定性,而有机物的统一体就是自身持存不变的自身关

联与简单的否定性这两者的统一。这个统一，就其为统一而言，是有机物的内在，有机物因此内在而本身是普遍的，或者说，它因此就是类属。类属对于它的现实，类属有自由，比重对于形体，比重有自由，但两种自由不同。比重对形体的自由是一种存在着的自由，或者说，它是作为特殊的属性而站在一方面的。但因为它是存在着的自由，它就也仅仅是本质上属于这个形态的一个规定性，换句话说，它是这个形态作为本质因之而成为一有规定的本质的那样一种规定性。但是，类属的自由乃是一个普遍的自由，它与这个形态或它的现实是各不相干的。因此无机物的自为存在本身所有的那个规定性，在无机物那里只归属于它的存在，而在有机物这里则归属于它的自为存在了。因此，虽然无机物那里规定性已经同时仅仅是属性，但究竟它还具有本质的身份，因为它是作为简单的否定物与那作为为他存在的实际存在互相对立着的，而这个简单的否定物归根结底就其最后的个别规定性而言乃是一个数。但是有机物是一个个别性，个别性自身是纯粹的否定性，因而它已将固定的数规定性从其自身中予以消除，因为固定的数规定性是属于漠不相干的存在的。所以，只要有机物在其自身含有漠不相干的存在环节并从而含有数这个环节，那么数就只能被视为在它那里的一个偶然的东西而不能被视为它的生命性之本质。

但是现在，虽然我们已经指出纯粹的否定性亦即过程的原理并不落于有机物以外，并且说明有机物并不在其本质中把纯粹否定性当作一种规定性，而毋宁个别性自身本来是普遍的，但这个纯粹的个别性却并不因为它的环节仿佛总是抽象的或普遍的而其本身在有机物里面就能说是得到了发展的、现实的。相反，这种得到

了发展的环节出现于那种倒退为内在性的普遍性之外；而居于现实或形态亦即自身发展着的个别性与有机共相或类属之间的是规定了的共相，这种有规定的共相就是种。共相或类属的否定性所达到的那种存在，只是一种流行于存在着的有机形态的不同部分中的过程的充分发展了的运动而已。如果类属在其自身，作为静止的简单性，就已具有了不同的部分，如果因此它的简单的否定性本身同时就是运动，就是那种流行于既简单而又直接于其本身中普遍的那些部分之间的运动，而那些部分就是在这里实现存在着的那些环节，那么，有机类属就是意识。可是虽说如此，简单的规定性，作为种的规定性，乃是以一种毫无思想的方式而出现于类属之中的；具体现实是从类属开始，换句话说，在具体现实中出现的不是类属自身，即是说，根本不是思想。这个类属，作为现实的有机的东西，仅仅是由一位代理人代表着的。但这位代表，在这里说就是数，它好像在指明着从类属到个体形态的过渡，并且把必然性的两个方面呈现于观察之前，有时把它呈现为简单的规定性，有时把它呈现为一种充分发展了的复杂多样的形态，可是这个代表，这个数，事实上所指明的毋宁是普遍性与个别性之间的互不相干与独立自由；类属虽然使个别性委身听命于无本质的数量差别，而个别性自己作为一种活的东西却表明自己也是与这种数量差别各不相干的。真正的普遍性，按照它之被规定的情况来说，在这里只是内在的本质；作为种的规定性的普遍性，乃是形式的普遍性，面对着形式的普遍性，真正的普遍性是站在个别性那一面的；因为如此，个别性就成了一种活的个别性，并且由于它的内在的本质，它就抬高自己而不理会它那作为种的规定性了。但是，这个活的个别性并非同时就是一个普遍的个体，即是说，并非同时就是普遍性在其中同样也得到外在实现的那种普遍的个体，而普遍的个体是落于有机的活的个体以外的。可是这个普遍的个体，就其直接地是具有自然形象的个体而言，并不是意识自身；如果它是意识，那它的实际存在，作为个别的有机的活的个体，就一定不会落于它以外了。

〔3.生命，偶然的理性〕　我们因此看到了一个三段论式，它的一项是那作为普遍物或类属的普遍生命，而其另一项是那作为个别物或普遍的个体的普遍生命，其中项则是由这两端所合成的：前一项作为有规定的普遍性或作为种参加着中项，后一项则作为独特的或个别的个别性参加着中项。——而由于这个推论式整个是属于有机形态方面的，所以其中也同样包含着被区别为无机物的东西。

现在，因为普遍的生命作为类属的简单本质从它自己这方面发展着概念的差别并且必须把这些差别表述为一个简单规定性的系列，那么这个系列就是由不相干的差别所构成的一个系统，或一个数的系列。如果说，以前曾把有机物在个别性的形式下与这个既不表示又不包含有机性质的无本质的差别互相对立起来，如果说，就其从它的很多属性中发展出来的整个具体存在来考虑，对于无机物而言必须承认其情况恰恰一样，那么现在必须予以考察的乃是普遍的个体，它不仅完全没有类属的分化，而且还是控制类属的势力。类属或者按照数的普遍规定性将自身分化而为种，或者以它的实际存在的个别规定性如形状、颜色等为根据来进行它的分化。可是当它安静地进行这一业务活动的时候，它是遭受着来自普遍的个体亦即地球那方面的暴力的。普遍的个体,作为普遍的否定性,建立着在地球中本有的那些差别,——就这些差别所隶属的实质来看,它们的性质与类属的差别的性质是不同的,——并使这些差别胜过类属的系统化过程,因此,类属的这项业务活动就大受限制,它只可在那些强有力的元素之内从事于它的经营,而由于元素的势力的任意干扰,它的系统化工作就到处中断,残缺不全。

由于上述种种,在有机的实际存在里观察之所能及的只是作为生命一般的理性,而生命一般,在分的分化过程里,并不实际含有合乎理性的排列与组织,并不是一个在其自身中建立起来的形态系统。——如果有机形态的三段论式里的中项,即种及种的实现落于其中而成为个别的个体性的那个中项,自身中就有内在普遍性与普遍个体性这两项,那么这个中项就应该会在其实现运动中具有普遍性的外表与性质,就会是系统化其自身的那个发展运动。——这样,意识就以意识形态的系统当作介乎普遍精神与其个别性或感性意识之间的中项,这个中项,这个意识形态系统,作为精神生命依次排列的整体,就是我们在本书中要考察的那个系统;因为作为世界历史,它有它的客观存在。但是,有机物并没有历史,它是从它的普遍、生命直接落到具体存在的个别性里去的;而在这一实现中联合起来了的简单的规定性的环节与个别的生命性的环节所产生的生成变化,仅只是一种偶然的运动,在此偶然运动中每一环节各在其自己的部位上有所活动而整体则保持不变;但是,这个活动性是为其自身而仅限制于它自己的定点以内的,因为在它的定点以内没有整体,而整体所以不在其内,因为它在这里

不是作为整体而自为地存在着。

因此，观察的理性在观察有机物时所直观到的事实上仅仅是作为普遍生命一般的理性自身；而且，它之所以能直观这普遍生命的发展与实现，仅仅因为它是根据着那些完全普遍地区别了的系统，这些系统的规定与本质是不存在于有机物本身，而存在于普遍的个体、地球中的；而在地球的这些差别之中，它之所以能直观这普遍生命的发展与实现，又完全因为它是根据着类属所企图建立的那些系列。

由于有机生命的普遍性在它的实现中没有任何真正自为存在着的中介，而是让其自己直接地降落到另一极端、个别性上的，所以观察的意识所观察到的事物就仅仅是一种意谓；而即使理性能有闲情逸致去观察意谓，它也只限于描写和记述这种关于自然的意谓而已。不错，意谓的这种毫无精神的自由，将会到处呈现为规律的萌芽，必然的迹象，秩序和系列的征兆，以及很有趣味的表面关系；但是，在有机物与无机物的具体差别如元素、区域、气候等等之间的关系里，观察所能达到的，说不上什么规律和必然性，仅止于所谓巨大影响而已。同样地，另一方面，当个体性不具有地球的意义而具有内在于有机生命中的一的意义时（这个一，固然与普遍直接统一而构成类属，但正因为如此，它的简单的统一就仅只被规定为数，而质的现象因而一概消失），观察所能达到的也不过是找出一些机智的意见，有趣的关联，和发现有某种对概念友好的迎合情况而已。但是机智的意见并不是必然性的知识，有趣的关联终归不过有趣而已，并没超出兴趣以外，而兴趣仅止是理性的意谓，至于说一个个体具有暗示一个概念的友好性，这乃是一种天真的

友好性，如果它自以为自在地和自为地有点什么价值，那它就不是太天真，而是太幼稚了。

(b) 对自我意识的纯粹自身及其与外在现实的关系的观察；逻辑规律与心理学规律

在观察自然的时候，观察的意识发现在无机物中有实现了的概念，也发现一些规律，它们的环节是具体事物而事物同时又以抽象自居；但这种实现于无机自然中的概念，不是一种反映于自身的简单性。与此相反，有机物的生命则恰恰是这种返回于自身的简单性；生命自身中的普遍性与个别性的对立，在这种生命的本质里并不彼此分离；因为本质不是类属，类属才在它的无差别的元素里进行分化运动并在它分化出来的对立中保持自身为未分化无差别的。自由的概念具有普遍性，而它的普遍性自身以内也绝对包含着发展了的个别性；这样的自由概念，只能在作为概念而存在着的概念里观察到，即是说，只能在自我意识里观察到。

〔Ⅰ.思维规律〕 观察的理性既然返回其自身而把矛头指向作为自由的概念而现实存在着的概念，于是它首先就发现到**思维的规律**。思维规律都是这样的一种个别性，它是在其自身中的思维，是一种抽象的、完全返回于简单性中的否定运动；思维规律都居于实在以外。——说规律没有实在，这无异于说规律没有真理性。规律虽说不是**整个的**真理，毕竟还应该说是**形式的**真理。但没有实在的纯粹形式乃是思想事物或没经分裂的空虚的抽象，因为没有分裂就是没有内容。——但是从另一方面看，思维规律既然是纯粹思维的规律，纯粹思维是自在的共相，因而是一种具有直接的存在并在其存在中具有一切实在的知识，那么这些规律就是些绝对概念，从而必然地既是形式的又是事物的本质性。由于在自身中运动着的普遍性就是已经分裂为二的简单概念，那么经过分裂的概念就在自身中有内容，而且是这样的一种内容：它是一切内容，但唯独不是一种感性存在。感性存在是一种内容，它不但不与形式相矛盾，并且根本与形式没分离，而毋宁本质上就是形式自身；因为形式只不过是将自身分裂为其纯粹环节的那种普遍或共相。

但这种形式（也可以说内容）既然是为观察的，它就获得一种内容的规定，它就是一种被观察到的，给定了的，亦即仅仅存在着的内容。它就成为许多关系或大量分化了的必然性的一个静止的存在，这些关系或必然性作为一种固定的内容在它们的规定性里本来就应该具有真理性，因而在事实上都是摆脱了形式的东西。——但固定的规定性或各种各样的规律的这种绝对真理性，是与自我意识的统一性矛盾的，换言之，是与思维和形式根本矛盾的。那说得上是固定的、自身持存着的规律的东西，只能是那反映于自身的统一性的一个环节，只能是作为一种不能持存的数量而出现的东西。然而当我们考察这些规律，从而把它们从运动的关联里拆散开来个别地予以对待时，它们所缺少的不是内容，因为它们都有一个规定了的内容，它们所缺乏的毋宁是形式，形式才是它们的本质。事实上，这些规律之所以不是思维的真理，与其说是因为它们据说只是没有内容的形式，倒不如说是出于相反的理由，因为它们之成为某种绝对的东西，就其规定性来说，恰恰是一种没有形式的内容。在它们的真理性里，它们作为思维统一性里不能持

存的环节应该被视为认知或思维运动，而不应该被视为知识的规律。但观察并不是也不认识知识自身，它只把知识的本性颠倒或转化为一种具有形态的存在，换句话说，它把知识的否定性理解为知识的规律。——在这里我们根据事情的一般性质揭示出所谓思维规律的无效，已经够了，至于详尽的发挥，那是思辨哲学的事情。在思辨哲学里，这些规律都将显现它们的本来面目，它们将表明自身是些个别的消逝的或不能持存的环节，不能持存的环节只以思维运动的整体亦即知识自身为其真理。

〔Ⅱ.心理学的规律〕 思维的这种否定的统一是纯然为它自己的，甚至可以说思维的否定统一就是自为性(Fürsichselbstsein)，就是个体性原理，它的实在就是一种行动的意识。因此，按照事情的性质，观察的意识就被引导了去观察思维规律的实在，即观察行动的意识。但由于观察的意识并不知道这种关联，它就以为它一方面还保有停留在思维规律里的思维，而另一方面它又在它现在的对象里获得另外一个存在，即行动的意识；行动的意识纯然是自为的，因为它扬弃对方并以对它自身亦即对否定性的这种直观活动为其现实。

于是在意识的行动现实里现在开辟出了一片新的观察园地。心理学包括一批心理规律，根据这些规律，精神以不同的态度对待它自己的不同方式的现实，不同地对待当前已有的他物。有时候，精神采取接受现实的态度，使自己适应于现有的风俗习惯伦理道德以及以精神自身为对象的那些思维方式等等；有时候精神持反对现实的态度，进行独立思考，根据自己的兴趣情感来挑选其中特别为它自己的东西，使客观事物适应于它自己。前一种态度是否定地对待自己的个别性，后者是否定地对待自己的普遍性。——在前一情况下，独立性（个体）仅只一般地赋予当前已有的东西以有意识的个体的形式，至于内容方面则仍然不超出于现在已有的普遍现实的范围；但在后一种情况下，独立性至少给现实作出一定的并不违反其本质内容的修改，有时甚至于也作出修改，使个体自己作为特殊的现实和独特的内容跟普遍的现实对立起来；如果个体只个别地扬弃客观现实，这种对立就造成违法犯纪的行为，如果他普遍地并且是为一切人而这样做，这种对立就整个扬弃现在已有的，从而产生另外一个世界，另外的法权、法律和道德。

观察的心理学起初只叙述它所观察到的，行动意识所表现的，一般方式下的知觉，随后却发现有各式各样的能力、兴趣和情感，简直是一个集合体，而由于它在叙述这个集合体的时候并不能忘记自我意识是具有统一性的，于是它就不得不感到惊讶，居然在精神里面如同在一个口袋里一样，竟能同时并存着这么样种类繁多偶然凑合在一起的东西，特别是，它们都表明自己不是僵死的静物而是些不停的运动。

在对这各种能力的叙述中，观察是站在普遍性的一边的；而这各种能力的统一体则是这个普遍性的对面，是现实的个体性。——然而现在在理解各个现实的个体时，重新采取叙述的办法，说某人比较爱好这样东西，另外某人比较喜欢那样东西，某人的理解力比别人强，另外某人的情感比别人丰富等等，这实在是一种比列举昆虫苔藓的种类科属还更为无关重要的事情；因为动植物的类属本质上是些偶然的个别的元素，它们本身就使观察有权这样个别和无思想地对待它们，但把有意识的个体也这样无思想

地当作个别的存在着的现象来观察，则不免自相矛盾，因为有意识的个体性是以精神的普遍性为本质的。不过，既然在这样理解的过程中，同时也把个体性纳入于普遍性的形式，找出了个体性的规律，那么这种行动看起来现在就好像是合理的而且必要的了。

〔Ⅲ.个体性的规律〕 构成个体性规律之内容的环节，一边是个体自身，另一边是个体所面对着的普遍的无机自然界，如当前的环境、形势、风俗、道德、宗教等等；特定的个体就要根据这些情况才可理解。它们既包含着特定的或有规定的东西也包含着普遍或公共的东西，并且同时又是一种现成存在的东西，这现成存在的东西一方面把自己直接呈示在观察面前，另方面又以个体性的形式把自己表现出来。

有关这双方关系的规律于是就必须包含和表明这些特定的环境究竟对个体性发生什么作用和影响。但这种个体性一方面由于它本身也是普遍的东西，因而就以一种直接的冷静的方式混合或融化到外在的普遍的东西，如伦理道德风俗习惯等等里面去，并使自己适应于它们，而另一方面它又反对它们甚至于颠倒或改造它们；此外，在个别情况下它也完全不加可否地对待它们，既不接受它们的影响也不去影响它们。因此，究竟外在的普遍的东西对个体发生什么影响和发生哪一种影响，——其实这是一个意思——完全取决于个体自身；因而当我们说这个个体是由于这个或那个原因才成为它这个特定的样子的时候，只不过是说它本来已经就是这个样子罢了。环境、形势、道德等等，一方面都被表明为客观现存的东西，另一方面又都显示在这种特定的个体里，而事实上它们所显示的只是个体性的那种无关紧要的并不代表其本质规定性的东西而已。当然,如果根本没有这些社会环境、思想观念、风俗道德、一般的世界情况。个体就不会成为它现在所是的这个样子,因为包括于一般的世界情况里的一切东西,构成着这个普遍的实体。——但是,世界情况既然已在这个个体(这正是要去理解的个体)里特殊化了它自己,那它就应该自在自为地在它自身也已特殊化了它自己,并且已经以特殊化后取得的规定性影响了一个个体;因为只有这样,才能说世界情况使个体变成了它现在所是的这个特定的个体。如果外在元素自在自为的本来面目就像它在个体性那里所显现的那样,那么个体性应该说是可以通过世界情况而得到理解的。因为世界与个体仿佛是两间内容重复的画廊,其中的一间是另外一间的映象;一间里陈设的纯粹是外在现实情况自身的规定性及其轮廓,另一间里则是这同一些东西在有意识的个体里的翻译;前者是球面,后者是焦点,焦点自身映现着球面。

但是球面亦即个体的世界直接具有双重含义,它既是自在而自为地存在着的世界和现实情况,又是个体的世界。它之所以说是个体的世界,可以是就它与个体汇合为一而言的,在这个意义下,个体仅仅把它照它本来的样子接纳到自身中来,而个体自身仍然以一种形式的意识自居与它相对,但它所以是个体的世界,也可以就另外一种意义说,因为它是经个体颠倒了或者说改造过了的外在现实。——由于个体具有这种自由,现实世界就有可能具有这双重意义,而由于现实世界可能有这两种意义,个体的世界就只能根据个体自身来理解;心理学所设想的那种自在而自为地存在着的现实世界,是对个体发生影响的,但由于个体有这种自由,现实对个体的影响就有绝对相反的两种情况,个体既可以听任现实的影响之流对自己冲击，也可以截住它，颠倒它或改变它。然而这样一来，所谓心理学的必然性，就变成了一句空话，空到这样程度：一个个体据说应该受有某种影响，可是它也有绝对的可能性，根本没能感受到这种影响。

因此，构成心理规律的一个方面并且是构成其普遍性方面的那种自在而自为的存在，就消失掉了。个体性不是别的，正就是属于它自己的那个世界，即是说，正就是个体性的世界；个体性本身是它自己的行动范围，在这里面，它把自身呈现为现实，它自身就是现成的存在与制造出来的存在的统一体；这个统一体的两个方面并不像心理学规律所设想的那样作为自在地现成的世界和自为地存在着的个体性彼此分裂开来；换句话说，如果把它们各作一个方面看待，在它们之间的关系里也并不存在有必然性和规律。

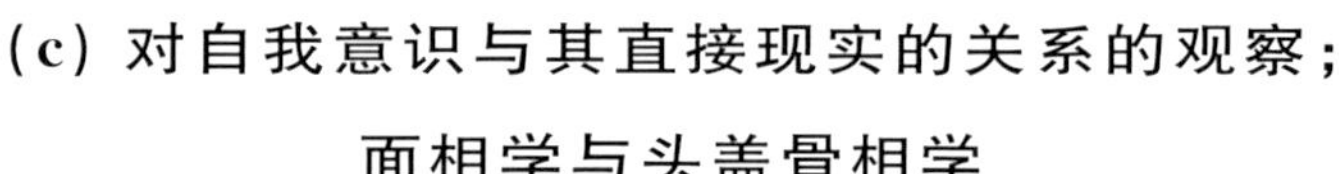

(c) 对自我意识与其直接现实的关系的观察；面相学与头盖骨相学

心理学的观察既然发现在自我意识与现实亦即和自我意识对立的世界之间的关系里并没有规律，双方是各不相干的，于是不得不退回现实的个体上来观察现实个体自己的规定性。现实的个体是既自在而又自为的，也就是说，它所包含的自在存在与自为存在的对立是已经在两者的绝对中介中消除了的对立。它现在开始成为观察的对象，换句话说，观察现在开始以它为对象。

个体是自在的又是自为的：它是自为的，这也就是说，它是一个自由的行动；但它也是自在的，这就是说，它自身具有一个原始的特定的存在，——个体的这一规定性，按照概念来说，正就是心理学当初以为可以在个体以外找得到的那种东西。这样，个体自身以内就出现了对立，它既是意识的运动，又是一种显现为现象的固定的现实存在；这个现实存在，在个体那里是直接属于它〔个体〕的；这个存在，既然是特定的个体的身体，所以是个体的原始性，或者说，是个体的未经制造的东西。但是，由于个体同时又仅只是它自己制造出来的东西，所以它的身体也就是由它自己所产生出来的关于它自身的一种表示，或一种符号，既是一种符号，那就不再是一种直接的事实，而纯然是个体借以显示其原始本性的东西。

如果我们用以前的观点来考察我们此处的环节，那么可以说以前所谈的是普遍的或一般的伦理习俗和文化教育，现在所涉及的则是人类的一般的形象，或至少也是指一种气候里、一个大陆上、一个民族里的人的一般形象。此外，在前面谈到的普遍的现实存在以内还有特殊的环境和情况，而在我们现在所考察的环节上，这种特殊的现实就是指个体形象上的特殊结构。——而在另一方面，前面所考察的是个体的自由行动，以及被设定为与客观既存的现实相对待的个体自己的现实，而现在考察的则是作为个体自我实现之表示的那种形象，亦即个体的活动本质所表现的特征与形式。但是，无论普遍的现实也好，特殊的现实也好，以前的观察认为是存在于个体以外，而现在就是个体自己的现实，就是它的天生的躯体；至于属于个体行动的那种表示，现在也同样落在个体的躯体上来。在心理学的考察里，认为自在而自为地存在着的现实与特定的个体性是彼此关联着的；但是在这里特定的整个个体就是观察的对象，而对象的两个对立面都在这个整体自身。因此，个体

的整个外在,不仅包含着原始的存在,亦即天生的躯体,而且也包含着内部活动所形成的部分;身体可以说是非形成的与形成的存在的统一体,是被自为存在渗透了的个体现实。个体的这个既包含着特定的原始固定部分又包含着只通过行动才能形成的特征的整个外在,是客观存在着的,而这个存在则是个体的内在的一种表示,换句话说,就是所谓意识和运动的一种表示。——同样,这个内在,也不再是形式的无内容的或无规定的自发活动了,活动的内容与规定性也不再像以前那样居于外界环境里了;相反,个体的内在乃是自在地规定了的、原始的、只以活动为其形式的那种个性。现在我们就来考察一下,看这两方面之间的关系具有怎样的规定性,并且看看所谓在外在里面的内在的表示究竟是什么意思。

〔Ⅰ.器官的面相学的含义〕 这个外在首先只作为器官而表示着内在,使内在成为看得见的东西,或根本使它成为一种为他的存在;因为就其存在于器官中而言,内在就是活动自身。说话的口,劳动的手,还有走路的腿,如果我们愿意添加上去的话,都是实现内在和完成内在的器官,所以它们本身就含包着行动自身或内在自身;内在通过这些器官而获得外在性,成为外在行为,而行为却是一种从个体分离出来了的现实。语言和劳动都是外在的东西,在这种外在的东西里,个体不再保持它的内在于其自身,而毋宁是让内在完全走出自身以外,使之委身于外物。因此,人们既可以说,这些外在的东西已将内在表示得太多了,同样也可以说,表示得太少了。说太多了,乃是因为在它们那里内在自身根本破灭了,再没有它们与内在之间的对立了;它们不仅把内在的一种表示交出去而且直接地把内在自身也交出去了。至于说太少了,乃是因为语言和行为中的内在，自身已变成了一种另外的东西[①]：它将自己委弃于变化因素，听任变化因素将说出了的语言和做出了的行动加以颠倒改变，造成别的什么东西，使这些语言和行为自在自为地不复是这个特定的个体的语言和行为。行动的结果，不仅因为有其他个体的影响而产生的这种外在性，因而不复是一种与别的个体性相对立而自身持存的东西，而且，行动的结果既然把它们自身中所包含的内在，当作分离独立了的、漠不相干的外在看待，它们作为内在，也就可能因为个体自身的缘故而是跟它们的外在表现全不相同的另外一种东西。我们说因为个体自身的缘故，意思是说，或者是由于个体蓄意要把它们表现为与它们本性不同的另外的东西，也或者是由于个体太拙笨了，它不会按照自己的意愿替它自己制造一个外在方面，不会把制造出来的外在方面加以巩固使它自己的行动结果可以不为别的个体所颠倒改变。因此，行为作为已经实现了的行动结果，可以说具有两种相反的含义：它可能是内在个体性而不是内在个体性的外表，也可能是一种脱离了内在而完全不同于内在的外在现实。——由于行动结果在含义上有这种模棱两可性，我们就不得不来考察那尚在个体自身中的内在，看看在个体自身中而仍可以看得见的内在是个什么样子。至于在器官里的内在，作为直接的行动自身，则已经实际上变成行动自身的外在性、行为，而行为则既可以表示内在也可以不表示内在。考虑到这种对立情况，那么器官就不是这里所寻求的那种表

① 参看席勒："灵魂刚一说话，哎呀，灵魂已经不再是它了"以及"我们的行为当它在我们的胸膛以内，还是我的；一旦离开它的出生地，离开在我心里的安全角落，投入生命的异乡，它就属于完全与人的艺术陌生的那种刁顽势力了"。——黑格尔原注

示了。

如果现在说,外在形象,只当它不是器官也不是行动而是持存着的整体时,它才能够表示内在个体性,那么它就要以一种持存的事物自居,而将内在当作一种外来物接纳到它自己的被动的客观存在里,从而自身变成这个内在的一个符号;——这种符号乃是一种外在的、偶然的表示,因为它的现实方面本身是毫无意义的,——这仿佛是一种语言,它的音调以及音调连接都与事情自身本不相干,而只是被武断任意地与它结合起来的,所以对它来说都是些偶然的东西。

这样的一些互为外物的东西之间的这种任意的关联,当然并不构成规律。但是,面相学据说与这些毫无希望的研究有所不同,因为面相学考察特定的个体,是就其内在与外在亦即有意识的本质与具体存在着的形象之间必然的对立关系中来考察的,并且它所以连结这内外两个环节使之发生关系,也是因为按它们的概念来说它们本来互相关联着的,因为它们必然构成一种规律的内容。反之,在星象学、手相学等等学问里,发生关系的双方似乎只是一个外物与另一个外物,一种东西与一种对它完全陌生的东西。个体出生时的某种星象座位,或者为了使这种外物更接近于人的躯体本身,例如说,手纹的某些特征等等,对于一个人的年寿长短和命运休咎,都是外来的环节。它们作为互相外在的东西,彼此各不相干,没有必然的关系,像一个内在与一个外在之间应有的必然关系那样。

诚然,对于命运来说,手好像不能说完全是外在的东西,倒不如说它是命运的内在。因为归根到底命运也还只是一种外在现象，它表现着自在的特定个体的内在的原始规定性。——为了认识自在的个体，手相家和面相家走了一条捷径，举例说吧，比索伦的办法就较为直接，因为索伦认为必须根据整个生活经历才能推知命运；所以他是考察现象，而手相家和面相家则是考察自在。就命运方面来说，手之所以一定代表或呈现个体的自在，很容易从下面这个事实看出来：除语言器官以外，手是人类最多地用以显现和实现其自身的一个器官。它是人创造自己的幸福的一个被赋予灵感的创造者；我们可以说，它就是人的行动的结果；因为手作为人的自我实现的活动器官，本身体现着作为灵感的赋予者的人，而既然人本来就是他自己的命运，那么手就将表示这个命运，表示这个自在。

上面说过，活动器官同时既是一个存在又是它自身所包含的行动，或者说，它既是它自身中现在着的内在的自在存在，又具有一个为他的存在，那么根据这个规定，我们可以对器官产生一种与前不同的看法。因为如果说，器官之所以不能被视为是内在的一种表示，是因为在器官里现在着的是：作为行动的行动，至于那作为行为〔完成了的行动〕的行动，对器官来说只是一种外在的东西，因此内在与外在互相分离，彼此互为或可以互为外来物，那么，即使按照这个规定来说，器官也还必须被视为两者的中项；这恰好是因为这样：行动在器官那里现在着，同时构成器官的外在性，而行动所构成的这种外在性不同于行为之为外在性，因为行动作为外在性仍然停留在个体与器官里。——这个内在于外在的中项和统一体自身最初也是外在的；然而随后这个外在性同时又被归入于内在，成为单一的外在性而与散乱的外在性相对立，而散乱的外在性,可以只是一种个别的外在性亦即对整个个体而言纯属偶然的行为成就或状态,但也可以是整个的外在性亦即那分散为众多行为成就和状态的命运。因此,手上的简单特征、声调和音量等语言上的个人特点,以及文字方面个人字体或笔迹的特点(文字是语言通过手比通过声音而获得的一种更为固定的存在),——所有的这一切,都是内在的一种表示,而这种表示作为单一的外在性,又与行为和命运的复多的外在性相对立,把复多的外在性当作外在,而自己则以内在自居。——因此,如果我们首先把个体的特定的本性以及与生俱来的和后天获得的特性当作它的内在,视之为行为和命运的本质,那么这种内在本质,首先就以个体自身的口、手、声音、字体和其他各种器官以及器官的固定规定性当作它自己的现象和外在性,在此以后,它才更进一步把自己表示于外,以它自己在世界里的实现当作自己的外在性。

现在,由于这个中项首先把自己规定为外在性,而同时又把这个外在性收回于内在一方面去,所以这个中项的具体存在就不仅仅是直接的行动器官,而毋宁是面部上和整个形象上的那些毫无作用的运动和形式了。这些特征及其运动与形式,就这个概念来说,是保留于个体之内含蓄未发的行动,就个体与实际行动的关系来说,则是个体对它自己的行动的考察和观察,换句话说,这种外在表现乃是对于现实的外在表现的一种反映。——个体对于它的外在行动不是缄默的,因为,当它行动的时候它同时已反映于其自身,而且它把这种自身反映,表示于外;这个理论的行动,即是说,个体就它自己的实际行动和它自己本身所做的谈话,别人也能听得到,因为它本身是一种外在表现。

〔Ⅱ.这种含义的双义性〕　这样，从这种内在里，即是说，从这种在其外在表现中仍然不失其为内在的东西里，我们已观察到个体对它自己的现实反映；我们还应该看看，这种统一体——反映里所包含的必然性，究竟是怎样的性质。——首先，这种反映跟实际的行动自身不是一回事情，因而它可以是并且可以被认为是不同于实际行为的某种另外的东西；比如我们可以根据一个人的面部，看他所说的或所做的究竟是否出于他的真诚。——但是反过来，反映是内在的一种表示，却同时也是一种存在着的表示，它本身因而就降为一种存在，成为一种对有自觉的个体纯属偶然的东西。因此，这个反映固然是一个表示，但同时又仅仅像一个符号一样，因而赖以把内在表示出来的这个符号，在性质上，就与被表示的内容完全不相干。在这个现象里内在诚然成了一种可以看得见了的看不见的东西，但它并没与这个现象联结为一：这个内在固然能表现在另外一个现象里，另外一个内在也能表现在这个现象里。——可见李希屯伯格[①]是说对了；他说："要承认相面家真能通过相面而理解人的内在，并不困难，只要勇敢地决心使自己重新成为千百世代所不能理解的人物就行了。"——在前面讨论心理规律时所说的那种情况下，摆在面前的环境是一种存在着的东西，从它那里个体取得其能够取和愿意取的，对它既可以屈从，也可以违抗，因为这个缘故，这种存在并不包含必然性和个体本质。同样，在现在讨论的这种情况下，个体性所表现出来的直接存在是这样

① 李希屯伯格（Lichtenberg）：《论相面学》，第二版，哥廷根，1778 年，第 35 页。——黑格尔原注

的一种存在，它既可以表明是个体之从现实中反映于自身，是个体的自身存在，也可以仅仅是对于个体的一种符号，而这种符号与它所指的东西漠不相干因而真正说来它毫无所指；它既可以是个体的真实面目也可以是它随便可以丢掉的面具。——个体性渗透着或体现于形象，在形象里运动，在形象里说话；但是，这整个的具体存在——形象，同样可以转变为一种与意志和行动漠不相干的存在；个体性把这个存在以前所具有的意义取消掉，使它不再含有个体性的自身反映或真正本质，反而把这种本质放到意志和行为里去。

个体性于是放弃它在形象的特征中表示了出来的那种自身反映，而把它自己的本质放进它的行动的结果、事业里去。在这样做的时候，个体性实在是违背了负责观察有自我意识的个体性的那个理性本能为个体的内在与外在所设定下来的那种关系。不过从这个观点出发，我们就可以进而了解相面科学——如果我们愿意称之为科学的话——的真正的思想基础。在这里呈现在观察面前的对立，就其形式来说，乃是实践与理论的对立(两者实在又都在实践这个范围之内)，这就是说，这种对立是在行为中(这是指最广义的行为)实现其自身的那个个体性同既在行为中同时又反映于其自身而将行为当作自己的对象的那个个体性之间的对立。这种观察所见到的对立，是跟现象里的对立恰恰颠倒着的。这种观察认为行为自身及其所成就的事业，无论是属于语言的或是属于一种更加固定的现实的，都是非本质的外在，而个体性的自身存在则是本质性的内在。在实践的意识本身具有的这内外两个方面之间，在意图与行动之间，亦即是在对于行为的意谓或揣度与行为自身之间，观察选择了前者当作真正的内在；而内在的比较非本质的外在表现，是在行为里，其真正的外在表现，则在个体的形象里，真正的外在表现就是个体精神的感性的现前存在；真正的内在性就是意图方面的独特性和自为存在的个别性：两者合起来就是主观上所意谓或揣度的那个精神。因此，观察乃是以一种意谓出来的现实存在为自己的对象，并且从中寻找规律。

天然的或日常习用的相面学，就是对意谓中的精神现实的直接意谓，因为普通相面，就是要一眼看上去立即对于个体的内在本性及其外在形象的性格作出判断，作这种意谓判断，须有这样的一种对象，这种对象的本质表明它自己真正说来是某种不同于纯属感性的直接存在的东西。而现前存在着的，也正是这种存在于感性之中而又超离感性反映于自身的东西，作为观察对象的那种可见性，也正是不可见的东西的可见性。但是，恰恰这种感性的直接的现前存在，是一种精神的现实，是一种只属于意谓的东西；从这个观点出发，于是观察就专门与它所意谓的具体存在，例如面貌、字体、声调等等打起交道来。——于是观察就把这样的一些它所意谓的具体存在跟同样是它所意谓的内在联系起来。观察所要认识出来的不是强盗和小偷，而是那能当强盗和小偷的能力。固定的抽象规定性是迷失在个别的个体之具体的无限的规定性之中的，而描写具体的无限的规定性所要求的技巧则要比前面那类固定的抽象规定性更加巧妙。通过这样的巧妙描写，诚然会比通过“强盗”、“小偷”或“善良”、“纯洁”等等品质说出更多的东西来，但要想达到描写的目的，即是说，要想形容出它所意谓的存在亦即个别的个体性来，毕竟是远远不够的，其不够的情况，正如仅仅描绘

宽额头、高鼻梁等等之不足以说是描绘了形象一样。因为个别的形象也如个别的自我意识那样,作为一个意谓的存在,是不可以言语形容的。因此,那研究属于意谓或揣度的人的所谓识人科学[①],以及研究属于意谓的现实并想将日常面相术的那些不假思索的判断提升为科学知识的相面科学,都是一种既无目的又无基础的东西,它永远不能说出它所意谓的东西,因为它仅只在进行意谓,它的内容仅只是一种属于意谓的东西。

这个科学企图去寻求的规律,实际上都是它所意谓的这两个方面之间的一些关系,因而本身只不过是一种空的意谓罢了。再者,由于这种自命是研究精神现实的科学,已经认识到精神是跳出它的感性的具体存在而反映自己于其自身的东西,因而有规定的具体存在都是一种与精神漠不相干的偶然性,那么这种科学就一定懂得它所发现的规律什么也没说,真正讲来只是一些纯粹的空谈,或者说,只是说出了关于自己的一种意见罢了;——我们使用这样一个名词,其真理性在于指明:说出它的意见,和不说出事情本身而仅只提出了关于自己的一种意见,是一回事情。但就内容来说,这些观察结果跟下述两种意见在价值上不能有任何差别:小贩说,“我们每逢年会都下雨”;家庭妇女说,“可不也是,每次我晾晒衣服都下雨”。

李希屯伯格除了这样描写了面相学的观察之外,还说了这样的话:“如果有人说,你的行动诚然像是一个忠厚老实人,但我从你

① 这是指拉瓦特(Lavater)的主张,他的著作叫做《促进人的认识和相爱的一些相面学的片断》,莱比锡,1775—1778年。——英文本译者注

的面貌上看出来，你是在做作，你在内心里是一个流氓坏蛋；毫无疑问，像这样的一种讲话，直到世界的末日，任何一个规矩人，都会报之以耳光。”——这个耳光所以打得好，乃是因为它驳斥了这样一种意谓的科学的第一条假定，即认为人的现实就是他的面貌等等。——真正地说，人的真正的存在是他的行为；在行为里，个体性是现实的，而且那把所意谓的东西就其两个方面而予以扬弃的，也正是人的行为。首先一方面，那意谓的东西是一种躯体的静止的存在；在行为里个体性呈现为否定性的东西，它扬弃了躯体的存在才显出自己来，或者说，它自己才有存在。其次，行为又扬弃了对具有自我意识的个体性的意谓的不可形容性，因为在意谓里，个体性是一种有无限规定和可以无限规定的因而不可形容的东西，而在实现了的行为里，这种坏的无限性则已经被扬弃掉了。行为是一种简单规定了的东西，普遍的东西，可以在一种抽象中予以把握的东西；它是一件杀人罪行，一件偷窃行为，或一件慈善行为，一件义勇行为等等；总之我们可以说出它是什么。行为就是这个行为，它的存在不仅仅是一个符号，而是事情自身。行为就是这个行为，有什么样的行为就有什么样的个人；在这个“就有”或“存在”的简单性里，个别的人对于别人而言，乃是存在着的、普遍的东西，不再仅仅是一种意谓中的东西。不错，他在这里并不是被认定为精神，但是既然这里所谈的是他的作为存在的存在，既然从一方面来说，他的形象和行为这个双重存在是互相对立着的，两者都主张自己是他的现实，那么，这就毋宁只能肯定行为是他的真正存在；——而形态不是他的真正存在，因为形态所表示的，乃是他以为他的行为所表达的那种东西，或是别人以为他不能不去做的那

种东西。同时从另一方面来说,既然他的行为结果或者说事业,是跟他的内在可能,能力或意图对置起来的东西,那么,同样就只有他的行为成就可以被视为他的真正的现实,尽管他也许会在这一点上发生错觉,从它的行为回到自身以后误以为他在内心里跟他在行为里不一样。诚然,一个个体性,当他变成行为的结果,从而把自己交托给客观的因素的时候,它是可以被改变和被颠倒的。但是,一个行为的性格完全取决于:这个行为究竟是一种持存的、现实的存在呢,或者仅仅是一种不能持存的意谓中的东西。行为的对象性并不改变行为本身,它只表明行为究竟是什么,换句话说,只表明它究竟是什么或者什么也不是。——至于要想把现实的存在分解为像意图之类精微细致的玩意儿,从而将现实的人,亦即人的行为,回过头来解释为一种意谓的存在(就像个人自己也许会给他自己的现实设想出一些特殊意图来那样),像这样的分解工作,我们必须留给擅长意谓揣度的懒汉去做。这种人,如果他想发挥他那无为而治的智慧,想否认行为动作有理性的性质,从而轻视它,说它不是人的存在,反而把形象、面貌和特征说成人的自在存在,那么,他就应该接受上述的那个回敬、耳光,因为这个耳光向他证明:面貌并不是自在,而毋宁是一种可以采取行动的对象。

〔Ⅲ.头盖骨相学〕 如果我们现在检查一下,看是否在自我意识的个体性与它的外在之间的全部可供观察的关系里,还遗留了什么尚待观察的东西,那我们就将发现还有一项关系必须由观察当作自己的对象来加以观察。在心理学里,事物的外在现实据说是把精神当作它自己的有意识的对方或映象,而精神可以在事物的外在现实里得到理解。但在面相学里,精神则据说可以在它自己的外在里得到认识，它的外在是一种像语言这样的存在，它以一种可以看得见的看不见的东西为本质。那么，现在剩余下来的还有这样的一个现实方面有待规定，在这一方面，个体性据说是在它的直接的、坚固的、纯然具体存在着的现实里表示着它的本质。——最后这一种表现与本质的关系，不同于面相学里的关系，其不同之处在于：在面相学里，外在现实是个体的一种说话的或传情达意的现前存在；在个体的行动性的表现里同时也包含着它的自我反映和自身考察的表现，所以这样的一种外在表现本身是一种运动，却又是一些固定不变的特征，特征就本质上说是一种中介了的存在。但在尚待考察的规定里，精神的外在方面终于是一种完全固定不变的现实了，它自身不是一种传情达意的符号，它与自觉的运动完全无关，而只自为地呈现为一种赤裸的纯粹的事物。

〔1. 头盖骨作为精神的外在现实〕　首先，就精神的内在与它的这一种外在的关系而言，事情很明显，这种关系似乎必须被当作因果关联来理解，因为一个自在存在着的东西与另一自在存在着的东西的关系，既然是一种必然关系，就一定有因果关联。

现在，精神的个体性既然对肉体发生影响，则它，作为原因，就必须自身也是肉体的。但是个体作为原因而在其中发生作用的那种肉体的东西乃是器官，这种器官不是对付外在现实的行动器官，而是自我意识的本质在其自身中的行动器官，如果可以说到它对付外界，那也仅只是对付它自己的身体而已；所以人们在立刻之间是看不出来究竟这些器官是些什么器官的。如果只一般地想到器官，那么容易想到的当然会是一般的运动器官，以及同样的，性器官等等。不过，这样的器官应该被视为工具或被视为部分，它们是精神作为一个极端跟另一个极端,外在对象之间的中项或桥梁。但是在这里,这种器官则必须被了解为这样的东西:在这种东西里,具有自我意识的个体,作为一个极端,面对着与它自己相对立着的、它自己的现实,作为另一极端,自为地保持着自身;同时一方面这个个体不是转身向外的,而是在它的行动里反映到了自身的,而另一方面,在这里,即在存在的一方面,不是一种为他的存在。在面相学里的关系里,器官诚然也被当作反映于其自身的,并对行动进行评论的具体存在;但这种存在是一种对象性的存在,而面相学的观察结果,指明自我意识正是把它的这个观察当作某种漠不相干的东西与自身对立起来的。一旦这个反映于自身的东西本身发生作用,这种漠不相干就自行消失,因为发生了作用以后,那种漠不相干的具体存在就与它取得一种必然的关系。但是如果说它真是对具体存在发生作用,它本身就必须是一种存在,虽然不必是真正的对象性存在,而且它就应该可以被指明即是这样一种器官。

在日常生活里,比如说,愤怒,作为这样的一种内在的东西、行动,大家认为是属于肝脏的。柏拉图甚至认为肝脏的作用,还不止于愤怒而已,还有人甚至于简直认为它是最高的东西,说它就是预言器官,或就是以非理性的方式表达神圣和永恒的那种才能之所寄。但是,个体的肝脏运动、心脏运动等等,不能视为是个体的完全反映于自身了的运动,真正地说,在肝脏心脏里的运动已经转化为个体的躯体,变成了一种动物性的、反应外界现实的具体存在。

反之,神经系统乃是有机物在它的运动中的直接静止。各种神经虽然也已经是那具有对外倾向的意识的器官,但大脑和脊髓却可以视为是自我意识的自身持存的(即是说,非对象性的,也不脱离自身的)直接的现前存在。这种器官的存在环节如果是一种为他的存在或实际存在,那么它就是一种死的存在,就不再是自我意识的当前呈现。但按照概念来说,这种存在于自身中的存在是一种流动体,在这流体中,一切外加进去的区域范围都自行消融,没有任何区别表现为存在着的区别。同时,既然精神自身不是一种抽象单一的东西,而是一个运动系统,在这个运动系统里精神既区别自身为不同环节而又自由超脱于这个区别之外,既然精神把它的身体一般地分化为不同的机能,并且规定身体的每一个别的部分只具有一种机能,那么同样,人们就可以设想,它的即在自身(Insichsein)的流动性的存在一定也是一种分化为不同部分的存在;而且似乎还非这样设想不可,因为精神在大脑里的自身反映的存在本身又仅仅是它的纯粹本质与它的分化了的肢体之间的一个中项,既是一个中项,它就必然含有两端的性质,因而由于后者亦即分化了的肢体的缘故,它本身也就一定含有存在着的分化。

精神的有机的存在,同时也有一个静止不变的具体存在作为它的必然方面。前者必须作为自为存在的一个极端退回自身,而以后者为另一极端与自己相对,使之成为对象,然后自己就作为原因而对此对象发生作用。如果现在说大脑和脊髓是精神的身体性的自为存在的前一极端,那么头盖骨和脊椎骨就是那分离出去的另一极端,即固定的静止的事物的那一极端。——但是既然任何人一想到精神的具体存在的真正所在地就总是只想到头脑而不想到脊椎,那么当我们分析一种像我们现在分析的这样知识时,我们就大可满足于以此理由为根据——对当前的问题来说,这还不是太坏的理由——从而只把头盖骨当作精神的这种具体存在。也许有人会想到脊椎是精神的所在地，因为他觉得有的时候知识和行动确实也是有的被它吸入，有的从它那里发出，但这种论据，对于证明脊髓一定也要被视为精神的居住地而脊椎一定要被视为与之对应的具体存在，可以说完全无用，因为这样，可以证明的东西就太多了，因为人们同样可以想到，还有别的外在途径也适宜于影响精神活动，无论是去激动它或抑制它。——因此脊椎骨就可以，如果人们愿意的话，名正言顺地撇开不谈了；至于说头盖骨并不是含有精神的器官(但包含它的具体存在)，这也像很多别的自然哲学学说一样是理由充足言之成理的。因为前面已经把器官排除于这个关系的概念之外，所以头盖骨过去总认为是具体存在。或者有人会说，我们不应该专就事情的概念上着想，可是，日常经验总在教导着我们：人们以眼睛为器官观看事物；却并不能同样地以头盖骨为器官来杀人、偷窃、赋诗等等。——所以我们随后还要谈到头盖骨的时候，也不应该使用器官这个名称来表示它的含义。因为尽管人们经常说，对于有理性的人，要紧的不是言词而是事实，这句话却不允许我们使用一种与事实不符合的言词去指示这一事实：因为这样做就同时既是愚蠢又是欺骗，这样愚蠢地进行欺骗的人自以为是，并且佯言只是由于没找到适当的言词，其实他是掩饰他根本没把握到事情，没把握到概念；如果确实有了概念，那么概念就自然会有它正确的名称。——那么在这里，暂且规定了的只有这么一点：大脑是活的头，头盖骨是死的头。

〔2.头盖骨的形状与个体性的关系〕 于是大脑的精神活动及其有规定的样式就应该在这个死的存在里有所显现，显现为外在的现实，虽说这种外在现实仍然是在个体的自身以内。精神活动

与头盖骨亦即本身并不含有精神的那个死的存在之间出现的头一种关系，乃是上面所规定的那种外在的机械关系，由于它们之间有这种机械关系，真正的器官——它们都在大脑里面，——就在此一处把头盖骨鼓成圆的，在彼一处把它压得很平，或者挤得很扁，或者还有其他的说法，可以用来表示这种影响。但是，既然头盖骨是有机物的一部分，那就必须设想，就在头盖骨里也有一种活的自我形成作用，正如在任何一种骨骼里的情形一样；因此，如果从这一观点来考虑，则头盖骨毋宁是从它这一方面在对大脑施加压力，在替大脑规定外部界限，而且它作为比较坚硬的一方面也确实有这种能力如此做。可是在这种情况下，头盖骨与大脑的相互活动方面应该说始终还保持着同一种关系，因为无论头盖骨是规定者也好或是被规定者也好，对于双方之有因果关联，是根本无所改变的，如果有所改变，那只是在此情况下，头盖骨成了自我意识的直接器官，因为作为**原因**的那个自为存在就在它那里面。不过由于**自为存在**作为**有机物的生命性**，同样地落于头盖骨与大脑**两个方面**，所以两者之间的因果关联事实上就丧失掉了，但虽然失去了因果关联，两方面的形成发展却会在内部互相关联着而成为一个有机的预定的和谐，这种和谐听任彼此关联的两个方面各自独立，听任每一方面具有其独特的形象而不强使另外的形象必须与之配称；而且不仅如此，形象与质之间也是各自独立的，正如葡萄的形状与葡萄酒的味道之各自独立一样。——但是，既然**自为存在**的规定落到了大脑那一方面，而**具体存在**的规定落到了头盖骨一方面，那么在有机的统一体以内，这两方面也还可以建立一种因果关联，一种必然关系，关系的双方就像是两个互相外在的方面那样，

这就是说,这种关系自身就是一种外在的,通过这种外在的关系,两方面的形象就互受对方所规定。

但是,关于自我意识的器官是它的对方的一种主动原因这类规定,人们实在可以提出各式各样的说法;因为这里所谈的是这样一种原因的性质,这种原因,须根据它的漠不相干的具体存在亦即它的形状和大小来考察,而它的内在和自为存在则是一种与直接的具体存在无所关涉的东西。第一,头盖骨的有机的自我形成对待机械的影响是漠不相干的,而且这两种关系之间的关系,由于前者是自身与自身相关,正就是这种无规定性和无限制性自身。第二,即使我们承认大脑把精神的区别当作存在着的区别接收过去,自身变成了一大堆各占一个不同空间的、内在的器官——这当然是与自然相矛盾的,自然让概念的环节各有一个独自的具体存在,从而把有机生命的流动的单一性清清楚楚地放在一边,而把存在于它的区别中的它的分化和区分放在另一边,以便这些区别能像此处所应理解的这样各显现为一特殊的解剖学上的事物,——即使我们这样承认,也还完全不能确定,究竟一个精神环节按其原来的强弱,应该在一个什么情况下占有一个比较扩张的而在另外一个什么情况下占有一个比较收缩的脑器官,还是恰恰相反。同样不能确定的还有:究竟大脑的形成发展会使器官扩大呢,还是使之缩小,究竟它把器官弄得更沉重呢,还是更轻巧,由于究竟原因是怎么一回事始终是个未确定的问题,于是究竟头盖骨上所受的影响是怎么一回事也就同样地成为未确定的问题,因而不知道这种影响究竟是一种扩张,还是一种压缩和收拢。如果我们把这种影响规定为比一种激动更高贵些的作用,那么究竟它像一种芫青药

膏那样起鼓胀作用还是像一种酸醋那样起收敛作用呢，这仍然是未确定的问题。——诸如此类的每一种想法，都可以言之成理持之有故，因为同样也在发生着影响的那个有机关系，使各种理由都一样地能够自圆其说，对一切这样的理解是无所轩轾一视同仁的。

不过，观察意识所想做的事，并不是去规定这个关系。因为立于关系之一方的本来不是作为动物身体之一部分的大脑，而是作为有自我意识的个体性的存在的大脑。——个体性，作为持存不变的个性和运动着的意识行为，是自为的而且是自在的。与这个自为而自在的存在对立着的是它的现实及其为他的存在，自为而自在的存在是本质和主体，它在大脑那里具有这样一种存在，这种存在统摄于本质之下并且只通过内在的含义才取得它的价值。至于自我意识的个体性的另一方面，即它的特定存在的那方面，则是独立着的存在和主体，换句话说，是一种事物，更确切地说，就是一块骨骼。人的现实和特定存在就是人的头盖骨。——这就是这个关系的双方在对它们进行观察的意识里所具有的相关情况和意义。

观察意识现在要来考察这两方面的更确切的关系。一般地说，头盖骨的含义诚然就是精神的直接现实，但精神的多面性就使它的特定存在也具有一种相应的多义性。观察意识所要做的，就是去规定这个特定存在所划分出来的个别地区或个别位置的含义，并且去看看，这些个别位置怎么样在自身中包含着对于这种含义的指示。

头盖骨既不是一种行为活动的器官，也不是一种说话的或传情示意的运动。因为人们不是以头盖骨来进行偷窃、杀人，同时，在偷窃杀人的时候头盖骨丝毫不动声色,因而它也不能算是一种言语表情。——甚至这种存在着的东西连一个符号的价值都没有。一个表情、手势、声调,以及竖立在荒岛上的一根柱子、一个木桩,都立即指明它们在直接地仅仅是这些东西之外还意味着什么别的东西。它们既然在自身中含有这样一种规定性,这种规定性因本来不是它们本身的规定性就指示着什么别的东西,那么它们就立即表明自己是一种符号。当然,像哈姆雷特对于约里克的头盖骨那样[①],人们也能因一个头盖骨而发生种种联想,但是头盖骨自身究竟是一种漠不相干、天真无私的东西,从它那里直接地看不到也想不出它自身以外的任何其他的东西。它诚然也令人想到大脑及其规定性,想到别种样式的头盖骨,但它不能令人想到一种有意识的运动,因为它既没在它上面印下面部表情和手势,也没留下其他什么足以表明自己是一种意识运动的遗迹的东西。因为它是那样的一种现实,那种现实,呈现在个体性里,将是如此另外的一方面:它不再是反映自己于自身的存在,而是纯粹直接的存在。

另外,由于头盖骨对自身也没有感觉,似乎它反而还可能有一种更为确切的意义,因为,有某些确定的感觉发生在头盖骨邻近,那么也许可以通过邻近关系而从这些确定的感觉里认识到头盖骨的含义。这就是说,一种有意识的精神样式既然在头盖骨的一个确定位置上产生它自己的感觉,那么转过来,也许头盖骨的这个位置就会以它的形状暗示出这个精神样式的特性。比如有很多人在努力思考或即在一般地思考的时候就觉得头里的什么地方有一种

① 见莎士比亚:《哈姆雷特》,VI。——黑格尔原注

胀痛感觉，同样，也许可以设想，像偷窃、杀人、赋诗等等也各有一种独自的感觉伴随着，而且这种感觉还一定有它特殊的位置。大脑上的这个位置既然受到感动比较大，所做的活动比较多，很可能也就使邻近的头骨发育得比较充分；也或者，这邻近位置上的头骨由于同情或适应，也就不甘寂寞，跟着扩大自己，或缩小自己，或者以其他随便什么方式来形成它自己。——可是，这种假说是显然站不住的，因为一般的感觉乃是一种无规定性的东西，头脑里亦即感觉中心里的感觉，也许是任何感觉或疼痛都会引起的一种普遍的感觉，因而与小偷、强盗、诗人的头疼混杂在一起的可能还有别的感觉，而这些感觉很难互相区别，也很难与那些所谓纯粹的身体感觉区别开来，其难以区别的情况，就像笼统地根据头痛的病征，如果我们只就其身体上的意义而言，无法确定究竟是什么疾病一样。

事实上，无论我们从事情的哪一方面来看，双方之间的一切必然的相互关系以及任何通过这种关系而表现出来的相互指示，都消失了。如果说两者之间毕竟还有关系，那么这种关系就只能是而且必然是双方的相应规定性之间的一种无概念的、自由的、预定的和谐罢了，因为其中有一方面应该是一种无精神的现实、单纯的事物。——这样一来，排在一边的是一批静止的头盖骨上的位置，排在另一边的是一批精神属性；精神属性的多寡和性质，取决于心理学的情况。心理学里关于精神的表现愈贫乏，从这一方面说，事情就愈简易；因为第一，精神属性就愈少，第二，它们就愈分离，愈固定，愈硬化，因而就与头骨的性质或规定愈近似，愈可以互相比较。不过，虽然由于精神表象的贫乏而事情简易了很多，两方面终究都还是很大的一批;而且它们之间的关系,对于观察而言,仍旧是完全偶然的。如果要将细致一些的心理学和“识人学”所惯常谈论的每一种心灵能力,每一种激情(这是必须同样在这里加以考察的)以及各种各样的品性,都在头盖骨上指定它们的位置和骨骼形状,那么这就是十分莫须有和十分武断的玩意了,这正像要给那些与海滨沙数相当的以色列[①]儿童每人各指定一颗沙粒为其符号并叫它们各自从海滨拣出代表其自己的那颗沙粒来一样。——强盗的头盖骨上所有的,不是器官,也不是符号,而是这种隆起的骨节;但强盗还有很多别的精神属性,也还有很多别的突出骨节,并且既有突出的骨节也就还有深陷的凹窝。在很多隆起与很多洼窝之中,人们就很有选择余地了。而且他的强盗的精神属性固然有可能与此一隆起或彼一隆起、此一洼窝或彼一洼窝相联系,而隆起和洼窝也有可能与此一属性或彼一属性互相联系;因为强盗既不仅只具有一个强盗的精神属性,也不仅只具有一个隆起和一个洼窝而已。因此,在这方面进行的观察,其所得结果或价值就一定像赶集的小贩或晒洗衣服的家庭妇女每次都遇到的下雨的情况一样。那位小贩和家庭妇女当初同样也可能做出观察,说每当某个邻人从门口路过或者家里吃猪肉排的那天总是落雨的。正像落雨与诸如此类的情况完全无关一样,就观察来说,精神方面的**这一**规定性与头盖骨上的这一特定的存在,也是漠不相干的。因为这种观察的两个对象之一是一个干巴巴的**自为存在**,一个僵化了的属性,而

① 《创世记》第二十二章,十七节:“我将使你的后代,像天上的星辰、像海滨的沙粒一样多。”——译者注

其另一对象则是一个同样干巴巴的自为存在。一个僵死的事物，像这两个对象这样，对于一切别的东西都是完全漠不相干的；对隆起的骨头而言，有一个强盗在它的邻近与否，和对强盗而言，有一个扁平骨头在他的旁边与否一样是漠不相干的。

当然，人们仍然可能说，头盖骨的某个位置上的一个隆起的骨头是与某一种品质或情感等等有联系的。人们尽可以想象，强盗的隆起是在头盖骨的这一个位置上，小偷的隆起则在另一位置上等等。其实从这方面来说，头盖骨相学应该还大有扩展余地，因为一望而知，它所指出的都还只限于同一个个体的某一个隆起与某一种属性的联系，头骨和属性还都是属于同一个人的。但是，天然的头盖骨相学——因为既有天然的面相学，一定也有这样一种天然的骨相学——事实上早已超越了这个限制，比如说，它不仅断定一个狡猾的人在自己耳朵后面总生有一个拳头大小的隆起，并且认为不忠实于丈夫的妻子所生的隆起，不是在她自己的前额上，而是在她的配偶的前额上。——人们同样还可以想象，与强盗住在同一个房子里的人，或者也可以说他的邻人，乃至于更进一步说他的同胞等等，都总在头盖骨的某个位置上生有高出来的疙瘩，人们可以作这样的想象，正如人们之可以想象一头飞牛，先被骑在驴身上的巨蟹所温存抚摩，然后又如何如何一样。——但是，如果可能性不是指想象的可能性，而是指内在的可能性或概念的可能性，那么对象就是这样的一种现实，它确实是而且应该是纯粹的事物，内中不包含任何只在想象中才有的意义。

〔3.潜在与现实〕　既然观察者不考虑双方互不相干的情况，而一方面以外在是内在的表现这个普遍的理性原理为根据，另一

方面应用动物头盖骨与其性格之间的关系的类比(动物所可能有的性格诚然比人所有的要简单些,但同时,要说出究竟动物有些什么性格则也比较困难些,因为并不是每一个人都能那么容易通过自己的想象体会出一个动物的性格),直接着手规定双方的关系,从而创造规律,那么观察者所以如此信心十足,也许因为他自以为找到了一种区别,足以作为辩护他所建立的规律的绝妙论据;这种区别,我们在这里也不得不加以讨论。——照这种人说,精神的存在;至少不能简单地视为是固定的和不可变动的东西。人是自由的,这就等于承认人的原始的存在只是一些潜在〔或天赋〕;只有潜在还不够,在潜在的基础上,人可以起很大的作用;或者说,人的潜在必需有利的环境才能得到发展;这也就是说,精神的一种原始的存在,同样又可以说是一种并不实际存在的存在。因此,假定观察的结果跟随便一个什么人所信以为真的规律发生了矛盾,比如说吧,假定年会或晒洗衣服的那天是爽朗的晴天,小贩和家庭妇女就尽可以说,本来应当下雨的,虽未下雨,而可能下雨的潜在却是现成存在着的;同样,头盖骨相学也可以说,这个个体本来应该是像头盖骨按照规律所指示的那个样子的,他有一种原始的潜在,只是没发展出来而已;这种潜在着的性质诚然并不是实际存在着,但它是应该可以实际存在的。——规律和应该,根据的是观察到了的实在的雨和观察到了的实在的某一头盖骨规定性,可是当没有这种现实存在的时候,空虚的可能性就和现实一样,可以代替现实。——这种空虚的可能性亦即这样建立起来的规律的不现实性,以及违反规律的观察结果,它们之所以必不能免,一定会发生,正是因为,个体的自由和发展变化着的环境都是与一般的存在漠不相干的，无论就其为原始的内在的存在或是外在的硬化或骨化的存在而言；而且，不仅如此，还因为个体也可以不同于它内在原始本性，更不同于一块骨头，而是什么别的东西。

因此，我们得到了这样的可能性：头盖骨上的这种隆起或洼窝，既指示某种现实存在，又只指示一种潜在，而由于潜在不确定将成为什么东西，所以等于说隆起既指示现实的东西又指示非现实的东西。在这里和在到处一样，我们看到了一种坏的遁词所产生的结果：它自身被用以反对它要去支持的东西了。我们看到，由于事实的本性，坚持意谓的人竟不假思索地自己说出它的主张的反面来了；——竟说，头盖骨指示点什么，但同样也不指示什么。

当坚持意谓的人使用这种遁词的时候，他心目中浮现着的倒是一种真实的足以破除意谓的思想，他真正意识到像这样的存在根本不是精神的真理性。既然潜在已经是一种并不参与精神活动的原始的存在，那么骨骼，当然更是这样的一种存在。没有精神活动而存在着的东西，对意识而言是一个事物，它不是意识的本质，而毋宁是意识的反面，因为意识正是要通过对这种无精神的存在的否定与破除才是现实的。——由此可见，说一种骨骼是意识的现实的存在，这简直可以说是对于理性的一种彻头彻尾的否定；而这就是把头盖骨当作精神的外在以后的必然结论，因为外在恰恰就是存在着的现实。也许有人会说，我们只是根据这种外在来推想内在罢了，内在是另外一种东西，外在不是内在自身，只是它的表现。但这种解释是毫无用处的，因为在双方的相互关系里，规定属于内在方面的正是自身思维着的和被思维着的现实，而规定属于外在方面的则是存在着的现实。——因此，如果我对你说：你

(你的内在)所以是这个样子,因为你的头盖骨是这样长的,那么这无异于说,我把一种骨骼当作是你的现实。在上面讨论面相学时曾谈到用打耳光来给这样的判断以回敬,那只不过初步地给他头部的柔软部分改变一下面貌和位置,从而证明它们不是真正的自在,不是精神的现实;——在骨相学这里,这个回敬真正地说来应该更进一步,应该把作这样臆断的人的头盖骨打碎,以便也像他的智慧那样实事求是地向他表明,对人而言一种骨骼不是什么自在的东西,更不是人的真正现实。

有自我意识的理性,将以它没有受过教养的本能毫无考虑地来驳斥它自己的这另一种观察本能——头盖骨相学。理性的这种观察本能已发展到知道有认识问题,却只以外在为内在之表现这样无精神的方式理解了认识。但是,愈是坏的思想,它的坏处确切在什么地方有时愈是不显明,因而就愈不容易加以分析。因为所谓一个思想愈坏,就是说它以之为本质的那种抽象愈纯粹和愈空虚。但头盖骨相学里的对立,一面是有自我意识的个体性,另一面是外在——已完全变成了事物的抽象,这也就是,精神的内部存在被理解为固定的无精神的东西而与精神的内部存在相对立。——但是到达这里,似乎观察的理性的发展也已登峰造极,现在它必须抛弃它自己而彻底转变;因为只有完全坏透了的东西本身才含有向其反面转变的直接必然性。——这就好像犹太民族一样,它可以说是从来最遭天谴的民族,正因为它已直接站立于上帝的门前。犹太民族并不意识到,它的自在而自为的东西亦即这个自身的本质性,就是它自身,它反而使之成为它自己的彼岸;可是它通过这个外化,如果它真能将它的对象重新收回于其自身,它就有可能使

自己成为一种比它如果始终停留于存在的直接性以内更为高级的实际存在。因为精神愈从比较大的对立中返回自身，就愈为伟大；然而这种对立，要靠精神扬弃它自己的直接统一和外化它的自为存在才得建立起来。但是，如果这样一种意识并不自我反映，或者说并不返回自身，那么本来含有这种意识的那个中项，由于应该回来充实它的东西变成了一个固定的极端，就成了悲惨的无救的空虚。因此，观察的理性的这个最后阶段乃是它的最坏的阶段，但唯其如此，它就需要做一百八十度的转变。

〔结束语〕　当我们回顾至今讨论过的、构成观察之内容和对象的这一系列的关系的时候，我们发现，早在第一种样式的观察里，即在对无机物的关系的观察里，感性存在已经就消失掉了。无机物的关系的环节，在观察面前，都成了些纯粹的抽象，单一的概念，它们本来应该是与事物的感性存在牢牢结合着的，但感性存在既已丧失，关系的环节就只落得是一种纯粹的运动和一种普遍或共相了。这个自由的、自身完成了的过程虽仍保有其为一种客观事物的意义，但它现在却作为一个一而出现。在无机物的过程里，一是并不实际存在的内在，但如果过程作为一而存在着，它就是有机物。——单一，作为自为存在或否定本质，是与普遍对立着，自为地保持着自身的独立自由，因此，那只实现于绝对个别化的要素里的概念，在有机存在里就找不到它的真正的表现，即是说，概念并不是作为一种普遍而存在于有机物里，它仍然是有机物的一个外在，或者，其实都是一回事，是有机物的一个内在。——有机的过程只自在地是自由的，但它的自由并不是自为的。它的自由的自为存在，出现于目的中，在那里表现为一种另外的本质，一种居

于过程以外而对自由有所意识的智慧。于是，理性的观察活动就转向这个智慧，转向精神，转向作为共相而存在着的概念或作为目的而存在着的目的；而理性自己的本质，现在就变成了它的观察对象。

理性首先注意的对象是它的纯粹的本质。但由于理性把在自身的差别中运动着的对象，理解为一种存在着的东西，于是它也就觉得思维规律都是持存的东西与持存的东西之间的关系。但由于这些思维规律都只以环节为内容，它们就通统汇入于自我意识的单一。——单一，这是一个新的观察对象，就其同样为一种存在着的东西而言，它就是个别的、偶然的自我意识。因此，观察就只在理性所意谓的或猜度的精神以内，只在有意识的现实对无意识的现实的偶然关联以内进行活动。就其本身来说，精神就仅仅是这种关系的必然性；所以观察活动就鞭辟入里，步步紧逼，将精神的有愿望和有行动的现实跟它的反映于自身而从事思索考察的，亦即客观的现实对立起来，加以比较研究。这个客观现实或外在，固然是个体的一种语言，是个体自身所具有的东西，但作为一种符号，它同时却是与它要去指示的内容漠不相干的东西，正如任何一个符号所代表的东西也总与这个符号漠不相干那样。

因此，观察就终于从这种变化无定的语言回到固定不变的存在上来，并且根据它的概念而宣称：精神的外在和直接现实不是器官，也不是语言和符号，而是僵死的事物。最初在观察无机物的时候，曾经把概念可以作为事物而现成存在着的观念扬弃了，可是最后在这个观察阶段里，却把这个想法重新建立起来，把精神的现实自身说成了一种事物，或者颠倒过来说，给僵死的存在赋予了精神

的意义。——于是观察终于达到我们最初关于观察所持的那种概念，宣称理性的确定性在寻找它自己，将自己作为对象性的现实。——诚然，人们并不以为一说精神是由头盖骨表象着的，就等于说精神是一种事物；在这个思想里，据说并不包含任何所谓唯物主义，而精神毋宁仍然是与头盖骨很不相同的东西。但是既说精神存在着，这就无异于说，它是一种事物。如果精神以真正的存在或事物性的存在为宾词，那么，真正的说法应该就是说，精神是像一块骨骼那样的一种东西。我们应该认为找到了真正的说法，以明确地表示精神是存在着的，这乃是一件极端重要的事情。因为如果说，当平常人们谈到精神是存在着的，它有一个存在、它是一个事物、它是一个个别的现实的时候，人们心目中所意谓的并不是某种人可以看得见、拿得到、碰得着的东西，但事实上所说出的却就是这样的一种东西；真正说出来的，于是可以表示为：精神的存在就是一块骨骼。

这个结果现在具有双重的含义。就其真正含义而言，它是自我意识至今所经历的运动的结果的一个补充。不幸的自我意识放弃了它的独立，外化了它自己，把它的自为存在转变为事物。这样它就从自我意识又退回为意识，重新以存在、事物为对象。——但是这种作为对象的事物，就是自我意识；所以就是自我与存在的统一体、范畴。当意识具有这样规定的对象的时候，意识具有理性。意识，以及自我意识，本来自身就是理性，但只有以范畴为对象的那种意识，我们才能说它具有理性；——不过，它具有理性还是与它知道理性是什么有所不同的。——范畴是存在与“自我”(Sein und Seinen)的直接的统一体，它必须贯穿着这两种形式；而有意识的观察,则正是观察以存在的形式出现的范畴。其结果,这种观察的意识就以命题的形式把意识本来无意识地确信的东西予以表述。命题是保存于理性的概念里的;自我是一种事物这一命题,乃是无限的判断,这是一种扬弃自身的判断。——通过这个结果,范畴于是取得了新的规定性,它就是这种自己正在扬弃自己的对立了。纯粹的范畴,亦即以存在的形式或直接性的形式出现于意识面前的那种范畴,乃是尚未中介的,仅仅现成已有的对象,而意识是一种同样尚未中介的行为。上述的那种无限的判断,则是从直接性向中介性或否定性过渡的环节。这样一来,现成已有的对象,就被规定为一种否定的对象,而与它对立着的意识,则被规定为自我意识或范畴,范畴在观察里曾以存在的形式出现,而现在则在自为存在的形式之下出现了;意识不再想直接找到自己,而想通过它自己的活动来创造自己。它以它自身为它的行动目的,至于在观察里,它只以事物为目的。

结果的另一个含义,是已经考察过了的、无概念的观察的含义。无概念的观察不是别的,只是一种以骨骼为自我意识之现实的观察,骨骼是自我意识的现实,同时是在意识面前并不丧失其对象性的感性事物。然而当无概念的观察表示骨骼是自我意识的现实时,它对于它之这样表述却无明确的意识,它对它的这个命题,并不是在命题的主词和宾词的规定性以及两者之关系的规定性中理解,更不是在自身消解着的无限判断和概念的意义下理解。——毋宁说,观察利用精神的更深刻的自我意识在这里所显现的那一种天然的诚实性,就在自身中把以骨骼为自我意识之现实的那种无概念的、赤裸的思想的丑恶性隐藏起来,并且还以无思想性自身来粉饰这种无思想的、赤裸的命题，即是说，它将一些在此处毫无意义的因果关系、符号、器官等等都拉扯进来，并利用它们所含的区别来掩盖它的命题的荒唐。

大脑纤维一类的东西，作为精神的存在，已经就是一种设想的、假设的现实，而不是实际存在着的现实，不是感觉得到、看得见的现实，一句话，不是真实的现实。如果它们实际存在在那里，如果它们是看得见的，那它们就是僵死的对象，因而就不再是精神的存在。但是，真正的对象性或客观性必须是一种直接的，感性的存在，因此，在这种死的客观性里的精神（因为骨骼可说是在活的东西自身中的死的东西），就被认为是客观的现实。——这种思想里所含的概念，乃是在说，理性自身是一切事物性，甚至于是纯粹客观的事物性。但是在概念中理性才是一切事物性，或者说，只有这种概念才是理性的真理性；而概念自身愈纯粹，就愈下降而成为愚昧无知的表象，假如它的内容不是概念而是表象的话，或者，假如自我扬弃着的无限判断并不意识到它的这种无限性，而是被当作一种一成不变的命题，而命题的本来应该不分彼此的主词和宾词竟是各为自己的、自我固定为自我、事物固定为事物的话。——理性，本质上亦即概念，直接被分裂为它自身与它对方的对立，而这个对立，正因为是直接分裂出来的也就同样直接被扬弃。但如果我们把理性视为它自身和它的对方，如果我们把它固定在这个对立的个别环节里，那么可以说，这就是非理性地理解了理性；而这种对立的诸环节愈是纯粹，这种或者只为意识所自觉或者只由意识坦率表述出来的内容，其外在表现就愈是荒唐。——精神从内心里发挥出来的这种深刻性（但仅仅达到它的表象意识为止），和

这种意识对它自己所说的东西的那种无知，深刻与无知，乃是高级与低级的结合，就像在生物身上自然所坦率地表现出来的生物最高完成器官、生殖器官与低级的小便器官之结合在一起是一样的。——无限的判断，作为无限的东西，可说是有自我理解的生命的最高完成；但无限判断的停留于表象中的意识，则相当于小便。

二、理性的自我意识通过其自身的活动而实现

自我意识发现事物即是它，它即是事物；这就是说，它明确意识到它自身即是客观现实这一事实了。自我意识已不再是确知它自己即是一切实在的那个直接的确定性，而已是这样的一种确定性：对于它，直接的东西一般具有着一种被扬弃的东西的形式，因而这种直接的东西的客观性〔或对象性〕只还算是个表面，其内在和本质则是自我意识自己。——因此，自我意识与之积极发生关系的对象，就是一个自我意识；这个对象是事物性的，即是说，它是独立的；但自我意识确知这个独立的对象对它说来不是什么外来的东西，它因而知道它自己本来是这个对象所承认了的；因此，它是这样的一种精神，这种精神具有确定性，确信它与它自身的统一存在于它的自我意识的双重性和两个自我意识的独立性中。现在，这个确定性对于它应该提高为真理性；对它有效准的这一事实：自我意识是自在的并且是在它的内在确定性中的，现在应该进入它的意识，应该成为为它的。

〔Ⅰ.自我意识的直向运动；伦理世界〕　这个实现〔历程〕的一些普遍阶段将是什么样子，一般说来，只要比较一下它以前走过的

道路就可以看出来了。从前观察的理性在范畴的要素里重复了**意识**的运动：即感觉确定性，知觉和理解，现在，这个理性也将重新通过**自我意识**的双重运动，从独立过渡到它的自由。首先，这个行动的理性，意识到它自己仅是一个个体，而作为一个个体它必须在别的个体中要求并产生出它的现实来；然后，个体的意识既然被提高为普遍性，个体就变成了**普遍的**理性，并意识到它自己就是理性，意识到它自己就是一种已经自在自为地被承认了的东西，而这被承认了的东西在它的纯粹意识里统一着一切自我意识。个体乃是单一的精神本质，而由于它同时成了意识，它就是以前的各种形式返归于其中的那个**现实的实体**；各种形式都以此现实的实体为它们的本原，它们都只是本原的发展过程的个别环节，它们虽然互相分离并表现出各自的形态，但事实上它们仅只是由这实体所支持着的**实际存在**和**现实**；只当它们存留于实体自身中时，它们才取得它们的**真理性**。

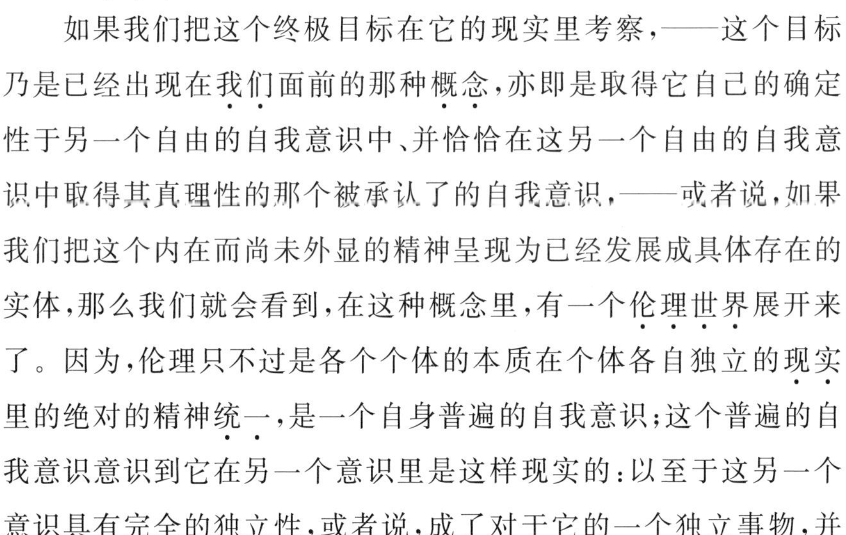

如果我们把这个终极目标在它的现实里考察，——这个目标乃是已经出现在**我们**面前的那种**概念**，亦即是取得它自己的确定性于另一个自由的自我意识中、并恰恰在这另一个自由的自我意识中取得其真理性的那个被承认了的自我意识，——或者说，如果我们把这个内在而尚未外显的精神呈现为已经发展成具体存在的实体，那么我们就会看到，在这种概念里，有一个**伦理世界**展开来了。因为，伦理只不过是各个个体的本质在个体各自独立的**现实**里的绝对的精神**统一**，是一个自身普遍的自我意识；这个普遍的自我意识意识到它在另一个意识里是这样现实的：以至于这另一个意识具有完全的独立性，或者说，成了对于它的一个独立事物，并

且普遍的自我意识正是在这个完全的独立性里意识到自己与另一意识的统一。它只在它与这个客观本质的这个统一里才是自我意识。这个伦理的实体,在普遍的抽象里,只是思维出来的规律,但它同样直接地即是现实的自我意识,或者说,它就是礼俗伦常。反之,个别的意识,当它在它的个别性中意识到普遍的意识即是它自己的存在时,当它的行动与实际存在即是普遍的伦常礼俗时,它只是这种存在着的一而已。

事实上,自我意识的理性的实现这个概念,——所谓自我意识的理性的实现,即指它在另一意识的独立性中直观自己与这另一意识的完全统一,或者说,是指它将现成地出现于我之前的,而是我自己的否定物的这种自由的事物性,当作我的为我存在,当作我的对象,——是要在一个民族的生活里才找得到它的完成了的实在。理性乃是作为流动的、普遍的实体,作为不变的、简单的事物性而出现。这种事物性就像光之散为无数发光体、星星那样散为很多完全独立的存在,而这些独立的存在不仅自在地而且自为地消融于简单的、独立的实体里。它们意识到,它们所以是这些个别的独立的存在,是由于它们牺牲了它们的个别性,而以这个普遍的实体为它们的灵魂和本质;并且,是由于这个普遍的东西又是它们这些个别的东西的行动或它们所创造出来的事业。

个体的纯个别的行动和作为是与个体作为自然物。即作为存在着的个别性所具有的种种需要关联着的;如果说,就连它这些最普通的机能都不是空无的,而是有其现实性的,那么这就是因为得力于普遍的稳定的媒介,即得力于整个民族的力量。——不过,在普遍的实体里个体所取得的,不仅是它的行动的这个持存的形式一般而已，而且它还同样地取得其持存的内容；一个个体所做的，就是一切个体的普遍的共同的技巧与伦常。个体的行动内容，当其完全个别化了的时候，它是在它的现实里交叉于一切个体的行动中的。个体满足它自己的需要的劳动，既是它自己的需要的满足，同样也是对其他个体的需要的一个满足，并且一个个体要满足它的需要，就只能通过别的个体的劳动才能达到满足的目的。——个别的人在他的个别的劳动里本就不自觉地或无意识地在完成着一种普遍的劳动，那么同样，他另外也还当作他自己的有意识的对象来完成着普遍的劳动；这样，整体就变成了他为其献身的事业的整体，并且恰恰由于他这样献出其自身，他才从这个整体中复得其自身。——在这里，所谓整体，不是什么仿佛非相反相成的东西，在整体里，个体的独立性并非在它的自为存在的消融中，在它自身的否定中不赋予它自己以积极意义，即是说，并非不肯定它自己是自为而存在着的。为他的存在（或向着事物的转化）与自为的存在的这个统一体，这个普遍的实体，在一个民族的伦常礼俗与法律里述说着它的普遍的语言；但这种持存不变的东西并不是别的，而只是好像与普遍的实体相对立的那种个别的个体性自己的言词表示而已。法律表示着每一个体之所以为个体以及其所作所为；个体不仅认识法律，知道法律就是它自己的普遍的客观事物性，而且同样也在事物性中认识它自己，或者说，作为个别化了的事物性，它同样也在它自己的个体性里和它的每一个同胞那里认识它自己。因此，在普遍的精神里，每人都仅只具有他自己的确定性，即是说，他确知在存在着的现实里所找到的只不过是他自己罢了；每个人又像确知他自己那样确知别人。——我在所有的人那

里直观到,他们就其为自身而言仅仅是这些独立的本质,如同我是一个独立的本质一样;我在他们那里直观到我与别人的自由统一是这样的:这个统一既是通过我而存在的,也是通过别人自己而存在的;——我直观到,他们为我,我为他们。

在一个自由的民族里,理性因而就真正得到了实现。它此时是一个现在着的活的精神,在这个活的精神里,个体不仅找到它那表示了出来而作为事物性现存着的规定或使命或它的普遍与个别的本质,而且它自己已经就是这个本质,它也已经达到了它的规定或达成了它的使命。所以,古代最明智的人们曾创出格言说:智慧与德行,在于生活合乎自己民族的伦常礼俗。

〔Ⅱ.自我意识的反向运动;道德世界〕 但是,自我意识,它首先只按概念来说直接是精神,现在它已从它达到了它的规定并按此规定而生活的这一幸运中走了出来;或者,我们也可以说,自我意识根本还没取得过这种幸运;因为这两种说法同样都可以。

理性必须从这个幸运中走出来。因为一个自由民族的生活只自在地或直接地是实在的伦常。换句话说,实在的伦常乃是一种存在着的伦常,因而这个普遍的精神自己也就是一个个别的精神,而伦常和法律的整体就是一个特定的伦理实体。一个特定的伦理实体,只在更高级的环节里,即在关于它自己的本质的意识里才破除了限制,并且也只在这个认识里,而不是直接在它的存在里,它才取得它的真理性。一方面,在它的存在里,它是一个有限制的伦理实体;另方面,绝对限制的含义正是说:精神在这里是具有着存在的形式的。

因此,进一步说,个别的意识,既然它直接以实在的伦常亦即民族的生活为它的生存，它就是一个具有坚实信心的个别意识。精神还并没因这个信心而将自身溶解为它的**抽象**环节，个别意识因而也就没想到自己是一个纯粹**自为的个别性**。但是当个别的意识有了这个思想的时候，它是必然要有这个思想的，那么它与精神的这个**直接的**统一或它在精神中的**存在**，它的信心，就通统丧失了。此时，个别的意识是自为而**孤立的**，它就是它自己的本质，而普遍的精神不再是它的本质了。**自我意识的这个个别性环节**，诚然是存在于普遍精神自身之内，但在那里它仅只是一种不能持存的数量，它一旦自为地出现，也就立即消融于这个精神之中，并且它只是作为信心而进入意识。由于自我意识的个别性环节这样固定了下来（其实任何环节，既然是本质的环节，自己就必须达到能将自己表现为本质），个体就进而与法律和伦常对立起来了。于是法律和伦常就被认为只是一种没有绝对本质性的思想、一种没有现实性的抽象理论；但是个体，作为这一个特殊的我，在它自己看来乃是活的真理性。

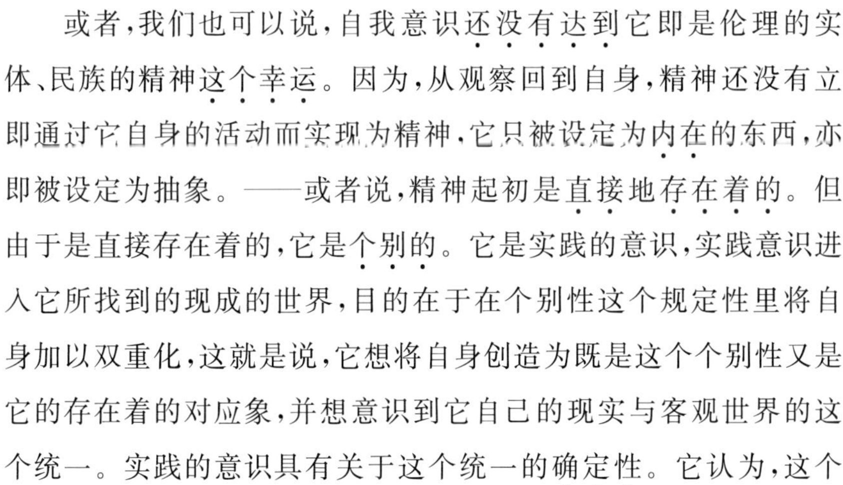

或者，我们也可以说，自我意识**还没有达到**它即是伦理的实体、民族的精神**这个幸运**。因为，从观察回到自身，精神还没有立即通过它自身的活动而实现为精神，它只被设定为**内在**的东西，亦即被设定为抽象。——或者说，精神起初是**直接地存在着的**。但由于是直接存在着的，它是**个别的**。它是实践的意识，实践意识进入它所找到的现成的世界，目的在于在个别性这个规定性里将自身加以双重化，这就是说，它想将自身创造为既是这个个别性又是它的存在着的对应象，并想意识到它自己的现实与客观世界的这个统一。实践的意识具有关于这个统一的**确定性**。它认为，这个统一,即它自身与事物性的一致,已是现成就有的,只是在它看来还要通过它自己而予以实现,或者说,它认为它创造这个统一同时也就是它寻获这个统一。由于这个统一又名为**幸运**,于是这个个体就可以说从它的精神那里被送到世界里去**寻找**它的**幸运**。

因此,如果对于我们而言这个理性的自我意识的真理性就是伦理的实体,那么对于这个自我意识而言这里只是它的伦理的世界经验的开始。如从理性的自我意识还没有成为伦理实体这一方面来看,这个运动是在向伦理实体推动着;而在这个运动中所扬弃了的,是自我意识认为孤立地有效的那些个别的环节。它们就像是一种直接的意愿或**自然冲动**,冲动得到了满足,满足自身又成了一个新冲动的内容。——但是如从另一方面来看,认为自我意识已经失掉了它存在于实质中这一幸运,那么这些自然冲动就与它们的目的即真正的使命、规定和本质这一意识关联起来了。伦理实体就下降而成为无主的宾词,这个无主的宾词的活的主词,乃是尚待通过自身以充实其普遍性并必须由其自身来完成其使命的那些个体。——那么在前一种意义下,意识的这些形态都是伦理实体的形成或实现过程,它们走在伦理实体之前;在后一种意义下,它们跟随在伦理实体之后,并向自我意识披露什么是它的使命或规定。按照前一方面说,自然冲动在那向意识揭示它们的真理性的运动过程里丧失掉它们的直接性或朴质性,它们的内容就过渡成一种更高级的内容。但照后一方面说,所丧失掉的是意识的错误表象,意识是把它自己的规定放置到自然冲动里去的。按照前一方面说,它们所争取的**目标**是直接的伦理实体,但照后一方面说,其目标是对于这种实体的意识,而这个意识是这样的,它意识

到这伦理实体是它自己的本质;而且在这个意义下,这个运动应该说是道德的形成或实现过程,所谓道德,乃是一种比伦常更高的意识形态。不过这些形态同时仅只构成道德形成的一个方面,即,属于自为存在的那一面,或意识在其中扬弃了它的目的的那一面;它们并不构成道德形成的另一个方面,即,道德在其中摆脱伦理实体而独立出现的那一面。由于这些环节还没有取得被当作与已丧失了的伦常相对立的那些目的的含义,它们在这里所以有效就纯然是由于它们的天真的内容;而它们所追求的目标就是伦理的实体。但是,既然这些环节在意识丧失了它的伦理生活以后所显现的那种形式,更接近于我们这个时代,而且意识在寻找其伦理生活时所重复的也正是那些形式,那么,这些环节就应该更可以按后一种说法予以表象。

自我意识首先只是精神的概念,它走上这条道路时所具有的规定性是:作为个别的精神,它是它自己的本质;因而它的目的是:将自身作为个别的意识而予以实现并在这个实现中作为个别的意识而自我享受。

作为自为存在物(Fürsichseindes),自我意识对它自己而言是本质。在这样一种规定之下的自我意识,乃是他物的否定性。因而,在它的意识里,自我意识自己作为一个肯定性,出而与一个虽然存在但自我意识认为不是一自在存在物的东西对立起来;意识于是分裂为两半,既显现于这个现成已有的现实里,又显现于目的里,而目的乃是意识要通过对现实的扬弃而求其实现的,它不是现成的现实,而是要被造成为现实。但自我意识的第一个目的,是要直观它的直接的抽象的自为存在,换句话说,是要直观到自身是在另一个自我意识里的这一个个别的自我意识，或直观到另一自我意识即是自身。关于这个目的的真理性的认识经验，抬高了自我意识，自此以后，自我意识自身就是目的，因为它同时既是普遍的自我意识又直接在它自身中具有着法则。但在实施它内心法则时，它经验到，个别的本质并不能同时被保存下来，只有通过对个别本质的牺牲，善才能得到实行；而自我意识于是变成德行。德行所取得的经验，只能使它认识到：它的目的本来就已经是实行了的，快乐直接就在行动本身以内，而行动本身就是善。这整个领域的概念，即，事物性是精神自身的自为存在这个概念，现在对自我意识变成了事实。既然自我意识已经找到了这个概念，于是它就意识到自己是实在、是直接地表现其自身的个体性；这种个体性不再遭有一个对立着的现实的抵抗，对它而言，只有这个自我表现本身才是对象和目的。

(a) 快乐与必然性

自我意识，它意识到自己根本就是实在，它的对象就在它自身以内，不过，它所具有的这个对象首先只是自为的，还不是存在着的。存在是作为另一个现实而与它对立着的，因为这现实是属于它的一个现实。自我意识的目的就在于实现它的自为存在，从而将它自身看成为另一个独立的存在。它这第一个目的，是要意识到它自己是在另外一个自我意识里的一个个别的存在，或使另外的这一个自我意识成为它自己；它具有这样的确定性：确信另外的这一个本来或自在地已经就是它自己。——当它从伦理的实体和思维的静止存在中上升而成为它的自为存在时，它已将伦常方面和具体存在里的规律、理性观察所得的知识以及理论等等像一种灰暗的、正在消失着的阴影一样抛到自己身后；因为这些东西，乃是关于这样的一种东西的知识，这种东西，它的自为存在和现实与自我意识的自为存在和现实是另一回事。进入而充实着这个自我意识的，不是天上的精神、不是知识和行动里的普遍性的精神（在这种精神里，个别性的感觉和享受陷于沉寂），而是地上的精神，地上的精神认为只有像个别意识的现实这样的存在，才算是真正的现实。

它蔑视科学和知性，
这人类至高的才能——
它奔降于魔鬼的麾下
而终必归于沉沦。①

自我意识投身到生活里去，将它出现时所带来的那个纯粹的个体性予以充分发挥。它并不那么注意去创造它自己的快乐，而毋宁是直接地取而享受之。唯一存在于它与它自己的现实之间的那些关于科学、规律和原理的阴影，像一层气息奄然的薄雾一样正在趋于消散，根本不能与确信其实在的它那种确定性相抗衡；它为自己去取得生活，就如同去摘取熟透了的果实一样，刚动手去摘取，果实自己也已经落到手里来了。

〔Ⅰ. 快乐〕　仅只就一个方面来说，自我意识的行动才是一种欲望行动；它的目的不在于消灭整个的客观存在，它的行动只涉及它自己的他在的形式或独立性的形式，这种形式是一种无本质

① 黑格尔引歌德《浮士德》第一部学生一场的诗句大意。——原编者

的假象;因为自我意识认为它的他在本身就是这个客观本质或就是它自己的本性或自我性(Selbstheit)。如果欲望和欲望的对象在一种元素里是各自独立的,这种元素乃是活的具体存在;可是如果这种元素属于欲望的对象,那么当这个欲望获得享受时,元素就被扬弃了。但是现在,使双方分离而各为一个独立现实的这个元素是范畴,是一种存在,这种存在本质上是一种表象的东西;因此,这个元素是对于独立性的意识,不管它是天然的意识也好或是发展成为一种规律体系的意识也好,总之,保持个体各自为一独立的个体的,就是这个意识。就事情本身来说,这样的一种分离不是对自我意识的,因为自我意识知道别的自我意识即是它自己固有的本性。自我意识于是达到了这些:享受了快乐,意识到了它自己在一个独立显现着的意识里的实现,直观了两个独立自我意识的统一。自我意识达到它的目的,并且正是在它达到目的的时候它经验到了它的目的的真理性。它理解它自身是这个个别的、自为存在着的本质,但这个目的的实现却要靠这个目的的扬弃;因为它意识到成为自己对象的不是这个个别的自我意识,而毋宁是它自己与别的自我意识的统一体,因而是扬弃了的个别,或是普遍。

〔Ⅱ.必然性〕 享受过了的快乐固然具有肯定意义,即,它自己成了客观的自我意识,但也同样具有否定意义,即,它已扬弃了它自己。自我意识既然只在肯定意义下理解它自己的实现,那么它在它的意识里所取得的经验就是一个矛盾:在它的经验里,它的个别性所达到的现实性眼看着自己为否定的本质所摧毁;否定的本质虽然毫无现实性地空泛地与现实性对立着,却是吞食这个现实性的一种力量。这种否定的本质不是别的,就是这个个体性本身的概念。但这个个体性还是自我实现着的精神的最贫乏的形态，因为它对它自己而言才是理性的抽象或自为存在与自在存在的直接统一体；因而它的本质仅只是抽象的范畴。不过，它又不再像在观察的精神面前那样是直接的、简单的存在的形式；在观察的精神面前，它是抽象的存在，或当它被设定为外来物的时候，它是事物性一般。而现在在这里，自为存在和中介性都进入到这种事物性里了。因此，这个个体性就出现而为一个以简单本质性的已经发展了的、纯粹的关系为其内容的圆圈。因此，当我们说这个个体性已获得了实现，这只不过意味着，它已将这一圆圈的抽象性从简单的自我意识的封闭中抛出去，而将它们投入于“为它〔意识〕的存在”或客观扩展的元素里去。因而在享受着的快乐里，对于自我意识而言，作为它的本质而成为对象的，即是这些空虚的本质性，如纯粹统一性、纯粹差别及其关系的扩展；除此而外，个体性当作它的本质而经验到的那种对象，再也没有内容。这个内容就是被称为必然性的那个东西；因为所谓必然性、注定的命运等等，正是无法说其究竟做什么，无法说其特定规律和肯定内容是什么的这种东西，因为这种东西就是绝对的、被直观为存在的、纯粹的概念自身，就是简单而空虚的、但又不可遏止不可阻挠的、只以个别性的虚无为其结果为其事业的那种关系。必然性就是这个坚固结实的关联，因为关联着的东西是纯粹的本质性或空虚的抽象性。统一性，差别，关系都是些这样的范畴，它们各个并不是什么自在自为的东西，它们只存在于与其反面的关系中，因而不能脱离关系而独立。它们由于它们的概念而互相关联起来，因为它们都是纯粹的概念自身；而这个绝对的关系和抽象的运动，构成着必然性。仅

仅个别的个体性，即首先仅仅以纯粹的理性概念为其对象的个体性，因而并不是走出了死的理论而投身于生命里去，而毋宁只是投身于对它自己的无生命性的意识里去，它意识到自己只是个空虚的和外来的必然性，只是个死的现实。

〔Ⅲ. 自我意识里的矛盾〕 这是一个过渡，从单一的形式过渡到普遍性的形式，从一个绝对的抽象性过渡到另一个绝对的抽象性，从切断与别的存在的一切联系的、纯粹的自为存在，过渡到纯粹的反面，即过渡到因此而同样抽象的自为存在。这种情况因而表现成这个样子：个体干脆地化为乌有，而个别性的绝对的脆弱性则在同样坚硬但绵延持续的现实性那里归于粉碎。——既然个体，作为意识，是它自己与它的反面的统一，那么这个过渡就不是这个个体所意识的；而它的目的和它的实现，以及它以前所以为是本质的东西与自在地是本质的东西之间的矛盾，统通还是这个个体所意识的；——个体体验到在它所做的事情里面，即，在它已经获得了它的生命这一事实里面，有这样的双重意义：它〔当时〕是去寻求生命，但它所获得的毋宁是死亡。

从它的活的存在走向无生命的必然性这个过渡，因而对它就显得是一个不通过任何中介的逆转。作为中介的东西，一定是被中介的双方在它那里合而为一的那种东西，因而一定是在一个环节中认识另一环节的意识，意识在它的命运里认识它的目的和行动，在它的目的和行动中认识它的命运，在这个必然性里认识它自己的本质。但是这个统一性对于这个意识而言正是快乐自身，或简单的、个别的情感，而从它这个目的的环节到它真正本质的环节的过渡，对它来说则是向其反对方面的一个纯粹的飞跃。因为这两个环节不是包含在并结合于情感里,而只存在于纯粹的自身里的;纯粹自身乃是一个普遍或思维。意识经验到,对它来说它的真理性应该实现;通过它这个经验,于是意识毋宁对它自己变成了一个不可解的谜;它的行为的后果,在它看起来竟不是它的行为自身。在它那里所发生的,对于它而言不是关于它之自在的经验,过渡不是同一个内容和本质的一种简单的形式变换,并不是有时被表象为意识的内容和本质而另外的时候被表象为它自己的对象或被直观了的本质。这样,抽象的必然性就成了粉碎个体性的那个仅仅否定的、未被理解的普遍性的势力。

这种形态下的自我意识的显现,一直发展到这里。它的存在的最后环节,是它自己丧失于必然性中这个思想,或它自己是一个对它自己来说绝对外来的东西这个思想。但自我意识自身却在这个丧失中得以幸存,因为这个必然性或纯粹的普遍性是它自己的本质。意识的这个自身回复,即知道必然性是它自身,乃是意识的一个新的形态。

(b) 心的规律和自大狂

必然性真正在自我意识那里的情况,就是必然性对于自我意识这个新形态的情况;在新的形态里,自我意识知道自己是必然的东西;它知道,它在其自身中直接具有着普遍或规律;而这一种规律,由于它直接存在于意识的自为存在中这一规定性,就称为心的规律。自我意识的这个新形态,自为地,作为个别性,也像以前的形态一样地是本质,但是由于它的规定,它却比以前的形态更为丰富;按照它的规定,这个自为存在对于它而言算是必然的或普遍的。

因此,那直接即是自我意识固有的规律的规律,或在其自身中具有着一个规律的那一个心,乃是这个自我意识所要实现的目的。那么现在有待于看清的是,究竟它的实现是否符合于这个概念,以及究竟它在这个实现中是否意识到它这个规律就是本质。

〔Ⅰ.心的规律和现实的规律〕 有一个现实与这个心对立着。因为在心里的规律首先只是自为的,尚未实现的,因而也就是一种与概念不同的东西。这东西因为与概念不同,于是就把自己规定成一个现实,它是要去实现的东西的反对物,从而是规律与个别性之间的矛盾。这样的现实,于是一方面是一种规律,是个别的个体性受其压制的那一种规律,是与心的规律互相矛盾的那一种强制性的世界秩序;而另一方面,它又是在强制性的世界秩序下的人类,人类不是遵守着内心的规律而是屈服于一个外来的必然性的。——这里已经看得很明显,出现于意识的现在的新形态之对面的这个现实只不过是前面所说的那个个体性与它的真理性相分裂的关系、一个残酷的必然性压抑个体性的关系而已。在我们看来,以前的那个运动所以出现而与新的形态对立,因为新形态是从它那里产生出来的,它既然是新形态所自出的那个环节,它就必然是为这个新形态的。不过,在新形态看来,这个环节仿佛是一种它所偶然碰到的东西,因为自我意识的新形态对于它自己的起源毫无意识,它认为它的本质毋宁在于它是为自己的,或在于它是这个肯定的自在存在的否定。

这个个体性于是处心积虑要扬弃这个与心的规律矛盾着的必然性以及必然性所带来的痛苦。个体性因而不再是以前只追求个别快乐的那个形态那样轻浮粗率,而成了一种高尚目的那样的庄

严诚挚，它在展示它自己的高贵本质和创造人类福利中寻找它的快乐。个体性所实现了的东西本身就是规律，因而它的快乐同时也是一切人心的普遍的快乐。对它而言，两个东西乃是不可分的：它的快乐就是规律性的东西，而普遍的人类规律的实现又给它提供个别的快乐。因为在它自身以内个体性和必然性直接就是一个东西；规律乃是心的规律。个体性还没有离开它的位置，两者的统一还没有通过统一应有的中介运动而实现，也还没有通过教养而建立起来。直接的、未受教养的本质的实现，就被当作这种本质的高贵性的展示和人类福利的显露。

相反地，与心的规律对立着的规律是与心分离开来、自为而自由的。受制于这种规律的人类，并不是生活在规律与心的那种令人快乐的统一性里的；人类的生活，如果说不是残酷的分裂和痛苦，至少是于服从规律时缺乏对它自身的享受，于逾越规律时缺乏对它自己的高贵性的意识。由于这种强有力的、神的和人的规律是与心分离开来的，它就被心认为是一个假象，而这个假象被认为应该丧失其还与它联系在一起的东西，即应该丧失其力量与现实性。人和神的规律诚然可以在它的内容上偶然地与心的规律互相一致，从而可能被心的规律所赞同或默许，但对于心来说，本质不在于单纯的规律性本身，而在于它在服从规律性中取得关于它自身的意识，在于它在服从规律性中使自己获得满足。但是如果普遍的必然性的内容与心不相一致，则普遍的必然性，就它的内容来说，自身就什么也不是，而必须让路给心的规律。

〔Ⅱ.将心置入于现实〕　个体于是就实施它的心的规律；心的规律变成了普遍的秩序，而快乐变成了一个自在自为地合乎规律

的现实。但在这个实现过程里,规律事实上已经脱离了心,它直接变成了应该予以扬弃的关系。心的规律恰恰由于它自己的实现而不再是一个心的规律,因为它在这个实现过程里获得了存在的形式,变成了普遍的势力,对于存在的形式或普遍的势力来说,这个〔特定的〕心就漠不相干了。这样,个体正因为是它建立了它自己的秩序,发现它自己的秩序不再是属于它的了。通过它的规律的实现,个体因而不是建立了它的规律(因为这个实现就其自身来看可以说是属于个体的,但对于个体来说却是一个外来的),而仅仅是把它自身卷入于现实的秩序里去;而且它被卷入了进去的这个现实的秩序是一个对它既陌生又有敌意的高压势力。——个体通过它自己的行为把自己放进存在着的现实的普遍元素里去,或者更可以说,它把自己当作了存在着的现实的普遍元素;它的行为,即使按照它自己所赋予的意义来说,也应该具有一种普遍的秩序的价值。但是这样,个体就离开了它自己,继续自为地发展成普遍性,并从自身中清除了个别性;个体是只愿意在它的直接的自为存在的形式下去认识普遍性的,因此,它在这个自由的普遍性里就认识不出它自己来,虽然它同时就属于这个自由的普遍性,因为,事实上这个自由的普遍性就是个体的行动。个体的这种行动于是有了颠倒了的含义:一方面它与普遍的秩序相矛盾,因为个体的行为应该是个体的个别的心的行为,而不是自由的普遍的现实;但同时个体又事实上承认了普遍的现实,因为所谓行动,意思就是要把它的本质变为自由的现实,也就是说,要承认现实就是它的本质。

个体已经通过它的行动的概念详细规定出,它如何使自己隶属于现实的普遍性,而现实普遍性又如何与它相反对。它的行为,作为现实，是属于普遍的；但行为的内容却是它自己的个体性，而个体性由于是个别的，就想保持自身而与普遍性相对立。不过，这里所谈的并不是建立某一个特定的规律问题，而问题是，个别的心与普遍性直接统一这一思想已经提高成了应该遵守的规律，而按照个别与普遍统一这一思想，每个心就必然在普遍规律里认识到它自己。但是这个心，在它的行为里建立起它的现实，使它的行为表示着它的自为存在或快乐，它只是某一特定的个体的心。它的行为只是被它直接看成或当作普遍的东西，这就是说，它本来是一种特殊的东西，仅只具有普遍性的形式而已：它的特殊的内容，作为特殊的内容，只是被它当作了普遍性的东西。因此，别的个体在这个内容里找不到它们自己的心的规律，所找到的，毋宁只是一个别人的心的规律；而且，正是按照每一个体都应该在普遍规律里找到它自己的心这一普遍规律，别的个体现在转而反对这个个体所建立起来的现实，就像这个个体反对它们的现实那样。个体当初只发现僵硬的规律是可厌恶的，同样，它现在发现别的人们的心本身是与它的高尚意图相反，是可厌恶的。

因为这种意识首先只认识在直接的普遍性形式下的普遍性，只认识在心的必然性形式下的必然性，它就根本不懂实现性和有效性的性质；它根本不知道，有效的实现，作为存在物，真正讲来，乃是自身普遍的东西；它根本不知道，意识的个别性本来为了能够作为这一特定的直接的个别性而存在，将自己委托给实现，竟反而在这个自身普遍的东西里把自己毁灭掉了；它因而并未达到它的这种存在，而毋宁是在存在里完成了它自身的异化。不过，意识在其中认识不出它自己来的那种现实，并不是死的必然性，而是通过

普遍的个体性而成为活生生的必然性。这种神的和人的秩序，现在意识发现它是有效的，〔以前，〕意识却把它当作是一种死的现实，在这种死的现实里不仅它自己，(它将自身确定为这个特定的自为存在着的、与普遍对立着的心，)而且同样隶属于这种法则的别人，都不具有关于其自己的意识；但是现在，意识却发现这个死的现实因一切人的意识而成为活生生的了，发现它成了一切心的规律。于是意识通过这样的经验而认识到，现实即是活生生的法则，而它取得这一经验，正是由于它实现了它自己的心的规律。因为这不意味着别的，而恰恰就是说，个体性变成了它自己的以普遍的形式出现的对象，而在这个对象中它却认识不出它自己来。

〔Ⅲ. 个体性的自大狂〕 因此，自我意识的这种形态根据它自己的经验认为是真理的东西，是与这种形态本来的或自为的情况互相矛盾的。但是当它的自为的情况被当作具有绝对普遍性的形式时，这就是心的规律与自我意识直接地合而为一。同时，持存的活的秩序又同样是自我意识自己的本质和事业，自我意识所创造的不是别的，正是这种持存的活的秩序；这种秩序与自我意识有直接的统一性。这样一来，自我意识就分属于两种相反的本质性，就在其自身中发生了矛盾，而且在它最深的内部瓦解了。这一特定的心的规律本来只是自我意识在其中认识出它自己来的那种规律，但由于这种规律的实现，普遍的、有效的秩序对于自我意识来说也同样变成了它自己的本质和它自己的现实；因而在它的意识里自相矛盾的两方面，对它来说，都是以它的本质和它自己的现实的形式而出现。

自我意识既然宣示了关于它的自觉的毁灭这个环节，并从而表达了它的经验的结果，那么它就表明它自身乃是它自己的这个内在的颠倒，乃是意识的疯狂[①]；对于这种疯狂的意识，它的本质直接地成为非本质，它的现实直接地成为非现实。——在这里，可不能把疯狂理解为这样：仿佛一般地将非本质的东西当作了本质的，将非现实的东西当作了现实的；因而对于此一人是本质的或现实的东西对于另一人会不是本质或现实的，以及关于现实性的和非现实性的意识或关于本质性的和非本质性的意识会互相分离开来。——如果事实上某种东西对于意识一般是现实的和本质的，而对于我不是这样，那么我在对它的非现实性的意识里同时也就具有对它的现实性的意识，因为我也就是意识一般，——而既然它们两者都是〔在我之中〕固定了下来的，那么这就是一个统一体，这个统一体即是疯狂一般。不过在这个状态下，癫狂了的只是意识的一个对象，而不是自在自为着的意识自身。相反地，在已经在此显现了出来的经验的结果中，意识是在它的规律里意识到了它自身即是这种现实性的；而且同时，由于这同一个本质性、同一个现实性对它来说已经异化了，那么它，作为自我意识，作为绝对的现实性，就意识到它自己的非现实性了；换句话说，这两方面，在它们的互相矛盾之下，对于它都直接算是它的本质，而它这个本质于是在它最深的内部里癫狂错乱了。

为追求人类福利的那种心情的跳动，因而转化为疯狂自负的激情，转化为维护它自己不受摧毁的那种意识的愤怒，而所以发生

① 黑格尔在这一段里用“疯狂”（Verrücktheit）这一名词来加重并形象化地表示自我意识在这里所陷入的矛盾和颠倒的情况。读者须从矛盾颠倒来了解“疯狂”的意义。——译者注

这种转化,乃因为意识自己本是颠倒,而现在却不承认自身就是这种颠倒,反而竭力把它视为并说成一个另外的东西。于是意识就把普遍的秩序说成是对它的心的规律和它的幸运的一种颠倒歪曲(Verkehrung),说这种颠倒歪曲是由狂热的传教士们、荒淫无度的暴君们以及企图通过屈辱和压迫以补偿它们自己所受到的屈辱的那些臣仆们为了致使被欺压的人类陷于无名的苦难而发明出来的。——意识在它自己的这个癫狂错乱中将个体性表述为颠倒的和被颠倒的东西,但这是一种外来的和偶然的个体性。但是,心或意识的直接想变成普遍的那种个别性自身,即是这个现在颠倒的又被颠倒了的东西自身,并且它的行动仅只是使得心自己意识到这个矛盾。因为在它看来,真的东西首先是心的规律,——这是一种单纯臆造的东西,它不像持续不变的秩序那样经历得住天日的考验,而它毋宁是一遇天日就归于毁灭。它这个规律是应该具有现实性的;成为现实、成为有效秩序的规律,对它来说乃是目的和本质;但另一方面,现实以及成为有效秩序的规律,对于这个心毋宁直接是个虚无、非现实。——同样地,它自己的现实,亦即意识的个别性的心自身,对它自身来说成了本质;但它的目的是要使这个个别性成为存在着的;于是那非个别性的它的自身就毋宁对它来说直接是本质,或者说,那作为规律或普遍性(在它的意识自身看来,它即是普遍性)的它的自身毋宁对它来说成为了目的。——它这个概念,〔即,以为它自身即是普遍性这一想法,〕通过它的行动变成了它的对象;它于是经验到它的自身反而是不现实的东西,而非现实的东西却是它的现实。于是,颠倒的和被颠倒了的东西,并不是一个偶然的和外来的个体性,而从一切方面看来,这个心的本身恰恰就是那颠倒的和被颠倒了的东西。

不过，直接普遍的个体性既然是颠倒的和被颠倒了的东西，那么这种普遍的秩序，作为一切心的规律，即作为颠倒了的意识的规律，其自己本身就是颠倒了的东西，正如愤怒的疯狂所宣布的那样。一方面，在一个特定的心的规律在其他的个体那里所遇到的抵抗里，这种普遍秩序，证明自己是一切心的规律。持存的规律总受到保护，以反对任何个体的规律，因为持存的规律并不是空的死的无意识的必然性，而是精神的普遍性和实体；精神的普遍性所赖以作为它自己的现实的那些东西，都作为个体而生活在它里面并在它里面意识它们自己。因此，即使它们抱怨这个普遍的秩序违反了它们的内在的规律，即使它们违背着这个普遍秩序而坚持它们的心的意见或愿望，事实上，它们终究是和它们的心一起附着在这个普遍秩序上并以之为它们的本质的，如果从它们那里去掉这个普遍秩序或它们自己置身于这秩序以外，它们就失掉一切。既然这是公共秩序的现实性和力量，那么公共秩序自身就是本质，就是自身等同而普遍的活生生的本质，而个体性就是这公共秩序的形式。——但另一方面，这公共秩序同样又是颠倒了的东西。

因为，既然公共秩序是一切心的规律，而一切个体直接就是这种普遍秩序，那么在此情况之下，这种秩序就仅只是一种自为存在着的个体性或心的现实。这样，当意识建立它自己的规律时，它就经验到从别的意识那里来的抗拒，因为它的规律与它们的心的同样个别的规律发生矛盾；而这些别的意识在它们的抗拒中所做的，恰恰也就是建立它们的规律并使之生效。现成已有的那个普遍，因而只不过是大家相互之间的一种普遍的抗拒和搏斗而已，在这一团混战中,大家各自努力维护其自己的个别性,但大家同时又都做不到这一点,因为每个个体性都受到同一样的抗拒并相互地为别的个体性所消融。一般人所看到的公共秩序于是就是这样的一个普遍的混战,在这场混乱里各人各自夺取其所能夺取的,对别人的个别性施以公平待遇以图巩固其自己的个别性,而他自己的个别性则同样因别人的公平待遇而归于消失。这个秩序就是世界进程(Weltlauf),它看起来好像是一种持存的进程,实则仅只是一个臆想的普遍性,它的内容毋宁是个别性的建立与消融的无本质的游戏而已。

如果我们把普遍秩序的这两方面对照起来考察,我们就看到,后一种普遍性是以不安静的个体性为它的内容,而对不安静的个体性来说,意见或个别性是规律,现实是非现实,非现实是现实。但它同时又是普遍秩序的现实性方面,因为个体性的自为存在属于这个方面。——前一方面的普遍秩序,乃是一种静止的本质,但唯其如此,它是一种内在的东西;它并非什么都不是,但毕竟不是现实性;而且它只有扬弃了曾经自称为现实性的那个个体性,自己才能变成现实的。这个形态的意识,已经确知在规律里,在自在的真与善里它自己不是个别性而仅只是本质,但另一方面它知道个体性是颠倒的和被颠倒了的东西,因而它必须牺牲意识的个别性;这个形态的意识,就是德行。

(c) 德行与世界进程

〔Ⅰ.自我意识与普遍的关联〕 在活动的理性的第一种形态下,自我意识自觉它自身是一个纯粹的个体性,与纯粹的个体性对立着的是一个空虚的普遍性。在第二种形态下，对立的双方面各自具有着规律和个体性这两个环节；不过心这一对立面是两个环节的直接统一，而另外一个对立面是它们两者的对立。而现在，在德行与世界进程的关系里，两个关系者中的每一个则同时是这两个环节的统一和对立，或者说，都是规律与个体性之间的运动，却是两个相反对的运动。对于德行的意识来说，规律是本质的东西，个体性是要扬弃的东西，而且既要在德行意识自身里又要在世界进程里予以扬弃。在德行的意识那里，各人私有的个体性必须接受普遍、自在的真与善的训练约束。但仅仅接受训练约束，它仍然是私人的意识；只有整个人格的牺牲、舍弃才是真正的训练约束，才足以保证自我意识已不再执著于个别性了。而通过这种个别的舍弃，个体性也就同时从世界进程里清除了，因为个体性也是一个简单的、双方共有的环节。——在世界进程里，个体性的态度与它在德行意识里的态度恰好相反，它现在把自己当成本质而使自在的善和真屈服于自己之下。——而且，同样地，对于德行来说，世界进程也不仅仅是这个被个体性颠倒了的普遍秩序而已，绝对的秩序同样也是共有的环节；只是，在这个共有的环节上，世界不是现存于意识之外的存在着的现实，而是意识的内在本质。因此，真正说来，绝对的秩序不是通过德行才显露出来的，因为所谓显露，作为一种行动，乃是个体性的意识，而个体性却是要被扬弃的东西。然而唯有通过个体性的扬弃，世界进程的本体或自在仿佛才有它自在自为地进入实际存在的行动余地。

现实的世界进程的一般内容已经将其自身显现出来了；如果仔细考察起来，那么它还只不过是前面那两种自我意识的运动罢

了。德行这一形态就是从那两种运动里发展出来的;既然它们是德行的来源,它们就先于德行而存在;但德行的目的,在于扬弃它的来源而实现其自身,或者说,在于变成自为的。这样,世界进程,从一方面说,是寻求快乐和享受的个别的个体性,个体性在寻求快乐和享受的过程中找到了它自己的覆灭,并从而满足了那普遍的东西。但这个满足自身,以及这个关系的其余的环节,乃是普遍的东西的一个颠倒了的形态和运动。现实性只是快乐和享受的个别性,至于普遍的东西,则是与这个个别性对立着的,它是一个必然性;而这种必然性仅只是普遍的东西的空虚形态,只是一种消极的反作用和无内容的行动。——从另一方面说,世界进程的另一环节乃是这样的一种个体性,它想要自在自为地成为规律,并且由于这种妄想而破坏着现存有效的秩序。普遍的规律实在可以说成功地避免了这种狂妄自大的破坏,因为它不再出现为一种与意识对立的东西和空的东西,它不再出现为一种死的必然性,相反,它出现为在意识自身中的必然性。但是,当它作为在意识中的绝对矛盾的现实关系而存在时,它是疯狂;当它作为对象性的现实而存在时,它是一般的颠倒。因此,在这两种情况下,普遍的东西固然都是把它自己呈现为致使它们运动的力量,但这种力量之表现或存在所采取的形式,则仅只是一种普遍的颠倒。

〔Ⅱ. 世界进程是普遍在个体性里的现实性〕 现在,普遍应该从德行那里取得它真正的现实性,即通过对个体性的扬弃亦即通过对颠倒原则的扬弃以取得其现实性。德行的目的,在于通过这种扬弃而将颠倒了的世界进程重新颠倒过来,并从而显露出它真正的本质。这种真正的本质,在世界进程那里,还只是潜在的,它还不是现实的，因此德行对于这种真正的本质仅只有一种信仰罢了。德行要把这种信仰提高为直观，而不享受它自己的工作和牺牲的果实。因为德行，当它是个体性的时候，它是它对世界进程的斗争行动，但它的目的与真正本质，则在于克服世界进程的现实性；可是因克服了世界进程的现实性而使善取得其现实存在，这就同时使德行的行动或个体性的意识归于停止。——这种斗争的结果如何，在斗争中德行取得什么经验，是否由于德行已作了牺牲因而世界进程就战败而德行就胜利，所有这一切，都必须由斗争者双方所使用的活的武器的性质来决定。因为武器不是别的，只是斗争者自身的本质；而这种本质，仅只对斗争者双方相互呈现。所以它们的武器的性质，从这种斗争本身所包含的性质里就已经显现出来了。

对于德行的意识，普遍只在信仰中或潜在地是真的，但它还不是现实的普遍性，还是一个抽象的普遍性。它在这种德行意识自身那里，是作为目的而存在，在世界进程那里，是作为内在的东西而存在。正是由于它的这个规定性，普遍于是即使在德行那里也显示它自己是为世界进程而存在的；因为德行刚刚才想去实行善，它自己还并未认为善已是现实。这个规定性也还可以这样地予以考察：善，既然它出现于对世界进程的斗争中，它就已经把它自己呈现为另一个善而存在着的东西，它就已经把它自己呈现为一种不是自在而存在也不是为其自己而存在的东西，因为否则它就不会想通过它对它的对立面的克服才去建立它自己的真理性。当我们说，善首先仅只是为另一个的，这话的意思与以前从相反的方向对善进行考察时所得到的那个结论是一样的，那个结论是说，它首先是一个抽象,这抽象自在自为地就没有实在性,只在关系中才有实在性。

善或普遍,照它现在所呈现的情况说,就是被称为天赋、才能、能力的那种东西。这是一种方式下的精神性事物,在这种方式下,精神性的东西被表象为一种普遍的东西,这种普遍的东西为了它自己取得生命,能够运动,就需要个体性原则,并在个体性原则中取得它的现实性。可是当这个原则在德行意识那里时,这个普遍的东西就是被这个原则正确地应用着,而当这个原则在世界进程那里时,这个普遍的东西就是被这个原则错误地使用着;——这个普遍的东西乃是一个被动的工具,它被掌握在自由的个体性的手里,无论个体性怎样使用它,它都漠不关心毫无所谓,甚至于它可以被误用去创造一种意味着它自己的破灭的现实;它是一种无生命的、缺乏自己独立性的质料,这种质料可以被做成这个形式,也可以被做成另外一个形式,甚至可以被做成一个使它自己归于败坏毁灭的形式。

既然这种普遍的东西同样地听从德行意识和世界进程使用,那么就不能预料究竟这样武装起来的德行是否将战胜罪恶。武器都是同一样的;它们都是这些才能和能力。诚然不错,由于德行相信它的目的与世界进程的本质两者的原始统一性,德行的确已经把它对这统一性的信仰暗自埋伏了下来,以便这信仰在战斗期间从敌后进行攻击,使它自己的目的得以自在地完成;可是这样一来,对于德行的武士来说,他自己的行动和斗争事实上真正只是一种假装的战斗罢了。对于这一假装的战斗,他不能够认真进行,因为他把他的真正实力建筑在:他相信善是自在而自为的,即,善会完成其自身。对于这一假装的战斗，他也不可以任其弄假成真，因为他所用以投掷敌人以及发现敌人用以投掷自己的那种东西，和他在其自己以及敌方都有可能使之用坏和受损的那种东西，不应该就是善本身；因为他的战斗，正是为了保全善和完成善。他冒着损坏危险而被用于战斗的，只是那些无所偏袒的才能和能力而已。可是事实上这些才能和能力又不是别的，正就是要通过战斗以求保全和实现的那种无个体性的普遍。——但是这个普遍同时又通过战斗这个概念本身而直接地已经实现了；它是潜在、普遍；而它的实现，只意味着它同时又是为对方而存在的普遍。上面谈过的那两个方面，即普遍曾分别地在它们那里变成一个抽象性的那两个方面，现在不再是分开来的了，现在，在战斗里，并通过战斗，善同时在两种方式下被建立起来。——但当德行意识出来与世界进程开始战斗的时候，它是把世界进程当作一种与善对立的东西的，而在战斗期间，它发现世界进程是一个普遍，并且不仅仅是抽象的普遍，而且是一种因个体性而取得了生命的、为对方而存在着的普遍，或者说，就是现实的善。于是当德行去和世界进程作斗争时，它到处所遇到的地方尽是善本身的一些具体存在；善，作为潜在于世界进程里的东西，是不可分解地交织在世界进程的一切现象里，并在世界进程的现实里取得了它自己的实际存在。德行因而发现世界进程是不可损害的。而善的这样一些具体存在以及种种不可损伤的关系正就是德行自己所要孤注一掷地予以牺牲舍弃的那一切环节。因此，这种战斗只能摇摆于保全与牺牲之间，或者说得更确切些，这种战斗既不能牺牲自己也不能损伤敌人。德行不仅像是这样的一位斗士，他在决斗中所唯一关心的是保持其宝剑的光

亮,而且德行所以要开始决斗,也正是为了要保全武器;并且,它不仅能够不使用它自己的武器,它还必须使敌人的武器也不受折损并保护敌人使其不受它自己的攻击,因为所有这一切都是它为之而奋起作战的那个善的高贵的部分。

相反,这个敌人却不以潜在性而以个体性作为本质。这个敌人的力量因而是一种否定的原则,对于这否定原则而言,没有东西是永恒不变,没有东西是绝对神圣的,而且这否定原则能够冒一切事物的任何危险并承担一切事物的任何损失。这样一来,它的胜利是一定了,它一定会取得胜利,这既是由于它自己的本性,也同样是由于它的敌人所纠缠着的那种矛盾。凡在德行那里是自在〔或潜在〕的东西,在世界进程这里就仅只是自为或现实的东西;世界进程摆脱了一切固定的与德行密切结合着的环节。只有一种环节是被世界进程掌握在它的权力之下的,那只是因为这样一种环节对于它来说是既可以被它扬弃也同样可以保留下来;因此,与这环节牢牢结合在一起的道德武士也同样被掌握于它的权力之下。道德武士不能像脱掉一件外衣那样把这环节解开丢掉,从而取得自己的自由,因为这环节是它抛弃不了的本质。

最后谈一谈埋伏问题。据说善的自在〔或潜在〕会狡诈地从埋伏里出来袭击世界进程的侧背,其实这个希望本身就是空的。世界进程是确知其自己的、觉醒的意识,它决不容许从它背后偷袭,而是处处面对着敌人的;因为世界进程是这样的东西:一切都是为它的,一切都立于它的面前。但潜在的善呢,如果它是为它的敌人而存在的,那么它就存在于我们已经谈过了的那种斗争中;可是当它不是为它的敌人而是潜在着的时候,它是才能和能力的被动工具、无现实性的质料。而如果把它设想为具体存在，那它就该是一种昏睡的、呆在后面谁也不知是什么地方的意识了。

〔Ⅲ. 个体性是普遍的实在性〕　德行于是被世界进程克服了，因为事实上德行的目的是抽象的非现实的本质，并且因为从现实性看来，它的行动是以仅只表现于言词里的区别为根据的。德行当初想舍弃个体性而使善成为现实性，但现实性根本不是别的，本身就是个体性。善本来被当作是自在或潜在的东西，与存在着的东西相对立，但自在或潜在，从它的实在性和真理性上看，毋宁就是存在本身。潜在首先是与现实性相反对的本质抽象性；但抽象性却正是那种不真正地存在、而仅只为意识而存在的东西，而这也就是说，它本身就是现实的东西，因为现实的东西就是那种本质上为一他物而存在的东西，或者说，它就是存在。但德行的意识是以自在与存在的这个区别为根据的，而这个区别并没有真理性。——世界进程本来被当作是善的反面，因为它以个体性为它的原则；但个体性是现实性的原则，因为恰恰个体性是这样的一种意识，通过这种意识，自在存在的东西同样也是为他存在的东西。世界进程把不可变化的东西加以颠倒或转化，但它事实上是把它从抽象性的无颠倒成为现实性的有或存在。

世界进程于是战胜了与它自己对立着的德行，战胜了以无本质的抽象性为本质的德行。但是，它并没战胜什么实在的东西，相反，它只战胜了本来不是差别的差别虚构，战胜了一些堂皇的议论：如什么人类的至善，什么人性的压抑，什么牺牲为善，什么误用才能，如此等等；——像这样的一些理想和目的，归根结蒂，只是一些空话，它们使心地高尚，使理性空疏，它们努力建设，但是毫无建

树;这些夸夸之谈,只说出了这样的一个内容:那自以为其行为符合于这样高贵目的的、沉溺于使用这样优美词句的个体,是把它自己当成了一个优秀的本质;——这是一种吹嘘,这使自己和别人都为之冲昏头脑,而冲昏头脑总是出于一种空的傲慢自负。——古代的德行,本有它一定的可靠的含义,因为它在人民的实体里有它内容丰富的基础,并以一种现实的善,已经实际存在着的善作为它的目的;因而它当时也不是旨在反对现实性,并不是把现实性当作一种普遍的颠倒错乱来反对,也不是旨在反对一个世界进程。但现在所考察的德行却与此不同,它已脱离了实体,它是一种无本质的德行,它是一种只属于缺乏任何内容的观念和词句的德行。——这些与世界进程进行斗争的议论,只要请它们说出它们的词句究竟有什么含义,它们的空洞性就会立即暴露出来;正因为这样,所以这些含义总是被假定为众已熟知。对于请说出这种熟知的东西来的要求,其应付的办法是,或者另提出一批新的词句来,或者反过来要求大家诉之于自己的内心,说内心会以内在的方式说出它们的含义;这两种办法,其实等于说它们已经供认它们没有能力以行动或从实际上说出含义来。——我们这个时代有教养的人,显然已经,即使是不自觉地,确信这些高谈宏论是空虚无物,因为对于这整堆词句的内容以及其发表的方式,谁也不感到任何兴趣;人们之对它们失掉兴趣,这具体表现在,它们成了仅仅令人无聊的东西。

于是,从这种对立中产生出来的结果是:意识摆脱了它关于一种潜在的、还没取得现实性的善的想法,就像它脱去一件外衣那样。意识在它的斗争中已经取得经验,知道世界进程并不像它当初看起来那样坏；因为世界进程的现实性就是普遍的东西的现实性。这个经验同时又表明，通过牺牲个体性以求善的显现这种办法是行不通了；因为个体性正就是潜在着的或普遍的东西的现实化；而颠倒也就不再可以说是对于善的一种颠倒，因为这种颠倒毋宁恰恰是把善从一种单纯的目的转化为现实性；个体性的运动就是普遍的东西的实现。

但事实上，这样一来，作为世界进程而当初与自在存在亦即德行的意识相对立着的那种东西，现在也同样地被克服而消逝了。个体性的自为存在当初在那里是与本质或普遍对立着并作为一种与自在存在分开来的现实性而出现的。但既然现在已经表明，现实性与普遍的东西是在分不开的统一体里，那么世界进程的自为存在也就证明自己只不过是〔统一体的〕一个方面（Ansicht），正如德行的潜在或自在存在（Ansich）也仅只是一个方面。世界进程的个体性很可能以为自己的行为是自为的或自私的；但它比它所以为的那样是好些的，因为它的行动同时就是自在存在着的、普遍的东西的行动。如果说它是自私自利地行动，那只是它不知道它的所作所为；而如果它肯定一切人都自私自利地行动，那它只是肯定了一切人对于他们的行动都毫无所知而已。——而如果它是自为地行动，那么，这正是使那仅只才自在存在着的东西变为现实。于是，自为存在（自为存在以为自己与自在存在相对立）的目的，它的挖空心思的诡计，以及它到处去指明一切人都自私自利所用的那些精致的说明，也就像自在存在的目的和自在存在的高谈宏论那样，终都归于消逝。

所以，个体性的行动和作为就是自身的目的；通过力量的发挥

运用，向外表现，自在性或潜在性就不是死的，而是活的，有生命的。自在性并不是一种尚未展开的没有具体存在的抽象的普遍；它本身直接就是个体性的历程的现在和现实。

三、自在自为地实在的个体性

现在，自我意识已经把握到了它自己的概念，即把握到了当初只是我们对它所有的那种概念；它现在确信它自身即是一切实在，而它的目的与本质则是普遍(天赋与才能)与个体性的一种运动着的渗透或统一。——这个完成和渗透过程的各个个别环节，在它们汇合于统一性以前，就是前此所考察的那些目的，现在它们作为抽象和幻想都一律消逝了；这些抽象和幻想本来是属于精神的自我意识最初的那些外表的形态方面的东西，它们的真理性只存在于心、想象、言词等等臆造的存在之中，而不在理性之中。这个理性现在则自在自为地确知它自己的实在，它不再把自己当作与直接存在着的现实相对立的目的然后才设法使自己得到实现，相反，它现在是以范畴本身为它的意识对象了。——这是因为，理性当初出现于其中的那种自为存在着的或否定的自我意识的规定性，已经得到了扬弃；当初摆在这个自为存在着的意识面前的那一种现实，好像是它自己的否定物，它必须通过对这种现实的扬弃，才能实现它自己的目的。但是，既然现在目的和自在存在已经显示其自身即是为他的存在和在当前的现实，那么真理性就不再与确定性彼此分开，我们可以把设定的目的当作关于目的的确定性，而把目的的实现当作真理性，我们也可以把目的当作真理性而把现

实性当作确定性。但无论如何，自在自为的本质和目的自身就是直接的实在的确定性自身，就是自在存在和自为存在、普遍性和个体性的渗透或统一；行动本身即是它的真理性和现实性，而对个体性的发挥或表达，就是行动的自在自为的目的。

达到了这样的概念，于是自我意识就从相反的规定性里返回到自身，而这些相反的规定性，乃是自我意识起初作为观察的自我意识和后来作为行动的自我意识时范畴对它所呈现的以及它与范畴的关系中所具有的那些规定性。自我意识现在以纯粹范畴本身为它的对象，或者说，它现在就是这种已经意识到它自己的范畴。这样一来，自我意识跟它以往的各种形态的账目就结算清楚了。前此各种形态已被置入于遗忘之宫，不再作为它的现成的世界呈现于它的对面，而只还作为一些透明的环节在自我意识自身中发展着。不过在它的意识里，它们倒是仍然作为一种包含着不同环节而还没有结合成为统一实体的运动而各自分离开来。但在所有这些环节里，自我意识总坚定把捉住存在与自身两者的简单的统一，这个统一乃是它们的类。

意识摆脱了所有的对立和一切限制其行动的条件以后，就轻松愉快地从自身开始做起，不再骛心于他物，而专诚致力于自己。因为个体性自身既然就是现实，那么，个体的活动实质和行动目的就全在行动自身之中。因此，行动就好像是一个自身循环的圆圈运动，这个圆圈在太空之中自由旋转，无拘无束，时而扩大，时而缩小，而以游戏于自身为无上愉快，以只与自身遨游为至高满足。所以，个体性借以显现它自己的形态的元素，没有别的意义，只不过是对这个形态的一种纯粹的摄取；这种元素可以说是白昼，意识想借此白昼的日光把自己显露出来。行动并不改变什么,也不反对什么;它只是一种使没被看见的东西变成被看见的东西的纯粹的翻译形式,而它所揭露出来和显示出来的内容,也不是别的,只是这个行动在其自身中潜在地本有的东西。这种本有的东西是潜在的,因为它以思维中的统一为形式;它也可以说是现实的,因为它以存在着的统一为形式;至于说它自身就是内容,这是只就它的简单性的规定而言,而不是就它的过渡与它的运动的规定而言。

(a) 精神动物的王国和欺骗,或事情自身

上述的这种本身实在的个体性,首先又是一种个别的和特定的个体性;个体性知道自身是绝对的实在,这种绝对的实在,由于已为个体性所意识,于是就成为抽象的普遍的实在,它没有充实内容,只是这个范畴的空洞的思想。——我们应该看看,本身实在的个体性这一概念究竟是怎样地在它的诸环节中规定着它自己,个体性所有的这个关于它自身的概念究竟是怎样进入个体性的意识。

〔Ⅰ.个体性的概念作为实在的个体性〕 这个个体性,当它自身自为地即是一切实在时,它的概念首先还只是一种直接的结果;它还没有将它的运动过程和实在呈现出来,它在这里是被直接地建立为简单的自在存在。但是否定性既然就是显现为运动的那种东西,那么它就是这简单的自在存在的规定性;而存在或简单的自在,就成了一个规定了的存在范围。因此,个体性就出现而为一种原始地规定了的本性;说它是原始的本性,乃因为它是自在地存在着的,说它是原始地规定了的本性,乃因为否定物即在自在里面,

而在自在里的否定物就是一个质。不过，存在方面的这个限制并不能限制意识的行动，因为意识的行动在这里是一个完全的对自身的关系；而可以限制行动的那种对他物的关系则已经扬弃掉了。因此，本性的原始规定性只是一种简单的原则，只是一种透明的普遍元素，在这种元素里，个体性既是自由地保持其自身同一，又畅行无阻地发展着它的差别，还于它的自身实现中与它自身进行着纯粹的交互作用。这种情况，正如无规定的动物生命一样，动物生命将它的生命嘘气灌输在比如说水、空气或土等等元素里，并且进一步灌输到这些元素以内的更加分化的原则里，以便生命的每一环节都浸润于其中，各得以特定的元素具体呈现出来，但是，尽管有元素方面的限制，生命却仍然将它的环节控制于它自己的势力之下，保持其自身为一个单一体，并且作为这种特殊的有机结构而始终不失为同一个普遍的动物生命。

意识的这种特定的原始的本性，即意识在其中保持自由和完整的那种特定的原始的本性，显示其自身就是个体的目的所具有的那种直接的唯一的和独特的内容。这个内容诚然是特定的内容，但当我们孤立地考察自在存在时，它也只一般地是内容而已。但是，真正说来，它是一种充满了个体性或为个体性浸透了的实在，它是这样的一种现实，它只初步被设定为存在着的，还没有被设定为行动着的，如同个别意识自身所有的那种现实一样。但对于行动来说，本性的原始规定性并不是行动总想逾越的那样一种限制，其所以不是这种限制，一部分因为被视为是存在着的质的那种规定性，乃是行动活动于其中的那种元素的单纯色彩，但另一部分因为否定性只是在存在中的规定性，而行动自身不是别的，正就是否定性。因此,在行动着的个体性那里,规定性就消融而成为一般的否定性,或一切规定性的总和。

简单的原始的本性现在按照行动本身的差别,区别出行动和行动的意识来。行动最初出现为对象,当然还是一种属于意识的对象,亦即是说,最初出现为目的,因而,是一种与现存着的现实对立的东西。行动的第二个环节是被想象为静止不动的目的的运动,是目的的实现。即是说,是目的与纯形式的现实之间的关系,因而也可以说是一种过渡,或达取目的的手段。最后,第三个环节是那已经不再是目的的对象,这种对象,不再是行动者的意识中的目的,它已经离开了行动者,而成了行动者的一个他物。——但这几个不同方面,必须按照这种意识的概念这样地确定下来:这几个方面虽说不同,但它们的内容仍然是同一个内容,在内容上它们没有任何差别。无论个体性与一般存在,或是目的与作为原始本性的个体性与现存的现实,或是手段与绝对目的,或是创造出来的现实与目的或原始本性或手段,都没有差别。

因此,最初,个体性的原始规定性亦即它的直接的本质,还没被设定为发生行动的东西,因而只称为特殊的能力、才能、品质等等。精神的这种独特的色彩,应该被视为是目的本身的唯一内容,唯一的实在。如果有人把意识想象为一种跨过这种内容而想实现别的内容的东西,那么他就是把意识想象为一种由虚无出发向虚无追求的东西。——而且,这个原始的本质不仅是目的的内容,而且潜在地也就是实现,它通常表现为行动的一种给予了的质料,表现为现成存在的但须在行动中予以铸成的现实。由于行动只是从尚未显现的存在的形式向显现了的存在的形式的一种纯粹的过渡，与意识相对立的那种现实的自在存在，因而就下沉而成为单纯的空虚的假象。这种意识，既然规定自己要行动，于是就不受现存的现实的空虚假想所迷惑，并且必然地不再在空虚的思想和目的中兜圈子，而集中于它自己的本质的原始内容上。——不错，这个原始的内容，最初只是一种为意识而存在的东西，因为是意识把它实现了的；但是，这样一种为意识而只在意识内部存在的东西，与一种在意识以外而自在的存在着的现实之间的差别根本已经破除掉了。——单单为了要使自己的潜在性成为现实性，意识就必须行动，或者说，行动正是作为意识的精神的生成过程。所以说，意识要根据它的现实性，才知道它自己的潜在性。因此，个体在通过行动把自身变成现实以前，不可能知道它是什么。——但这样一来，似乎个体在行动以前不能规定它的行动目的，但是同时，既然它是意识，它又必须在行动未发生以前就已经有这个行为摆在自己面前，当作完全是它自己的行为，或者说，当作它自己的目的。因此，要开始去行动的个体，好像处于一个圆圈之中，在这个圆圈中，每一个环节都已假定别的环节为前提，因而好像不可能找到起点；因为，它的目的必然即是它的原始本质，它只能从行为里认识出它的原始本质，但是它为了要行动，又必须先有目的。但唯其如此，它又必须立即开始，而不管情况如何，不考虑什么是起点、中点[1]、终点，直接进入行动；因为它的本质和自在存在着的本性乃是起点、中点、终点一切归一。作为起点，这个自在存在着的本性已经现存于行动的环境里了；而个体对某种事物所发生的兴趣，也

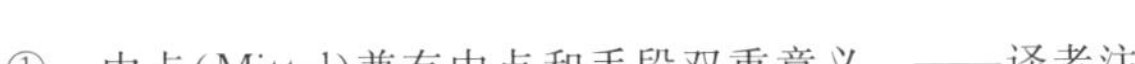

① 中点(Mittel)兼有中点和手段双重意义。——译者注

已经是该时该地应否和如何行动的问题的现成答案。因为看起来好像是一个外在现实的那种东西,本来就是它的原始本性,只不过具有一个存在的假象罢了;这种假象,本是包含在自行分裂的行动这一概念里的,但它却在个体在原始本性中所感到的兴趣里把自身表示为个体自己。——同样,如何表示自己或用什么手段表示自己,也是本身自在就规定了的。才能,就其为内在的手段或从目的到现实的过渡来说,也同样不是别的,只是规定了的原始的个体性。但现实的手段和真实的过渡,却是才能与现存于兴趣中的事物本性的统一体;在手段里,才能被认为属于行动的一面,本性被认为属于内容的一面,两者都是渗透着存在与行动的个体性本身。因此,最初出现的是外在的环境,环境是外在于个体的,但潜在地却是个体的原始本性;其次出现的是兴趣,兴趣把环境恰恰当作属于它自己的东西或当作目的;最后则是这两个对立面在手段中的结合和扬弃。这个结合本身还是发生在意识以内的,刚才考察的那个全体还是一个对立的一个方面。还有待于消除的这个对立的假象,现在通过过渡自身或手段于是得到了扬弃;因为手段是内在与外在的统一,是规定性(规定性是手段自己的内在手段,亦即才能)的反面;手段于是扬弃这个规定性,并将其自身,即将这个行动与存在的统一体同样地建立为外在的东西,成为现实了的个体性,即是说,这个个体性被建立为为个体性自身的一种存在物。这样,这整个的行动,无论作为环境,或作为目的,或作为手段,或作为所完成的作品或事业,始终没超出它自身以外。

不过,随同着事业或作品,似乎就出现了原始本性的差别。作品正如它所表示着的原始的本性一样,是一种特定的东西,因为它被行动解放出来，并成为存在着的现实，而否定性，作为一种质，便包含在作品里面。但意识把自身规定成一种与作品相对立的东西，它所具有的规定性是否定性一般，是行动。因此，意识乃是与作品的规定性相对立的普遍；它于是能将一个作品与另外的作品进行比较并从而认识到诸个体性自身是不同的个体性；比如，它能理解到在其作品中涉及的范围比较广大的个体是比较坚强的意志力，或比较丰富的本性，即是说，这种本性，其原始规定性所受的局限比较小；而相反，它理解到另外一个个体是一个比较软弱比较贫乏的本性等等。

与大小〔分量〕所表示的这种非本质的差别相反，好坏应该会表示出一种绝对的差别来；但绝对差别在这里并不发生。不论采取那一方式去行动，行动总同样是一个行动，总同样是一个个体性的自身呈现和自身表示，因此，总是好的；而且真正说来，也许根本就不能说什么是"坏"。可以叫做坏作品的东西，乃是那将其自身实现于这个作品中的一个特定的本性的个别的生命；它只是由于比较的思想才被败坏为一个坏的作品，而比较的思想是一种空洞的东西，因为它撇过作品本质(这是个体性的一种自身表示)，而另外去寻求谁也不知其为何物的别的东西。——比较对照的思想，只能产生出前面谈过的那种差别来；而那种差别，作为大小或数量的差别，按其本性说，是一种非本质的差别；它在这里所以确定地是非本质的，乃因为那互相比较的是一些不同的作品或不同的个体性，它们各不相涉，它们各自只与其自身相关。只有原始的本性，才是自在的东西或可以被当作判断作品之尺度的东西，反过来说，只有作品才是判断原始本性的尺度。但两者互相配应：没有哪

一种为个体性而存在的东西而不是通过个体性的,或没有哪一种现实不是个体性的本性和行动,同时反过来说,也没有哪一个个体的本性和行动不是现实的。只有这些环节可以互相比较。

因此,在这里根本既没有发生**激怒**,也没有发生**抱怨**,也没有发生**悔恨**的余地;因为这类不愉快的情感都出自于这样的一种思想,即总以为在个体的原始本性及其在现实中的表现以外,还有另外一种**内容**和另外一种**自在**。其实,说个体自在地是什么,不外乎指它的动作行为是什么,而个体所面临的外在环境,也不外乎是它所作所为的后果,并且可以说就是个体自身。个体所意识到的,只能是**它自身**的纯粹的转变,即从可能性的黑夜到现实性的白昼、从**抽象的自在到现实**存在的意义的那一纯粹的转变或翻译,而个体所确信的,只能是确信在白昼里显现于它自己面前的东西都是本来就在黑夜里昏睡着的那种东西。对这个统一性的意识,诚然也同样可以说是一种比较,但是,被比较的东西却只具有对立的假象;这种对立是一种关于形式的假象,它对于理性的自我意识而言,只不过是虚假的对立罢了,因为理性的自我意识知道个体性在其自身即是现实性。那么个体,既然它知道它在现实里所能找到的只不过是它自己与现实的统一性,或它自己即在现实的真理性中的确定性,同时它知道它因而总能达得到它的目的,所以个体就**只能在它自身体验到愉快**。

〔Ⅱ.事情自身与个体性〕 这就是确信它自己即是个体性与存在的绝对渗透的那个意识所构成的关于它自身的概念。现在让我们看看,究竟这个概念是否已通过意识的经验而证实了自己,究竟意识的实在是否与这个概念一致。完成了的事业或作品,是意识为它自己所创造的实在。唯有在作品里，意识才意识到个体自在地存在着时是什么情况，并且这样一来，意识到个体即在作品之中的那个意识，已不是特殊的意识而是普遍的意识了；因为它已经将它表现于作品中的自身根本转移到外面，置入于普遍性的元素里，置入于存在的无限规定性的领域里了。这个从自己的作品中超脱出来的意识，作为普遍的意识（因为它是绝对的否定性亦即行动这一对立面），事实上已与它的作品，作为特定的意识，互相对立。这个意识因而超越作为作品的它自身，本身就是那个没经它的作品充实过的无规定性的领域。如果说以前在概念里意识和作品曾保持过统一，那么须知其所以如此，恰恰是因为作品，作为存在着的作品，当时已被扬弃了。但作品应该存在着，而我们现在应该看看，在作品的存在中个体性将如何取得其普遍性，将如何满足它自己。

首先，必须从其自身来考察已完成了的作品。作品吸取了个体性的整个本性，因而它的存在本身就是一种行动，在这种行动中一切差别都互相渗透而归于消融。作品于是就变成为一种持续的存在，在这种持续存在中，事实上，原始本性的规定性就转而与其他的规定性相对抗，与它们互相干犯，而终于作为消逝的环节在这个普遍的运动中自己归于消失。如果说在自在自为地实在的个体性的概念以内，一切环节如环境、目的、手段和实现过程等都彼此是一样的，如果说原始的特定的本性只算是一种普遍的元素，那么与此相反，这种元素既然变成了客观存在，它的规定性本身就在作品里显现出来，并在它的消融中取得它的真理性。更确切地说，这个消融是这样的：在这个规定性里，个体作为这一特定的个体，是变成现实的了;但这个规定性不仅是现实的内容,而且也同样是现实的形式,或者说,这个现实本身根本就恰恰是这个规定性,即是说,这个现实正是一个与自我意识相对立的东西。从这一方面来看,这个现实显然是从概念里消失了的、只被发现为**现成存在着**的一种**外来的**现实。所谓作品**存在着**,意思是说,作品为别的个体性存在着,而且它对于别的个体性而言是一个外来的现实,而**别的个体性**必定要建立它们的现实来代替这个现实,以便通过它们的行动使自己意识到**它们**与现实的统一。换句话说,**它们**由于**它们的**原始本性的缘故对这个作品所发生的兴趣,是不同于这个作品**自己的**兴趣的,而这样一来,作品也就被理解为一种不同于作品本身的别的东西了。因此,作品可以说是一种变幻不居的东西,它因别的力量与兴趣的敌对作用,可以归于消灭,它所呈现的个体性的现实毋宁是不能持存的,不是最后完成了的。

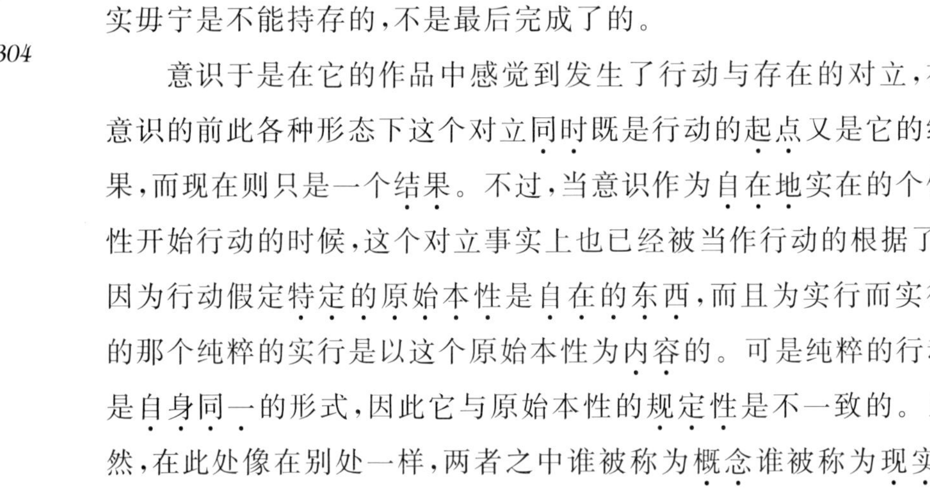

意识于是在它的作品中感觉到发生了行动与存在的对立,在意识的前此各种形态下这个对立**同时**既是行动的**起点**又是它的结果,而现在则只是一个**结果**。不过,当意识作为**自在地**实在的个体性开始行动的时候,这个对立事实上也已经被当作行动的根据了;因为行动假定**特定的原始本性**是**自在的东西**,而且为实行而实行的那个纯粹的实行是以这个原始本性为**内容**的。可是纯粹的行动是**自身同一**的形式,因此它与原始本性的**规定性**是不一致的。当然,在此处像在别处一样,两者之中谁被称为**概念**谁被称为**现实**,是无所谓的事情。我们可以说,原始的本性是与行动相对的**思想的东西**或**自在的东西**,而只有行动才赋予它以现实性;或者也可以说,原始的本性既是个体性本身的**存在**又是作为作品的个体性的存在，至于行动则是原始的概念，是一种绝对的过渡或变成过程。在意识的本质里包含着的概念与实在之间的这个不相配称性，意识现在在它的作品里体验到了；这样，意识在它的作品里意识到它真正是个什么东西，而它所具有的、关于它自身的空洞概念就消失了。

由于作品是自在地真实的个体性的真理性，于是，在作品的这种基本矛盾里，个体性的一切方面又显现出来而互相矛盾着。这就是说，作品是整个的个体性的内容发出为行动而表现为存在的结果，而行动是一个否定的统一，它曾包含着一切环节，所以现在作品就把这些环节都释放出来；在持续存在的元素里，这些环节就彼此各不相干。概念与实在因而互相分离，分别成为目的和原始本质性。至于目的之能具有真正本质，或自在存在之被当成目的，则都是偶然的事情。同样地，概念与实在又互相分离，分别成为转入现实的过渡和目的；换句话说，选择什么以为达到目的的手段，也是偶然的事情。而且最后，这全部内在的环节（不管它们是否会结合成为一个统一体），即整个的个体行动，跟一般的现实之间的关系，也是偶然的；一个决定坏了的目的和选择坏了的手段，固然可以招致不幸，也同样可以遇到幸运。

如果现在说，在意识的作品里所含着的意愿与实行、目的与手段，以及这全部内在的东西与外在现实自身之间的对立，已经在意识面前显现出来了（一般说来，这个对立本身代表意识的行动的偶然性），那么应该说，这行动的统一性和必然性也已同样地在意识面前显现出来了；而且这后一方面还超过那前一方面，所以关于行动的偶然性的经验本身只是一种偶然的经验而已。行为的必然性

在于：目的本来就是与现实关联着的，而且目的与现实的这个统一性就是行动的概念；行为之所以发生，乃是因为行动自在自为地即是客观现实的本质。作品里诚然是有偶然性，这是已完成的东西之不同于意愿与实行的地方；而这个关于偶然的经验，看起来好像必然是真理，实则与我们上述那个关于行为的概念互相矛盾。而且，如果我们从这个经验内容的完满性来考察，我们就发现这个经验的内容是消逝着的作品；自身保持不是消逝，相反，消逝本身是现实的，是与作品结合着的，并随作品之消逝而消逝的；否定物是肯定物的否定，而否定物自身却与肯定物同归于尽。

这种消逝之消逝，是包含在自身真实的个体性的概念本身的。因为，作品消逝于其中的，或者说，在作品中所消逝了的那个东西，就是客观的现实〔或对象性现实〕，而且使前面被称为经验的那种东西得以胜过个体性所具有的个体性概念的，也就是这个客观的现实。但客观的现实就在这个意识中也已是一种不再具有独立自为的真理性的环节。真理性只存在于意识与行动的统一性中，而且真正的作品只是行动与存在、意愿与实行的统一体。因此，由于意识的行为所根据的意识确定性的缘故，意识就觉得那个与意识确定性相对立的现实本身就是一种只为意识的东西。对于返归自身的自我意识来说，一切对立都已消逝，所以当意识是自我意识的时候，对立就不能再以现实与自为的意识相对立这一形式而出现了；相反，出现于作品中的对立和否定性，却不仅涉及作品的内容或者还涉及意识的内容而已，它并且涉及现实本身，更从而涉及只通过现实只在现实那里才呈现出来的对立，以及作品的消逝。这样，意识就从它的变幻不居的作品里返回于其自身，并肯定它的概

念和确定性是与关于行动的偶然性的经验相反的一种存在着的和持存的东西，事实上意识经验到了它的概念，在它的概念里现实只是一个环节，只是一种为意识的东西，而不是什么自在自为的东西；它经验到现实是一种消逝的环节，因而对于它来说现实只是一般的存在，一般存在的普遍性与行动乃是同一个东西。这个同一体，这个统一体，就是真正的作品，真正的事业；真正的作品或事业乃是事情自身，事情自身在一切情况下都坚持其自身并令人感觉到它是独立不改的持存的东西，它完全不受事情的影响，即是说，它与个体行动本身的偶然性以及环境、手段和现实的偶然性没有关系。

事情自身，只当这些环节被当作孤立地发生作用的东西时，才跟这些环节互相对立，但本质上它作为现实性与个体性的渗透者乃是这些环节的统一体。同样，事情自身又是一个行动，并且就其为行动而言，它既是纯粹的行动一般，又因此而同样是特殊个体的行动；而且既然它还是属于个体而与现实对立的，它就又算是目的。同样，事情自身又是从这一规定性转向相反的规定性的过渡，而最后，它又是一个现存于意识面前的现实。这样一来，事情自身就表示了精神的本质性，在这种精神的本质性中，这一切自为地孤立地发生作用的环节都被扬弃掉了，因而发生作用的只有那些普遍的环节；在这种精神的本质中，意识对其自身的确定性，本身成了意识的一个事情，一个对象性的东西；而这个因自我意识而诞生的、属于意识的对象，仍然不失其为一个〔不属意识的〕自由的、真正的对象。——现在，属于感性确定性和知觉阶段的事物，对于自我意识才有它的意义，而且仅仅通过自我意识才有它的意义。一个事物和一个事情的区别就在这个地方。——这里所通过的这个运动过程与感性确定性和知觉阶段的运动过程是相应的。

自我意识于是在事情自身中意识到了它对它自身的真正概念,或者说,它在事情自身中,即在已经对象化了的个体性与对象性的渗透或统一中,意识到了它的实体。同时,自我意识,就它现在的情况而言,乃是对它的实体的一个刚才达到的、因而是直接的意识;而这是个特定的方式,在此方式下,精神的本质是呈现出来了,却还没达到真正实在的实体。事情自身在这个对实体的直接意识里,是以一种简单的本质的形式而出现的,这种简单的本质,作为一种普遍性的东西,包含着它的一切不同环节于其自身并隶属于它们,但它同时又漠不相干地对待它们这些特定环节而保持自身于独立自由,而且它,作为这个自由的简单的、抽象的事情自身,就成了〔它们的〕本质。各种的环节,包括特定个体的原始规定性或事情,它的目的、手段、行动和现实在内,就一方面说,对于这个意识,都是个别的环节,所以意识可以为了事情自身而舍其它们;但另一方面,它们所以都把事情自身当作本质,乃是因为它可以作为它们的抽象的普遍而遍在于它们这些不同环节之中并可以是它们的宾词。事情自身还不是主词;而那些环节却被当作主词,因为环节都属于个别性那一边,而事情自身现在才仅只是简单的普遍性。事情自身是类,类遍在于作为它的种的这一切环节里,而同样又独立于它们之外。

〔Ⅲ.相互欺骗与精神实体〕 意识被称为诚实的意识,这是因为一方面它达到了事情自身所表述的这种理想主义,另一方面它又以事情自身这个形式普遍性为真理。诚实的意识永远只求达到

事情自身，因而总在事情自身的各个环节或种里反复追寻；而当它在一个环节里或在一个意义下没得到事情自身时，它却恰恰由于在这一个环节里没得到而能在别一个环节得到，因此事实上它永远享有着这个意识按其概念所应该享有的满足。无论在任何情况下，它总是完成和达到了事情自身，因为事情自身，作为各环节的普遍的类，是所有各环节的宾词。

举例说吧，如果意识没能把一种目的变成现实，那么在这种情况下它毕竟是曾想把它变成现实，而这就是说，它已经使目的成为目的，已经使什么也没做的纯粹行动成为事情自身，并且它还可聊以自慰地说无论如何总算已经做了点什么了。因为普遍既然连否定或消逝都包含在内，那么作品的自身扬弃或否定也就算是它的行动了。它促使对方来否定它的现实，而它却在它的现实的消逝中感到满足，如同调皮捣乱的小孩在被打耳光时还满心高兴，得意其自己是使人打耳光的原因。或者让我们另举一种情况为例，比如说，它甚至从来也没有试图去实现事情自身，并且根本什么事也没做过，那么这就是它没有想望或愿意这样去做；而事情自身对它来说同样是它的决意与实在的统一；在它看来现实不是别的，正就是它自己的愿望。——最后，假定竟然没经过它参与行动也出现了什么对它有兴趣的东西，那么在这种情况下，由于它在其中感到了兴趣，这个现实对它来说就是事情自身，虽说这个现实根本不是由它产生出来的；它适逢其会地遇到的这个现实如果是一件令人满意的事情，它固然要认定是它自己的事业和功绩，而即便是一件与它完全不相干的普通事件，它同样也可以当成是属于它自己的，因为它把一种没有参加任何行动的兴趣当成它赞成或反对和支持

和抵制的一种表示立场的行动。

由此可见,意识的这种诚实性,以及它在任何地方都感到的那种满足,显然是由于它没把它关于事情自身的各个思想结合在一起。在意识看来,事情自身,或者是它自己的事情,而完全不是一种作品,否则就是纯粹的行动和空虚的目的,再不然就是一种不行动的现实;它把一个接一个的意义当成这个宾词的主词,并且把它们一个接一个地忘掉。现在我们看到,在仅仅愿望过(或者也包括没曾愿望过)的情况下,事情自身,在意识看来,就是那种空虚的目的和愿望与现实在思想里的统一。另外,在虽然愿望过或者说采取过纯粹行动而目的没能实现的情况下,意识所以能得到慰藉,以及它所以能因促使别人采取行动从而得到满足,则在于它把纯粹的行动或完全坏的作品或事业当成了本质,因为根本不是作品的那种作品,只应该叫做坏的事业或作品。最后,在幸运的情况下,即是说,当它遇到了现成的现实的时候,这个没经它参加任何行动而出现的存在就是事情自身。

但这个诚实性并不像它看起来那样真正是诚实的。因为事实上它不可能那么无思想地觉得这些不同环节真是各自独立互不相干的,相反,它必然直接意识到诸环节的互相对立,因为这些环节是绝对地互相关联着的。纯粹的行动本质上就是特定的个体的行动,而这种行动本质上又同样是一个现实或一个事情。反过来说,现实本质上只是个体的行动和行动一般;并且个体的行动同时也仅只是行动一般;因而它同样也是现实。因此,当个体看起来好像是只与作为抽象的现实的事情自身打交道时,它同时会发现这个事情自身也就是它自己的行动。但同样,当它觉得只与行动发生关涉的时候，它会意识到这不是认真的情况，反之，它知道与它发生关涉的真正说来是一个事情，并且是它自己的事情。最后，当它似乎只愿望它自己的事情和它自己的行动时，它所愿望的却又是事情一般或自在自为地持存的现实。

事情自身和它的各个环节既然在这里表现为内容，它们同样也就必然在意识里表现为各种形式。它们之作为内容而出现，只是为了消逝，每一个环节都要消逝以便让位于别的环节。因此，它们出现时的规定性必然是一种被扬弃了的东西的规定性，但唯其如此，它们就是意识自身的诸方面。事情自身就呈现为自在或意识的自身回返；而诸环节之互相排除，在意识里的表现就是：它们之被建立在意识里，不是自在地，而只是为了另外的意识。意识把内容的环节之一显露出来，将它表象为为他的；但同时意识就从这个环节里返回其自身，而在它自身中同样把相反的环节呈现出来，并保留为它自己的环节。不过同时必须注意到，意识并不是把任何一个环节单独地只放置于外而把某一别的只保留于内；相反，意识是轮流交替着对待它们，因为意识必须把它们每一个都造成为既是自为的又是为他的本质。整体乃是个体性与普遍性互相渗透的运动；但由于这种整体在这个意识看来只是简单的本质并因而只是事情自身的抽象，于是这个整体的环节作为分别的环节就落于事情自身之外，而且此一环节落于彼一环节之外；而整体自身则全靠它的环节的轮流更替地呈现与保留才能全部表现出来。由于在这个呈现与保留的更替过程中意识只把一个环节当作为它自己的，当作它的自身返回中的本质的东西，而其他环节虽说也存在于它自身却是外在的或为他的，于是在个体性与个体性之间就出现

了一种互相欺骗的游戏,每个个体性都自欺也欺人,都欺骗别人也受人欺骗。

因此,一个个体性,总在设法实现些什么东西,它好像也确乎因此而把某种东西搞成了事情;它的行为动作,而就在它的行为动作里它成了为他的;并且好像它与之打交道的是一种客观现实。因此,其他的个体也就把这个个体的行动当作是对事情本身的一种兴趣,并且以为它的行动目的在于使事情自身得以实现,至于由上述那一个个体还是由它们这些其他个体使之实现,是无关重要的事。可是,当其他的个体指出这个事情早已由它们弄成为现实了的时候,或者如果它们还没弄成为现实的话,那么当它们提供它们的援助并实际进行援助以求这个事情实现的时候,它们竟发现上述的那一个意识已经不在它们以为它所在的那个地方,换句话说,那一个意识在事情中感到兴趣的,〔并不是事情本身,〕而是它自己的行为动作;而当它们知道了它的行为动作就是当初的事情自身时,它们于是就觉得自己受了欺骗。——但事实上,它们当初之急忙去援助,也不是为了别的,只不过想看看和表现一下它们自己的行动,而并不是为了事情自身;换句话说,它们当时正是想以它们所抱怨的那种受骗的方式去欺骗别的意识。——现在既然已经真相大白,充当事情自身的是意识自己的行为动作,是它自己的力量的游戏,或表演,于是好像意识对它自己的本质的所作所为就纯然是为它自身的,而不是为其他意识的,好像它只关心它自己的行动而不关心作为别人的行动的那一种行动,因而好像它对别人的行动绝不过问,听任它们自由行事。但是它们是再度看错了;意识已经不在它们以为它所在的那个地方。意识所关心的,已不是

作为它的这个个别的事情的事情，而是作为事情的事情，而是为一切意识所共有的一种普遍。因此，意识是在干涉别人的行动和事业，而如果说它现在已不再能直接左右已在它们别人手里的事业或作品，那么至少它表示对此感兴趣，通过它有兴趣于对别人的作品下判断来进行干涉；因为，如果它给作品打上赞成和赞扬的烙印，那么这意味着它不仅赞扬作品本身，并且同时也赞扬它自己的慷慨大度和自我克制，因为它竟然没用它自己的非难疵议而使作品为之败坏。当它喜欢某一作品时，它固然从中享受它自己；同样，当它不赞成一件作品时，它也欢迎这个作品，因为它可以通过它对作品的非难而享受它自己的行动。然而那些自认为或自称是因这种干预而受骗了的意识，自己当初却曾想以这同样方法去欺骗别人。它们自称它们的行为动作是一种只为它们自身的东西，它们的行动只以它们自身和它们的本质为目标。但当它们做出或实现了某种东西，从而表现了自己，将自己显露于日光之下时，事实上它们就直接与它们的自许矛盾起来，因为按它们自许，它们是想排除日光自身，排除普遍的意识，并排除一切人的参与，而所谓实现则可以说正是将属于它自己的东西陈列于普遍的元素之中，以便它自己的事情变成并且一定变成一切人的事情。

因此，如果有人自称他只与纯粹的事情有所关涉，那他就既是自欺，又是欺人。一个意识，当它展出或实现了一件事情时，它自己就会经验到，其他的意识都像苍蝇之群趋于新挤出来的牛奶那样急忙凑拢过来想插手参与这件事情；而这些其他的意识也会从它那里经验到，它所展出的，不是作为对象的事情而是它自己的事情。反之，当这个意识行动的时候，如果它自以为本质的东西只是

行动自身，只是力量与才能的发挥运用，或只是这一特定个体性的自我表现，那么它们其他意识也会反而经验到：它们每一个都是心情激奋，准备随时应邀参与其事，而且知道原来那个意识所展出或实现出来的，并不是一种纯粹的行动，或一种个别的独有的行动，而毋宁同样是一种为他的东西或一个事情自身。上述两种不同情况，发生的结果是相同的。即是说，意识经验到的意义都不同于当初所设想的和认以为真的那种意义。意识经验到，事情与行动这两个方面同样是本质的环节，事情自身按其本性来说，既不只是事情也不只是行动，因为事情仿佛与一般行动和个别行动相对立，而行动则作为独立于它的种的环节之外的类而与持续存在相对立；事情自身毋宁是这样一种本质，这种本质的存在是个别的个体和一切个体的行动，这种本质的行动是直接为他的存在或是一种事情，因为只有事情才可以说是每个个体和一切个体的行动；这种本质，是一切本质的本质，是精神的本质。意识经验到，上述的那些环节都不是主体，它们都消融于普遍的事情自身之中；个体性的诸环节，在这个意识的无思想阶段曾经先后充当主体，现在则结合成为简单的个体性，而简单的个体性，作为某个特定的个体性，同时又直接是普遍的。这样一来，事情自身就丧失了它作为宾词的关系以及它作为无生命的抽象普遍性的规定性：它毋宁是为个体性渗透了的实体；它就是主体，在这种主体中个体性既是作为它自己，换句话说作为某个特定的个体，又是作为一切的个体；它就是普遍，普遍作为每个个体和一切个体的这种行动时乃是一个存在；它就是现实，每个意识都知道这种现实是它自己的现实又是一切意识的现实。这样，纯粹的事情自身就是上面被规定为范畴的那

种东西，即是说，它是存在，而这个存在即是自我(Ich)，或，它是自我，而这个自我即是存在；但这样它就等于被规定为一种与现实的自我意识还有所区别的思维；不过在这里我们须知，现实的自我意识的诸环节，如目的、行为、现实既然被我们称为意识的内容，而自为存在与为他存在又被我们称之为意识的形式，那么现实的自我意识的环节就已经与简单的范畴本身合而为一，即是同一个东西，所以简单的范畴同时即是一切内容。

(b) 立法的理性

精神的本质，就其简单的存在来说，是一种纯粹的意识和某个特定的自我意识。个体的原始的特定的本性已经丧失了它的积极意义，已不再潜在地是个体活动的元素和目的；它仅仅是一扬弃了的环节，而个体则是一个自我(Selbst)，一个普遍的自我。反过来看，形式的事情自身却在行动着的自身区别着的个体性那里获得了它的完满实现；因为这个个体性的诸差别构成那个普遍自我的内容。范畴是自在的，因为它是纯粹意识的普遍；它又是自为的，因为意识的自我同样也是它〔范畴〕的环节。范畴是绝对的存在，因为它的那个普遍性乃是存在的简单的自身等同性。

这样，凡对意识而言是对象的东西，就意味着是真实的东西，真实的东西是存在着的和有效准的，意思是说它自在而自为地存在和有效；它是绝对的事情，它不再受确定性及其真理性、普遍与个别、目的及其现实等等的对立所困惑，它的实际存在就是自我意识的现实和行动；因此，这个事情就是伦理的实体；而对这个事情的意识就是伦理的意识。对伦理的意识而言，它的对象同样也是

真实的东西，因为它把自我意识与存在在一个统一体里统一了起来；它成了绝对的东西，因为自我意识不能也不想再去超越这个对象，因为在对象中自我意识就是在其自身中。自我意识所以不能，乃因为对象是一切存在和一切力量，它所以不想，乃因为对象是自我，或自我的意愿，对象在作为对象的它自身那里，是真实的对象，因为它自身里含有着意识的区别；它将自己划分成一些集团，这些集团就是绝对的本质的一些特定的规律。但这些集团并不使概念模糊不清，因为存在、纯粹意识和自我这种种环节都继续包含在概念之内，——概念是一个统一体，它构成这些集团的本质，并且在这种区别中不让这些环节再分离开来。

伦理实体的这些规律或集团都是直接被承认了的；人们不能去追问它们的起源和论据，也不能去寻找一种别的起源和论据，因为一种不同于这自在而自为地存在着的本质的东西，只能是自我意识自身；但自我意识不是别的只是这个本质，因为它自身就是这个本质的自为存在，而这个自为存在之所以是真理，恰恰因为它既是意识的自我又是意识的自在或纯粹的意识。

由于自我意识知道自己是这个实体的自为存在这一环节，于是它就把在它自身中的规律的实际存在表述为：健康的理性直接知道什么是对的和什么是好的。健康的理性是直接知道规律，同样，规律对健康的理性也是直接有效准，理性直接地说：这个是对的和好的。而且它所着重说出的是：这；这是指那些特定的规律，这是指充满了内容的事情自身。

这样直接地给予的东西，必须同样直接地予以接受和考察。对于感性的确定性，我们曾经考察它所直接表述为存在物的东西是什么性质，现在对于这个伦理的确定性，也同样必须考察它所直接表述的存在，亦即伦理实体的直接存在着的各个集团，是什么性质。为了了解这种情况，我们只要分析几个这类规律的例子就够了。至于它们作为直接的道德规律所必须具备的那种环节，由于我们承认它们都是健康的理性自己明白知道的戒律，我们在这里就无须再先行提出讨论的。

“每个人都应该说真话。”——在这个无条件地宣布了的义务里，我们须立即承认这样一个条件：如果这人知道什么是真话。因此，这条戒命现在就得这样说：“每个人都应该按照当时他对真理的知识和信心来说真话。”健康的理性，即这个伦理的意识，既然直接知道什么是对的和什么是好的，它也就将声明这个条件本来就是和它的普遍戒律密切联合着的，因而它心目中的戒命实在从来就是像后来说的这个样子。但这样一来，它毋宁等于事实上承认在它宣布这个戒命的同时已经直接地破坏了这个戒命；它说的是每个人都应该说真话；但它心中想的是，每个人都应该按照他对于真理的认识和信心来说真话；这就是说，他所说的与他所想的不同；而说不同于其所想的话，这就叫做不说真话。这句假话或笨话，加以改善，现在就得这样说法：每个人都应该按照他当时对真理的认识和信心来说真话。——但这样一来，命题所想表述的那自在地有效准的东西，普遍的必然性，就转化为一种纯粹的偶然性了。因为我说的是否是真话，全视我是否对真话有认识和是否我能对它深信无疑这个偶然事实而定；而这只不过是说，一个人所说的真话和假话是分辨不清的，真假决定于这个人对于它的认识、看法和理解。内容上的这种偶然性只在那表示偶然内容的命题形式

上具有普遍性,但是,作为伦理的戒律,一个命题必须具有一种普遍和必然的内容,而由于它的内容的偶然性,于是它就与自身矛盾起来。——最后,如果我们把命题再加以改善:把认识和信心这两个偶然性的条件从命题里除去,另外加上说真话的人应该知道它是真话等字样;可是,这样,命题就变成一个与当初出发点正相矛盾的戒律了。当初说,健康的理性应该首先直接能够说出真话来,而现在却说,健康的理性应该知道真话,这就等于说,它并不会直接地说出真话来。——如果从内容方面来考察,那么在"人应该知道真理"这个要求中内容已经被撇掉了;因为人应该知道真理里的知道是一般的知道:人应该知道;因而这里所要求的,毋宁是一种摆脱了一切确定内容的东西,而我们当初讨论的原是一种确定的内容,原是伦理实体里的一种差别。不过伦理实体的这种直接的规定是这样的一种内容,这种内容本来只是一种完全的偶然性,而当我们把它提升为普遍性和必然性之后,即当我们根据知道〔对内容的认识〕来创立规律的时候,它毋宁已完全消逝。

另一条著名的戒律是"爱你的邻人如爱你自己"。这条戒律是对那与别人发生交往关系的个别的人而说的,而这种关系则被理解为一种个别的人对个别的人的关系,或一种情感上的关系。一种有所作为的爱,——因为一种无所作为的爱是没有存在的,所以也不是这里所讨论的,——无非是要减除人的痛苦而增加人的安适。为此,就必须辨别什么是他的痛苦,什么是这种痛苦的反面,他的安适,以及什么是他一般的福利之所在;这就是说,我必须以理智来爱他;非理智的爱也许比恨对他更为有害。但理智的、本质的善行,在它最丰富和最重要的形式下,乃是国家的有理智的普遍善行;与国家的这种普遍行动比较起来,一个个别的人的个别行动根本就显得渺乎其小,微不足道。而国家的行动则具有极其巨大的威力,一旦个人的行动跟它发生抵触,那么无论是由于自己有所贪图而径直地违法乱纪,或者是为了偏爱于某人而想对法权的普遍性以及法权加之于那个人的义务进行欺骗,这种行动就一定无用并且不可抗拒地被它摧毁。因此,属于情感关系的一切善行,仍然都只具有一种纯粹个别性的行动或一种临时的援助的意义,它既是偶然的又是一时的。不仅这种善行的时机取决于偶然,而且究竟这种善行是不是一个事业,以及是否不立即复归于消融甚至变为过恶,也都取决于偶然。这样,这种有益于别人的行为,虽被说成是必然的,事实上却是这样:它也许能够成立,但同样也许不能;如果偶然地成立了,它也许是一事业,也许是好的,但同样也许不是。这种规律因而也像前面讨论过的那第一条同样不具有普遍的内容,它同样不像一条绝对的道德律所应该做的那样表述出一种自在自为的东西。或者换句话说,这样的一种规律只停留于应该,而并没有现实;它们不是规律,而仅只是戒命或戒律。

不过事实上,事情自身的性质已经显然地表明,我们非放弃其对一种普遍的绝对的内容的要求不可。因为对于简单的实体而言,——它的本质恰恰就在于是简单的——任何外加给它的规定性都是不适合的。规律自身,在它的简单的绝对性中,表述着直接的伦理存在;在这种存在里呈现着的差别,是一种规定性,因而是一种内容;不过这种内容是掩盖在这种简单的存在的绝对普遍性底下的。而我们既然必须放弃一切绝对内容,那么戒律所能有的就只有形式的普遍性了,即是说,它只是与其自身不相矛盾了,因为无内容的普遍性就是形式的普遍性,而一个绝对的内容就等于一种没有差别的差别,或等于无内容。

除掉一切内容之后,剩下来用以创立法律的就只还有普遍性的纯粹形式,或者说,就只还有意识的同语反复。意识的同语反复是与内容对立的,它是一种知道,但不是知道存在着的或真正的内容,而只是知道内容的本质或内容的自身同一性。

因此,伦理的本质自身并不直接是一种内容,而只是一种尺度,它根据是否自相矛盾来判定一种内容能否成为规律或法律。创立法律的理性,于是下降而为一种仅仅审核法律的理性。

(c) 审核法律的理性

简单的伦理实体里的任何一种差别,对于实体来说都是一种偶然性,我们在特定的戒律里曾看到它出现为知道、现实和行动种种方面的偶然性。我们曾把那简单的存在跟与之并不对应的规定性进行了比较,在这种比较中,简单的实体被表明为形式的普遍性或纯粹的意识,它不含有内容,而与内容对立,它是关于一定内容的一个知道。这样,这种普遍性就仍然是当初的事情自身,但到了意识里以后,它就是另外一回事了,它不再是无思想无行动的类,而与特殊关联在一起,并构成特殊的力量和真理。——这个意识起初好像在进行着与我们以前所进行的相同的审核,它的行动好像也不外乎如以前已做过的那样,把普遍与特殊作一番比较,从而指出它们彼此的不相对应性。但在普遍已取得另外一种意义之后,内容与普遍的关系就与前不同了;普遍现在是一种形式的普遍性,这是特殊内容只可能具有的一种普遍性,因为我们考察内容只是在这种形式普遍性中考察内容的自身关系罢了。当我们以前审核比较的时候，存在着的普遍的实体是一方，已经发展成为实体意识的偶然性的那种规定性是另一方。现在，比较的一方已经消失；普遍已不再是存在着的和有效准的实体或自在自为的法权，而是一种简单的知道或形式，这种知道，在比较一种内容时只比较它与它自身，在考察一种内容时只看它是否是一个同语反复。法律或规律现在不再是被制定，而仅只是被审核；对于审核的意识而言，法律是已经制定了的；审核的意识只按照其本来的简单状态把法律的内容接受下来，不像我们以前所做的那样去考察那与实际内容相结合着的个别性和偶然性，相反，审核意识的审核工作，止于戒律本身，它对待这种戒律的态度是简单的，正如戒律之简单地即是它自己的尺度那样。

但这样一来，这种审核工作就不能深入下去，因为审核的尺度既然是同语反复，既然与内容漠不相干，那么它就不仅适用于某一正面的内容，也同样能适用于反面的内容。——假定我们提出这样的问题，财产私有制应该不应该无条件地成为法律呢？这里所谓无条件地，意思是说，不管它对其他目的有用与否；其实伦理的本质性正是说，伦理规律只与其自身同一，并因此以自己的本质为根据而不以他物为条件。我们看，财产私有制本身并不自相矛盾；它是一个孤立的规定性，或者说，它是一个被设定为仅与自身等同的规定性。财产非私有制，财产无主制或财产公有制，也同样完全不自相矛盾。因为说某种东西不属任何人所有，或说属于任何使用它的人，或说按照需要或平均分配的原则而属于一切人，这都是一种简单的规定性，一种形式的思想，正如它的对立面财产私有制那样。——但如果我们真正把这种无主的事物理解为生活必需品那样的东西，那么这无主之物就一定要成为某一个个人的所有物；因而如果要想把这样的东西的自由〔或无主〕建立为规律，那就会是矛盾的。所谓事物的无主，当然也不是说绝对的无主，它还是应该按照个别人的需要而归人所有，只是归人所有并非为了保存起来，而是为了直接被使用罢了。但是，这样完全偶然地满足需要，则与这里所讨论的这种有意识的存在的本性又是互相矛盾的，因为有意识的存在必然把它的需要想象为普遍性的需要，必然关心它的整个生存，它所争取的必然是一种持久的财产。而这样一来，认为一个事物将按照需要偶然地被分配给最需要它的那个有自我意识的生物所有的那种想法，也是自相矛盾的。——在财产公有制之下，各人的需要应该是以普遍和持久的方式来满足，各人的配给额，应该不是按照各人的需要，就是按照平均原则；可是如果按需要分配，那么这种不平均性就与那以个人平等为原则的意识在本质上互相矛盾；而如果按后一原则平均分配，那么配给额就与需要不发生关系，而配给额这一概念却恰好是建立在它与需要的关系上的。

不过，如果说照这样看来，非私有财产显然是自相矛盾的，那么它所以自相矛盾，完全是因为它不仅仅是一个简单的规定性。私有财产，如果我们把它分解为环节，它也同样是自相矛盾的。比如说，某一个别的东西是我的私有财物，既然说是我的私有财物，这就表示它具有一种普遍的、固定的、持存的东西的价值，而这就与它的本性相矛盾，因为就其本性来说，它是一种要被使用掉的、自行消逝的东西。同时，我的东西也是自相矛盾的。说属于我的，这表示一切别人都承认是我的，它排除了一切别人，是别人所不得染指的东西。但是，在我被别人所承认这一事实里也就包含着我与一切别人的同一性，而同一则是排除的反面。——我所占有的东西总是一个事物，事物是一种一般地为他的存在，因而它只是完全一般地无规定地是为我的存在；因此，说我占有一个事物，这就与事物的一般事物性发生矛盾。所以私有财产和非私有财产，从一切方面看都同样是自相矛盾的，它们在自身中都具有个别性和普遍性这两个互相反对互相矛盾的环节。但是私有财产和非私有财产，如果简单地予以表象，只当成两个规定性而不进一步发展，则它们两者同样是简单的规定性，都不自相矛盾。——因此，理性自身所有的那种用以审核规律的尺度，就同样适合于任何规律，因而事实上等于不是尺度了。——同语反复，矛盾律，对于理论的真理的知识来说，既然已被认为是一种纯粹形式的标准，即是说，一种对真理与非真理完全不相干的东西，那么如果有人说它对于实践的真理的知识还会是比形式标准更多点价值的什么东西，那将也是一件稀奇的事情。

在上面所讨论的、填充本来空虚的精神本质的那两个环节里，那种想在伦理实体中建立直接规定性的企图，以及想知道究竟这些规定性是不是规律的企图，都已扬弃了自己。因此，结果似乎是，既不能产生一定的规律或法律，也不能得到关于法律的知识。然而伦理实体是自知其为绝对本质性的那种自我意识，因而它既不能舍弃本质性里的差别，也不能舍弃其对于差别的知识。法律的创立与法律的审核，都已扬弃了自身，这件事实意味着，这两个环节个别地和孤立地说来都仅只是一种捉摸不定的伦理意识，而两者赖以呈现其自身的这个运动过程,则具有形式的意义,因为通过这个运动过程,伦理实体已表明其自身为意识。

如果这两个环节是事情自身的意识的两个比较确切的规定性,那我们就可以把它们视为是诚实性的两个形式;诚实性以前总是悉心从事于它的形式环节,现在,则竭力寻求其据说是善良而公正的内容环节,并对这样的固定真理进行审核,它以为伦理戒律的力量和效力就在健康的理性和理智的洞见之中。

但没有这种诚实性,法律就不成其为意识的本质,法律的审核也不成其为意识内部的行动;而且毋宁就出现这样的情况:当这两个环节各自直接地出现而为现实时,其一所表示的是实际法律的一种无效力的存在,其另一所表示的是实际法律的一种同样无效力的自由或解脱。法律,作为一定的法律,总有一个偶然的内容,——这话的意思是说,它总是根据对一个任意的内容所生的一个个别意识而制成的法律。因此,直接出现的立法,乃是一种武断的胡作非为,它把任意武断当成为规律,把伦理道德说成为对那些仅只是法律而不同时是伦理戒律的规律的一种服从。同样,第二个环节,亦即法律的审核,如果它孤立地出现,则是好像认为不能动的东西在运动那样的一种武断的认识,这种武断的认识,硬说自己已摆脱了绝对规律,并把绝对规律都当作与它自己毫无关涉的外来的一种任意武断。

在这两种形式下,这两个环节都是对于伦理实体或者说对于真实的精神本质的一种否定关系;换句话说,在这两种形式下,伦理实体还没有取得它的实在性,它还只包含在意识自身的直接性里,它还刚才是这个个体的一种意志和意识,或者说,它还刚才是

一个不现实的戒命里的应当和对形式的普遍性的一个知道而已。但是，既然现在这些方式都已被扬弃了，那么意识就返归于普遍而那些对立也就消失了。精神本质所以是现实的实体，正是因为这些方式已经不再是存在着的个别的方式而只是已被扬弃的方式了，这些方式都只作为环节而属于一个统一体，这个统一体就是意识的自我：意识的自我于是在精神本质里被建立了起来，使精神本质成为现实的、充实了的、和有自我意识的东西。

这样一来，首先，精神本质对自我意识来说是一种自在地存在着的规律；审核过程中出现的那种形式的、并非自在地存在着的普遍性，已经被扬弃了。其次，精神本质又是一个永恒的规律，永恒规律不以某一特定的个体的意志为基础，它独立自存，具有直接存在的形式，是一切个体所共有的绝对的纯粹意志。而这种绝对的纯粹的意志又不是一种戒律，因为戒律仅只应当存在，它则实际存在着并且具有实际效力；它是范畴的普遍的自我，普遍的自我直接就是一个现实，并且世界也仅只就是这个现实。但既然这种存在着的规律是绝对有效的，那么自我意识对此规律的遵从也就算不得是对于一个主人的服役，——因为如果是服从主人的命令，则在主人任意武断的命令中自我意识就认识不出自己来。恰恰相反，这些规律乃是自我意识自己的绝对意识本身所直接具有的一些思想。自我意识并不相信它们，因为信仰不免也要直观本质，但被直观的总是一种外来的本质。伦理的自我意识，由于它的自我的普遍性的缘故，是直接与本质合而为一的；而信仰则从个别的意识开始，它是个别意识永远趋赴于这个统一而又永远达不到它自己的本质的那个运动过程。——但这样的个别意识，已经由它自己扬

弃掉了，这种合而为一的中介已经完成了，而且只因为已经完成了这种中介，个别意识才成为伦理实体的直接的自我意识。

因此，自我意识与本质之间的差别是一种完全透明的差别。而这样一来，本质自身中的差别也就不是些偶然的规定性，相反，由于本质与自我意识(这里是唯一也许有可能发生不同一性的地方)的统一，它们就都是从那个被它们自己的生命渗透了的统一体中划分出来的集团(Massen)，都是些自身清澈的未曾破裂的精灵，都是些毫无瑕疵的天上的形象，这些形象在它们的差别中包含着它们的本质的纯洁无辜与和谐一致。——不仅本质如此，自我意识也同样是对这些差别〔不同的法律〕的一种简单的清澈透明的关系。它们存在着，就只是存在着，——这就是自我意识就它自己与它们的关系所具有的意识。所以索夫克勒[1]所写的《安提贡》把它们当作神立的、虽不成文而明确可靠的法律。

可以说，它不是今天和昨天，而是从来和永远
生活在那里，没有人知道，它是从何时开始出现。

它们存在着。如果我追问它们的发生并把它们限制于它们的起源上，那么我自己，则已经在那里超越了它们，因为此时我是普遍的，而它们则是被制约的和有限制的东西。如果说它们应该得到我的意见的赞同，这就等于说我已经动摇了它们的坚定不移的自在存在，并把它们视为一种对于我也许真也许不真的东西。而伦理的思想，正在于毫不动摇地坚持于正确的对的东西，而避免对合法的

① 索夫克勒(Sophokles)的悲剧《安提贡》(Antigone)中第 456、457 两句。——黑格尔原注

对的东西作任何变动、动摇和变更。——让我们假定，由我代人保管一项存款。这项存款是别人的所有物，〔或者说，它作为别人的所有物存在着，〕而我所以承认它是别人的所有物，因为它是如此存在着，并且我毫不动摇地保持着我与存款的这种关系。可是如果我把这代人保存的款项据为己有，那么按照我的审核原则、同语反复来说，我也丝毫不发生什么矛盾；因为到这时候我已经不再把它视为一个别人的所有物了；把我并不视之为别人的所有物的东西据为己有，是完全说得通的。看法上的改变并不是矛盾；因为这里所说的不应该自相矛盾，只是指对象和内容而不是指看法。正如我在赠送东西给别人时能把我的观点从这是我的所有物改变成这是别人的所有物，而并不因此自陷于矛盾那样，我也能反过来把我的观点从这是别人的所有物改变为这是我的所有物。——所以，某种事物是对的，并不是由于我发现它有什么不自相矛盾的东西，它所以是对的，就因为它是对的。某种东西是别人的所有物，或它作为别人的所有物存在着，这个是或存在，乃是一切的基础；对于它，我既不必去进行讨论，也不必去寻找各种各样的思想关联；我固然不必去考虑法律的制定，同样，我也不必去考虑它们的审核，通过我的这样一些思维活动，我曾颠倒过那种关系，因为事实上我曾完全可以随意使关系的反面同样良好地适合于我那无规定的同语反复的知识并从而将其建立为法律。但这个规定和与它相反的规定究竟哪一个是对的，这是自在而自为地规定了的；就我来说，我完全可以把我所愿意的一切东西都立为法律，同样我也可以说不能把任何东西立为法律，而且，当我开始审核的时候，我已经是走上不合伦理的道路。我所以居于伦理的实体之中，是因为

对的事情对我来说是自在而自为存在着的;所以,伦理的实体是自我意识的本质;而自我意识则是伦理实体的现实和实际存在,是它的自我和意志。

译 后 记

本书是根据荷夫麦斯特本1952年版(Hegel:Phänomenologie des Geistes,herausgegeben von Johannes Hoffmeister,1952,Verlag von Felix Meiner in Hamburg)翻译的,而荷夫麦斯特本又主要是在稍早出版的拉松(G. Lasson)本基础上加工出版的。在翻译过程中我们曾参考贝利(J. B. Baillie)1932年重版的英文译本和伊波利特的法文译本(La Phénoménologie de l'esprit,traduction de Jean Hyppolite,Aubier,Édims Montaigus,Paris,1939)。本册中文译本正文中每一篇章之下用方括弧〔 〕加入的小标题是根据1921年的拉松版和法文译本中的小标题翻译过来,增补进去,以便读者参考的。

本书的序言、导论和丙(甲)理性部分是王玖兴译的,甲意识和乙自我意识两部分是贺麟译的。除了王玖兴的译文曾由贺麟校阅一遍,贺麟的译文曾由王玖兴校阅一遍,彼此互提意见,进行修改外,本书的译文有好几部分曾由中国社会科学院哲学研究所西方哲学史组的几位同志通读了一遍,提过意见,帮助改进。本书的译者导言是由贺麟执笔,经过多位同志提意见修改过的。

德文原本分段太长。许多本应分成两段的地方,都只是在中间用一个破折号,以表示段落的转换。中文译本在许多地方把太长的段落分成了两段。

译者在极少数的地方为了补足原文语意，采取了略增加几个字或一句话的办法。译者曾补的字句都用方括弧〔 〕标明。

译文有欠确切、妥当甚或有错误的地方，希望读者多提意见。

译　者

1961 年 12 月

再版后记

译者趁此书再版的机会，对译文作了一些修改，对个别名词的翻译，也作了订正，与此书下卷译名统一。此外，“译者导言”也作了修改。译文和导言都不免有错误的地方，望读者多提意见。

译　者

1978年5月4日

图书在版编目(CIP)数据

精神现象学.上/(德)黑格尔著;贺麟,王玖兴译.—北京:商务印书馆,2017
(汉译世界学术名著丛书:120年纪念版:珍藏本)
ISBN 978-7-100-14817-7

Ⅰ.①精… Ⅱ.①黑… ②贺… ③王… Ⅲ.①黑格尔(Hegel,Georg Wehelm 1770—1831)—精神哲学—研究 ②《精神现象学》—研究 Ⅳ.①B516.35 ②B089

中国版本图书馆CIP数据核字(2017)第159021号

汉译世界学术名著丛书
(120年纪念版·珍藏本)
精神现象学
上卷
〔德〕黑格尔 著
贺 麟 王玖兴 译

商 务 印 书 馆 出 版
(北京王府井大街36号 邮政编码100710)
商 务 印 书 馆 发 行
北 京 冠 中 印 刷 厂 印 刷
ISBN 978-7-100-14817-7

2017年12月第1版　　开本710×1000 1/16
2017年12月北京第1次印刷　　印张24¼
定价:122.00元